岭南

艺术家史评

当代岭南书画艺术家130家

百位名家·百幅名作

一部岭南艺术史

张泽明　张莉岚◎著

广州新华出版发行集团
广州出版社

图书在版编目（CIP）数据

岭南艺术家史评：当代岭南书画艺术家130家 / 张泽明，张莉岚著. — 广州：广州出版社，2016.9

ISBN 978-7-5462-2445-9

Ⅰ. ①岭…　Ⅱ. ①张…　②张…　Ⅲ. ①岭南—书画艺术—艺术家—访问记—现代　Ⅳ. ① K825.72

中国版本图书馆CIP数据核字（2016）第199008号

此书由中共广州市委宣传部资助

书　　名　岭南艺术家史评——当代岭南书画艺术家130家

LINGNAN YISHUJIA SHIPING DANGDAI LINGNAN SHUHUA YISHUJIA 130 JIA

出版发行　广州出版社

（地址：广州市天河区天润路87号9、10楼　邮政编码：510635

网址：www.gzcbs.com.cn）

责任编辑　康　燕　李素娟

特约编辑　李达强

责任技编　郑梅君

责任校对　蒋美秀

版式设计　李　文　李腾飞　李永清

印刷单位　广州市中福彩印有限公司

（地址：广州市天河区珠吉路65号B102房　邮政编码：510663）

规　　格　787 mm × 1092 mm　1/16

印　　张　26.5

字　　数　520千

版　　次　2016年9月第1版

印　　次　2016年9月第1次

书　　号　ISBN 978-7-5462-2445-9

定　　价　128.00元

序 一

艺术家与记者，原本是关系颇为密切的一群。艺术是文化的一环，记者笔下的文字也是文化传承的载体与传播者。艺术家的成名，与记者的关系似乎愈来愈密切，尤其是某些名记者为艺术家写下的访谈，至今仍为众人所称颂。

泽明弟从事记者工作也有很多个年头了，他与我谊属乡梓，也富有潮汕人那种天赋的聪敏与醇和兼备的脾气。近年来他笃嗜书画，自称“醉墨斋主人”，从开始的慢慢摸索，到后来渐入门道，识见多了，交游广了，眼界开了，醉墨斋中的墨香味也浓了。

泽明弟这几年用他笔下的“墨”挥洒了多篇艺术家的访谈，这里面有艺坛的老将，也有初出茅庐的新军，洋洋洒洒，蔚为大观，居然积成厚帙，令许多老记者也刮目相看。在我所熟识的一些老记者中似乎还少有像他这样勤于耕耘的。最近他又拿一些自己学画的作品来求教，这无疑是他这几年艺海拾贝的意外收获吧！在他的作品结集出版之际，祝他艺事收藏兼得丰收！

杨之光

（中国国家画院院士、广州美术学院原副院长）

2003 年 12 月

序 二

书画等艺术是中国的瑰宝，我因书法而与张泽明君缔交。张君对艺术的鉴赏能力很高，而且求索不倦，刘斯奋先生敬佩他爱好书画的坚定热情，引为知交。张君是广州日报报业集团的编辑。他初时出示清代著名学者梁鼎芬的手书诗卷，请我题跋。梁鼎芬以弹劾李鸿章而知名于时，他对时局抱有隐忧，所写落花诗为时人所传诵。张君所藏他的手书诗卷，真是珍同拱璧。张君对前代或当代知名书画家的作品，不惜重资收购，因而收藏颇为丰富。

清词人朱竹垞自谓“十年磨剑，五陵结客”，张君大抵也是这样，他结交不少书画、篆刻等艺术名家，并且分别著文论述他们的学养，往往有独到之见。我们知道，刘斯奋先生是知名长篇小说《白门柳》的作者，又是长于人物画的名家。张君认为刘的人物画意象传神，异于流辈，例如所绘《钟馗》，笔力特见锋棱，可慑鬼魅，比之长于绘写钟馗的单柏钦，仿佛异军突起。而刘的《天问》《荆轲》《秋色》《铁椎》《窥豹》等画作，无不有十分神韵，意在画外。张君认为令人钦佩、敬重与惊叹的是，一直处于业余状态的刘斯奋以其良好的文化素养，深厚的文学底蕴，勤奋而善于思考的独创精神，不但在文学创作领域获得大丰收，摘取全国文学最高奖，还大胆地将中国现代文人画推向一个新的领域，成为一位声誉鹊起的现代文人画的代表。

张君十分欣赏谢楚余的人物油画，他说谢的那幅甜甜美美的《美女泉——陶》，红透大江南北。画中活脱脱站着一个可对话交流的美人儿，清丽脱俗，一尘不染。又如谢楚余的《素池》《沐风》《飏》等少女油画，线条与色彩的刚柔对比，让人物有一股非常诱人的魔力。他认为画人的高明之处就是从她的眼睛抓住少女的眼神微妙变化，这是艺术与完美的糅合。

陈林的水墨人体名作，也受到张君的激赏。他评价陈的水墨人体，有时候女人像座山，似乎难以攀登也难以征服，但却富有美感；有时，女人像水又像雾，叫人触摸不透，但又令人神往；有时，女人像一首优美的朦胧诗，越品越有味。他说陈林借助其水墨准确而淋漓地表现了女人内心世界，这就是陈林人体水墨交融而产生的艺术魅力。

张君对汤集祥、何坚宁、许钦松、伍铭波、李醒韬等人的山水画艺术，各有不同的见解。他说汤集祥的画风多变，先是写实，后变形，甚至一双脚跨进半抽象乃至抽象，时硬时软，时直时歪，因此人们称之为“百变汤集祥”是有道理的。他说何坚宁画油画就是“玩”，能够在半年“玩”出十七本画册，真是不可思议，又说何落笔狂乱，色彩对比强烈，令人觉得炫目、灿烂，仿佛要把自然界中的阳光捕捉下来，固定在画布上似的。他说许钦松的山水，展开了大视野，力量、厚重、磅礴、气派，构成了一幅连绵起伏、壮观千里的许家大山大水，给人一种智慧与力量。他说伍铭波集绘画、书法、摄影等各种技艺于一身，他的山水画中，树林葱茂，云烟流瀑，茅宇溪舟，老寺卧僧，浑然天成，浓与淡、虚与实，恰到好处。他说李醒韬的山水钟情于刻画水乡屋檐的瓦角、瓦脊、瓦片，画中的水艇、瓦檐、茅寮、渔网、灯笼、村舍、海边、榕树，构成一幅幅南方田园风景画；又说醒韬水乡中国画，当属山水画之列，但却少有大山大岭，可谓有水无山的山水画，这恰成了其特色。此外，张君还评价了不少画人，这里不一一列举。由于张君也长于画艺，工于山水，所以他的鉴赏特别精湛。

张君对于书法艺术也大有见解。他欣赏莫仲予的章草笔法劲峭，秀逸洒脱，不同凡响；认为卢有光的书法有鸿飞兽骇、鸾舞蛇惊的情致。又如欧广勇的书法，他很赞同程十发所称许的“以朴为美”，认为欧氏书法具有强烈的视觉冲击力、情绪感染力和尽得风流的艺术魅力，给赏识者以朴实的美的感受。

篆刻方面，在许多印人当中，他特别赞赏青年篆刻家李平。他说，李平这个名字，在广东印坛，响当当，亮堂堂。如今，许许多多的艺术名家都慕名求印，得者，如获至宝。他认为李平刻印无拘无束，洒脱自然，重感觉，好像全不在意，却又深藏着篆刻艺术的森严法度，刀法劲爽泼辣，结字布局均妙不可言。李平篆刻的边款特别超脱，并深为张君赏识。

张君从事绘画有年，以一位画人对书法、篆刻界名家所作评语，自然很有价值。他以多篇论述结集成书，并盼为写序，特予论略如上，仍祈识者教正。

徐续

（诗人、岭南文化学者、书法家）

癸未初冬于广州

目 录
contents

（本书人物以出生年份先后为序）

Baiwei Mingjia
Baifu Mingzuo

YIBU LINGNAN
YISHUSHI

百位名家·百幅名作
一部岭南艺术史

郑慕康：名震上海的潮汕画家

或许是同乡之情结，或许是钟情其人物画，素昧平生的我，竟然喜欢上民国时期名震上海的潮汕画家郑慕康，且接二连三求购佳作，藏而品之，乐在其中。

郑氏是我的潮汕老乡，他出生于潮阳一个小商之家，幼年时对美术、广告图案很有兴趣，开始临摹各种广告样张。14岁时，他为其姑丈的香烟厂创作了两幅广告画，初显其绘画天赋。1918年，18岁的郑慕康进入了当时由刘海粟创办的私立美术学校，开始学习西洋画，这为他日后的创作打下了坚实的基础。后来，他又师从上海名家冯超然学画，与陆俨少师出同门。这时期的严格训练，使郑氏在艺术上又一次大飞跃，其笔下的人物融合了西洋画的技法和冯超然工笔人物的传神写心之技法。尤其是，他后来从事20余年的教学工作中，一直强调线条的人物画教学方式，与当时北方盛行的徐悲鸿式的强调素描的教学方式完全不同，一直沿用至今。上海美校的后身——上海大学美术学院国画系人物画教学一直沿用此法。

平心而论，郑慕康的人物画无论是在线条的流畅、用色的烘托、绘画的严谨程度、技法的熟练程度上都是无可挑剔的，其肖像的宛然写真方法因其早年的西洋画功底要略胜其师冯超然，其人物画写真功夫也不亚于徐悲鸿先生。徐先生的水墨人物，得益于状物写生，题材、画法都当属现实主义，而郑氏的人物画则基于传统工笔的写真。徐先生对于人物画的着色是用平涂法，而郑氏对于人物画的着色则是晕染的。因此，郑氏在近现代中国画史上是有贡献的。

观其人物画《美人图》，其独特之处是他将西洋画的明暗法、透视法和传统工笔人物糅合为一，其笔下的人物秀美古雅，仪态端庄，形神俱佳，赋色清丽，服饰略施晕染，体貌、神态、服装色彩各异，气质十分鲜明。其《仕女》画境醇美，婉约清丽、气脉连贯、生动传神地表现出琴女陶醉于抚琴达意那种怡然自乐的神态。其绘画用笔精细，如春蚕吐丝，融仕女画、肖像画为一体。

郑慕康
美人图
1940 年

郑慕康，（1901—1982），名师元、师玄，号慕康，别署圣华馆主，广东潮阳人。国画家。曾任上海美术专科学校国画系教师、上海中国画院画师、上海文史馆馆员、中国美术家协会会员。民国时期潮汕名震上海的画家之一。擅长工笔仕女画，兼工诗书，艺术上师法唐寅和仇英，肖像吸取明代曾鲸晕染画法。其作品形神俱佳、赋色清丽。作品有《薛涛制笺》《嫦娥奔月》等。

蔡敬翔：清雅生动　秀色可餐

蔡敬翔，这位在画坛上有着“寿星公”美称的潮汕籍画家，在102岁的那年安详地走了，给后人留下了一笔丰富的文化遗产。广东省文史馆特选蔡老遗作102幅为其出版作品集，以表纪念和缅怀。

蔡公95岁那年，笔者有幸拜访了他。他慈祥和蔼，敦厚可亲，现场挥毫泼墨的情景至今想起仍历历在目。

蔡公是潮州枫溪人，生于1906年4月9日，1930年毕业于上海人文艺术大学，主习油画，20世纪30年代分别执教于广州、潮汕知名学府，后任广东艺专副教授。抗日战争爆发，因无法购买到油画原料，他改攻中国画。

蔡公年轻时，祖上收藏书画甚丰，且与潮汕名画家吴园、张梦庐相交至厚，日久探索，国画造诣日深；此后，又长期钻研历代名画及撷取西洋和日本近代画的精华，为其中国画创作打下了坚实的基础。他作画近80年，其作品不泥古，不追今，折衷中西画技笔法，洗天染地，多姿多彩。其山水集南北宗之长，布局严谨，融洽润和；花鸟走兽刻画得灵巧多姿，温婉清香，自成一格。

蔡公的国画，有油画的厚重与力度，自出机杼，不落窠臼，画风独具一格。他笔下的鲤鱼、老虎、白鹭、牡丹、山水……艳而不媚，传神有趣，且布局严谨。其山水用色深厚，气势雄浑；其河鲤出神入化，妙趣横生。蔡公尤其对老虎有着浓厚兴趣。他孜孜不倦地钻研老虎的动态，吸收名家画虎的精髓，同时，深入虎区观察、写生，从而使他的作品在构思和技巧上多有独到之处，其虎作闻名海内外，并被作为国宝馈赠海外名人政要。

他赠送美国纽约市警察总局副局长莫虎先生的《虎》，全轴一流飞瀑九天直泄，岩畔草丛中钻出一头猛虎，拄肘半伏，仰视湍急飞流，久久不肯离去。画作笔势磅礴、虎虎生风。莫虎看后大加赞赏，认为此画画出了他的离情别意，是他所受馈赠中的最佳礼品之一。

于右任对蔡公作品《虎啸图》也大加赞赏，并欣然题上“呼唤时代”四字。

早期，蔡公以刚劲之笔创作猛虎，让虎的威猛神情跃然于纸上。晚年，他笔下的虎已很少取剑拔弩张的姿势，而是回眸于山间草丛中，虎威在其笔下得以净化、柔化了。因而，其作品中体现着画家一股浓浓的情，一颗拳拳的心。

再读蔡公的《一行白鹭上青天》，作品中的白鹭千姿百态，飞行在一片原野

蔡敬翔
一行白鹭上青天
1979年

蔡敬翔 / 卷石不盈尺 / 2001 年

上，陶醉在幽静的流水声里，喧闹嬉戏，振翼飞舞，探头觅食，神态如此娴静，动作如此轻盈，活灵活现，栩栩如生，呼之欲出。是诗？是画？画有诗意，诗寓画中，情寄画中！

《天山万里行》是他早期的精品之作，作品意境深远，画中之骆驼形神兼顾，尤其是牵骆驼之人更是惟妙惟肖、活灵活现，令人叹绝。无论立意、构图、敷色、着墨、用笔皆温润华滋，素雅明净，潇洒飘逸，独树一帜。

总之，蔡公之画，清雅生动、秀色可餐。其画虽近岭南画派，但驻足凝视，仍可依稀看到宋画的痕迹，故人们将其与一些潮汕画人一起称为岭东画派。

蔡敬翔
天山万里行
1979 年

蔡敬翔，(1906—2007)，广东潮安人。曾任广东省人民政府文史研究馆馆员、广东省美术家协会会员。从艺近80年，曾先后在上海、广州、香港、台湾等地区举办个人画展。他青年成名，中年人生际遇坎坷，晚年成就斐然。

黎雄才、关山月：岭南画坛两巨匠

当今时代，关、黎山水成为岭南正传，学者甚众，弟子众多。凡画山水者，无不对关、黎推崇备至，二人也被誉为山水画的一代巨匠。

关山月是20世纪中国美术界杰出的画家，其代表巨作《江山如此多娇》（与傅抱石合作）（650厘米×900厘米），至今悬挂于人民大会堂。尤其是毛主席的亲笔题词“江山如此多娇”，更是绝无仅有，成为美术界的典范，从而奠定了他在中国画坛的地位。作品出色地运用了现实主义和浪漫主义相结合的创作手法，整个构图采取鸟瞰式，视野开阔，气势雄伟，地跨东西南北，长城内外，大河上下，时合春夏秋冬。画中层峦叠嶂，峻峭幽深，万壑竞立，飞瀑湍急，烟霭茫茫，吞吐八方，经小观大的图式恰如其分地表现了中国山水画特有的苍茫宇宙感。画中一轮红日喷薄而出，明喻了气象万千、蒸蒸日上的新中国，望之令人顿生朝气蓬勃、高瞻远瞩之情。

被中国美术馆收藏的《绿色长城》，是关老一幅思想性与艺术性完美结合的代表作，也是新中国山水画的又一范本。作品描绘的南国海岸，在明媚阳光下一片郁郁葱葱，海水卷起一层层浪花。沿岸是绿色的防护林，高耸的木麻黄树木被海风吹动成一道道波浪，与海浪互相呼应，形成了一道既可防沙防风又可以防敌人的绿色铜墙铁壁，具有鲜明时代特色。

关老创作于20世纪60年代的又一代表作《疾风知劲草》（178厘米×95厘米），画面题款“疾风知劲草，一九六二年七月画于羊城关山月笔”，画面苍松凌空，迎风顶立，气势磅礴，表达了一种不屈不挠、坚忍不拔的信念。据说当时中苏关系恶化，中国遇三年自然灾害，作者以物言志，借物抒情，表达了作者忧国忧民的爱国热情。

无心插柳柳成荫，画梅，原是关老应酬之作，画多了却成了他的品牌，因此他笔下的梅花被人称之为“关梅”。他1973年创作的《俏也不争春》以枝干如铁、繁花似火的形象，一洗前人疏枝瘦萼、孤高绝世的格调，为梅花树立一种体现新时代精神的新形象，成为当时花鸟画创作的榜样，也为关老赢得了家喻户晓的巨大声誉。

20世纪80年代，关老继《江山如此多娇》之后应人民大会堂之邀，创作了一幅以梅花为主题的《国花赞》。这幅作品高2.6米，宽6.2米，如此之巨幅从来没有过，关老四易其稿，终于大功告成。看看画面，两株红白梅像龙腾般飞入画中，枝干苍劲，繁花烂漫，欣欣向荣，打破了平日里梅花的清冷孤高，表现出梅花笑傲冰雪的豪迈气概，并以此表达了中华民族历尽万千劫难而傲骨坚贞的品格。

关老画玫瑰还有一段故事，据说在20世纪40年代，人们很喜欢他画的玫瑰，上门求画的人络绎不绝。关老为了还画债，不得不天天依样画玫瑰，越画越多，越画越腻，越腻越烦。此后，他发誓永不画玫瑰了，从此玫瑰画在关老的画集和展览中消失了。记者惋惜关老在世时未能求得关老片言只字，所幸的是在十多年前，从友人处求得关老“收藏天地”四字。其间不知拒绝了多少欲夺爱者，至今悬挂于书房中。2014年10月我又有幸从拍卖行拍得关老为商承杰梅花手卷题的卷首《一笑暖千家》。观关老的书法，笔力雄健、豪放霸悍，有一股咄咄逼人的气势，宛若其梅中之干虬，如龙腾空而起，充满张力，又不失法度。

著名作家秦牧曾这样总结关山月的绘画实践：“他的画不仅景象越来越宏大，技法越来越圆熟，而且有一种昂然向上、坚毅不屈、高瞻远瞩、气势磅礴的格调常常洋溢于景物之间，即使不是画名山大川、森林瀑布，仅是画梅花、水仙之类的花卉，也同样给人一种朝气蓬勃的青春气息，这显然是反映了时代精神，体现了画家思想境界和博大胸怀。”

黎雄才是岭南画派的第二代领军人物，以画山水见长，其山水画有“黎家山水”之称。他早年留学日本，受西洋派及高剑父影响，后吸纳中西，融汇古今，自成一格，擅用焦墨、X笔写生，风格老辣、雄劲。20世纪40年代，他经韶关、桂林入四川，又取道甘肃的河西走廊，经敦煌，入新疆、内蒙古等地，一路采风写生，还临摹敦煌壁画。对此，岭南画派纪念馆馆长李劲堃评说，西北写生对黎雄才艺术发展有非凡意义。20世纪50年代以后，黎雄才又多次深入生活，在大江南北写生作画，使得他的绘画技巧更加纯熟，笔墨语言更加给人一种很实在的感觉。后来黎雄才先生又成功地吸收并糅合了中国传统画法与日本画法，丰富了其山水画的内涵，成功地创造了响当当的“黎家山水”。

“黎家山水”意境清华，设色高超。黎雄才挥写之青山绿水，气势清旷绝俗，千峰竞秀，烟云氤氲，瞩目咫尺，意在千里。尤其是他笔下的松树，苍劲通透，浓重的墨色与雄健老辣的笔法让人感到一股强烈的力量。

《旭日苍松图》是其晚年之作，体现了黎家山水的典型风格：全景式的巨幅构图，焦点散点互用，回旋开阖，将挺拔繁密的松树、巍峨蜿蜒的山峰、苍茫氤氲的云海，以及冉冉升起的太阳尽收入画，气势雄伟开阔，境界深远瑰丽。这幅作品“以墨为主”，强劲老辣的笔法变化万千，浓浓的墨色与清新的青绿设色和谐融为一体，加之黎老纯熟自如的挥写，以及出神入化的笔墨功夫，使作品的内涵更加丰富多彩。此外，《武汉防汛图卷》和《珠江长卷》又是“黎家山水”的经典之作，与

其说是山水，还不如说是黎雄才集山水、人物、花鸟、书法创作之大全。这一组合展现了黎雄才惊人的写实功底与绘画天赋，不知有多少国内一流专家观后大赞“震撼！”“不可思议！”。

黎雄才在人物画、花鸟画、书法等方面所取得的成就也举世瞩目：他的人物画、花鸟画造型之准、格调之高，让很多人物及花鸟画家自叹不如；他的书法造诣同样让很多书法家汗颜，其书法有时细如游丝，但笔墨精到，与笨拙粗放的线条相比，更富有内涵。广州美术学院美术馆馆长王见认为，黎雄才的用笔是与形质联系在一起的，其细如游丝的用笔从技术层面上来说达到的高度令人叹为观止，很少有人能做到。我们通过欣赏其书法作品，发现他的书法路子宽敞、笔路广阔，他书家的套法精准，对各家的结字、用笔、精神到气韵都有独到的把握。据说，他的楷书创作从钟繇入手，在高古中体现散淡、闲雅的风格；他的长草则在注重厚重方面的同时表现出灵动、自然的气息；其晚年的大字书法作品，则跌宕奇崛，雄强豪迈。

细细观察黎雄才画作，其笔墨与线条，每每都透漏出其深厚的书法功底，处处流露出丰富的笔墨神韵。其画作的一个特色，就是配有一些较长的题字。这些题字，既可帮助读者理解作者的创作思路又可以配合画面经营布白，使绘画、书法、文字相互辉映，表现出浓郁的文化气息。

黎雄才 / 武汉防汛图卷 / 1954 年

黎雄才，（1910—2001），广东肇庆人。当代国画家、美术教育家，岭南画派卓有成就的代表人物。擅长巨幅山水画，精于花鸟草虫画，其画作气势浑厚，自具风貌，被评论界称为“黎家山水”。20 世纪 30 年代初合作的《潇湘夜雨》荣获比利时国际博览会金奖，1954 年创作的《武汉防汛图卷》被美术评论界誉为“抗洪史诗”。

关山月，（1912—2000），广东阳江人。著名国画家、教育家，岭南画派卓有成就的代表人物。曾拜师岭南画派的奠基人高剑父。1948 年任广州市艺专教授。1958 年后，历任广州美术学院副院长兼教授，广东艺术学校校长，广东画院院长，中国美术家协会副主席、常务理事，广东省文联副主席，广东省美术家协会主席。

傅抱石、关山月
江山如此多娇
1959 年

刘仑：正直、朴实、聪睿

2013年8月1日3时30分，享年101岁的刘仑先生溘然长逝了。这位革命战士十分巧合地在“八一”节走了。这位曾参加鲁迅倡导的新兴版画运动，参加“一二·九”运动并加入广州现代版画运动，被誉为“中国现代石刻第一人”“东江人民画家”的老艺术家走了。10年前采访刘老的一幕幕仍历历在目。

正直、朴实、聪睿，这是刘老给我的印象。

那时他刚从医院出来就接受我的采访。岁月的沧桑洗去了刘仑昔日壮硕身躯散发出的光彩，松弛的眼皮、嘶哑的声音、苍白的头发，让人产生一种对壮士暮年的惋惜之情。然而，与刘老交谈，那富有哲理性的谈吐，那直抒胸臆的表露，那充满激情的坦荡直言，让人深感其旺盛的艺术青春和生命的活力，让人深感其做人的洒脱与真实。

人如其画，刘老的中国画，给人以活力、激情与联想，有丰富的表现力，有特殊的风格，既让人感到木刻刀法强劲的笔力，又使人感受到水彩中绚丽的色调。有专家认为，刘仑的画具有雄浑的气概和豪健的风格。这些得益于他丰富的人生阅历与生活体验。从1951年起，他就带笔从军，几十年来，到过朝鲜战场，四次走过长征路，参加过西藏民主改革运动，住过牛栏受过迫害，踏过青藏，穿过三峡。他以诗人的眼光观察生活，以战士的胸怀感受生活，因而创造了他一生中艺术上的辉煌。他的油画《红军过草地》、国画《奴隶翻身图》《三峡图》《红军渡急流》等作品无不体现了雄浑与豪健的气概。《红军过草地》通过栩栩如生的群像的刻画，有力地塑造了坚毅、勇敢、不屈不挠的红军战士钢铁般的伟大形象。该画入选全国中学教科书。《红军渡急流》获全国优秀奖。《奴隶翻身图》获全军第三届美展优秀奖，受到周恩来总理的好评。《三峡图》赴美参加“中国现代国画展”，被评为没骨山水中国画创新的代表作。

“科学要发明，艺术要创新”，刘老反复地说。刘仑的创新通常表现在其画作的风格上。著名书画家赖少其曾评价刘仑的山水画的风格，是“白”与“绿”。所谓“白”，即以雪山为英雄的象征，在奔放洒脱的运笔中，在水墨淋漓的气氛中出现以白为主的画面，如《雪山图》《家住雪山中》等。所谓“绿”，即以绿概括南国美丽风光，用水墨的渲染使人感到满纸皆绿，如《春水池塘绿》等。刘仑的创新也表现在技法上，他的《桂林警报》《被日军炸断了的东新桥》等作品，是用砸烂的

刘仑 / 雪山图 / 1986 年

竹子画出来的没骨山水，也是刘仑的独创。他说，没骨山水，应在没骨中有骨。他强调用墨的滋润和气韵，使湿润中有雾，没骨中有骨。只有技法上的高手，才能掌握“墨分五色”的诀窍。

采访中，记者感触良多，不仅被刘老创造的有自己笔墨风格的作品所感动，更重要的是，被他的爱国激情以及对人生、艺术的透彻理解所感动。他说：“任何画家都要爱祖国，爱人民。不能为了艺术而艺术，艺术目标为人生。”他又坦言：“自己首先是中共党员，然后才是画家。”这是一位老艺术家的肺腑之言，多么的可亲与可敬啊！

刘仑 / 过岷山 / 1991 年

刘仑，（1913—2013），广东惠阳人。中国著名国画家、版画家，中国美术家协会会员，国家一级美术师，广州画院首任院长。早年参加鲁迅倡导的新兴版画运动。任《解放军文艺》美编、中央军委总政治部文学美术创作室和中国军事博物馆创作员，曾任广东画院绘画组组长、首任广州市美术家协会主席。被誉为“中国现代石刻第一人”“东江人民画家”。代表作品有版画《河傍》《市街》；木刻《前线军民》《通讯兵》；油画《红军过草地》；中国画《奴隶翻身图》《三峡图》《雪山系列》等。

莫仲予：秀雅章草　岭南一绝

20 年前，当时的广东省文史研究馆馆员，著名诗、书、画、印名家莫仲予与著名书法家陈景舒先生，在广州文物总店办书法展。二老办联展成为当时的佳话。如今二老都离我们去了。

老、中、青三代专家学者对莫老的简古清雅、秀逸洒脱的章草都甚为崇拜。其章草无论用笔、结体、章法，都能植根于传统，而又有个人的创意，本正源清，可供后学取法。这得益于他深厚的文化内涵与渊博的学识。

我与莫仲予先生属忘年交。如今他已仙逝，往事回首，莫老的音容笑貌仍历历在目。当时我们住得不远，我常常上门拜访求教。记得我的书斋——醉墨斋刚刚装饰入住，展出莫老诗书作品几十幅，几乎全被来访的朋友买走。为此，莫老写了一幅对联答谢我。莫老平易近人，胸怀豁达，一生勤耕不辍，诗、书、印“三绝”。

20 年前吴南生同志看了莫老的章草甚感惊讶，看了一遍又一遍，后又多次致电问候莫老。有位专家看了莫老的章草后，撰文（《岭南地区的章草》见 1998 年岭南出版的《书艺》第一期）评价，称赞“当代章草名家，首推新会莫仲予先生……在当代流行生涩古拙的‘章草热’中，莫仲予先生秀雅的章草可谓别树一帜”。

然而，莫老十分谦逊地说自己不是书法家。莫老对钱看得很淡，别人请他写字，他从不主动收取一分钱。他说：“我有文史馆每月发的一两千就心满意足了。”言谈中，莫老时常流露出对章草发展的担忧：“如今写章草的人不多，主要是至今没有入门书。”

莫老早年师从广东著名书法家胡兆麟，自幼习《圣教序》《砖塔铭》，打下了扎实的基础；青年时又临习过《交湛碑》及赵之谦的行楷；24 岁时认识岭南章草名家李怀霜先生，转学章草，从《出师颂》《月仪帖》入手，复临赵子昂《千字文》、宋克《急就章》等帖，后又拜学王秋湄先生，得其峭劲的笔法。莫老十分强调学习传统，吸收传统精华，在传统的基础上力求创新，把自己的个性、气质、文化底蕴、审美情趣融会贯通于书法之中，创造出一种秀雅雍容，笔力峭劲，极为精熟的“莫章草”。中国书协原副主席、广东省书协原主席陈永正说：“莫老章草的结体极为简省，每一个字都没有多余的笔画，每一笔都恰到好处，虚实相应，浓淡相生，尤其是‘磔’笔，如快马入阵，蹑景追风，在凌厉的气势中有沉着的姿态。”

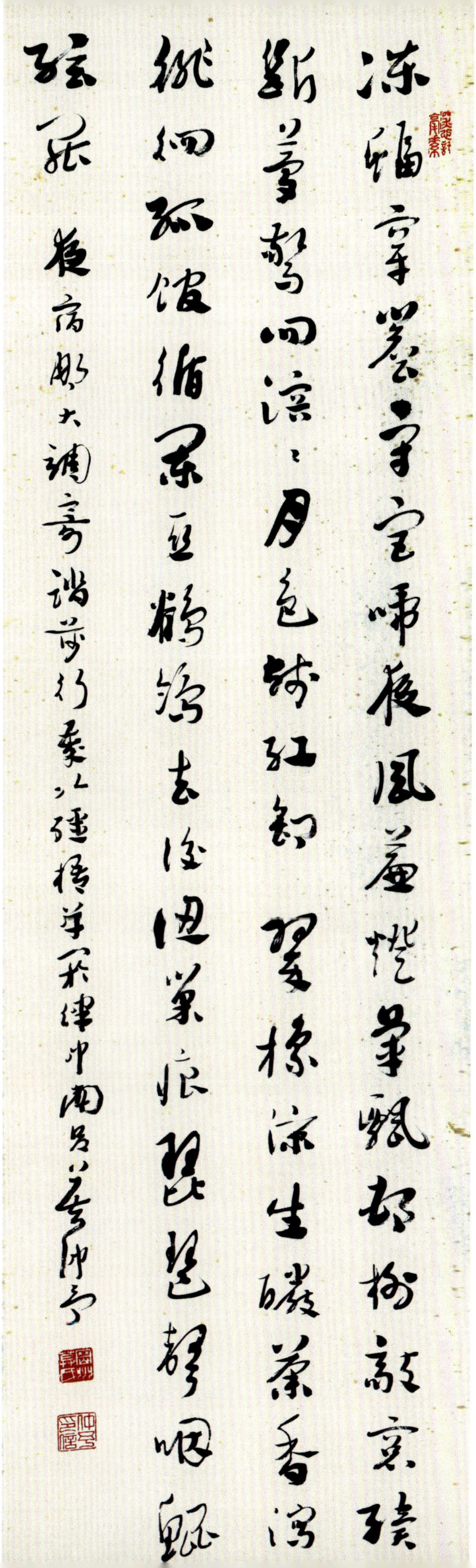

莫仲予
春夜喜雨
1992 年

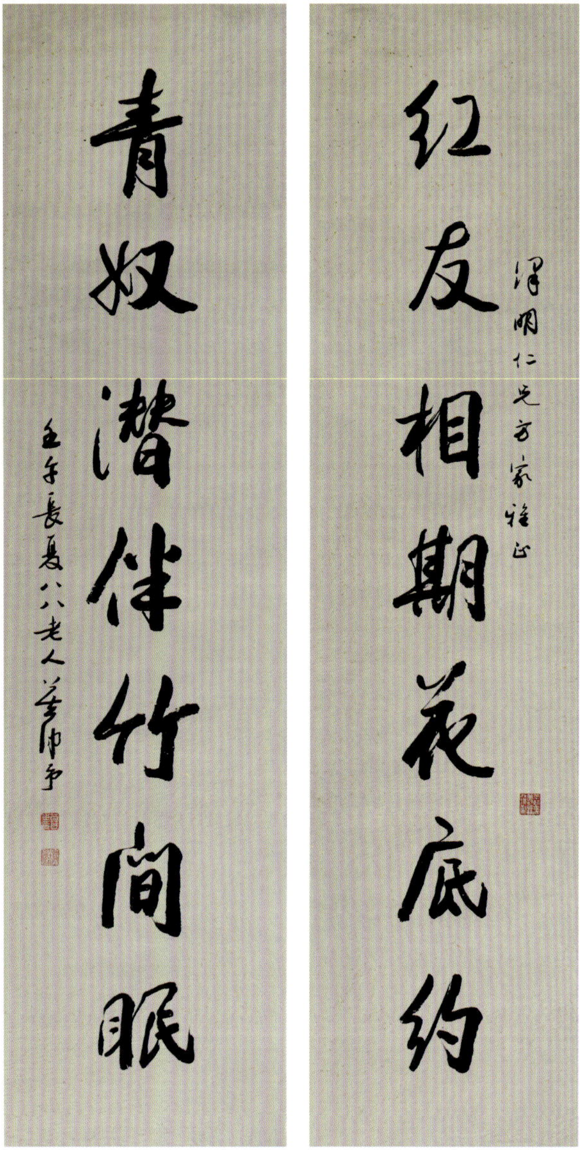

莫仲予
书法
2002 年

莫老博学多才，精通诗词音律，亦精篆刻。其长诗《登邙山望黄河放歌》《长城谣》《三峡行》等，均陈雄郁魄。著名诗人刘逸生称其为“直逼老杜”之作。广东省文史馆原馆长胡希明称其诗“雄浑古雅”“为岭南诗派之佼佼者”。其治印古拙中有清新之气，书与印相得益彰。

莫老之画，则学四王，饶有雅意，所作墨竹以草书笔法入之，洒落有致。文人专精一艺，已属难得，而诗、书、琴、音、画俱精，在广东恐怕只有莫老一人了。因此，莫仲予先生被称为“广东一宝”。

莫仲予
对联
2001年

莫仲予，（1915—2006），广东新会人。书法家、诗人。中国书法家协会会员、广东省文史研究馆馆员。擅长章草书法，著有《留花庵诗稿》《莫仲予章草集》等。又与其兄点校有《陈澧集》中的《乐律通考》《琴谱》。

廖冰兄：画风鲜明　画笔犀利

“不能粉饰，要真诚”，这是我国著名漫画家廖冰兄做人和为艺之准则。熟悉他的人都知道廖老的性格，爱憎分明，坚持真理，伸张正义。他为人低调，乐做善事，他资助过的人不少，至今成立有廖冰兄美术教育奖金等。2004 年 11 月，在他 89 岁时，又成立一个以其名义建立的广东人文学会廖冰兄人文专项基金。今天，廖老虽然走了，但他的基金还在，他的作品还在，他的精神还在。他那鲜明而又犀利的画风，至今尚为人们津津乐道，回味无穷。

廖老一生对艺术执着追求。他认为漫画应成为既有意义又值得欣赏的艺术品。以至于我们每每到广州艺博院廖冰兄专题馆欣赏其作品时，总被其犀利的笔触，丰富有趣的哲思而吸引。抗战时期，他根据毛泽东《论持久战》创作的《抗战必胜连环图》，在全国巡回展出，大大激发了我国军民的抗日斗志，成为中国现代美术史上一个特殊而辉煌的篇章。应该说，这个时期是廖冰兄漫画创作的一个黄金时期。1938 年 2 月，廖冰兄抗战连环漫画在广州市展出，共有 200 多幅作品。这种以抗日救亡为主题，以大众乐于接受，易于理解的形式进行创作的作品，对中国人民抗日战争起到了积极鼓舞作用。黄苗子称赞廖冰兄是“一个反对侵略的民族斗争的武士”。解放战争时期，他创作的《猫国春秋》，讽刺当时国民党独裁政权竟然猫鼠不分、猫鼠同眠，受到当时广大人民群众的赞扬和喜爱，也受到周恩来的好评。为反抗国民党黑暗统治，他激情满怀，愤慨地说：“悲愤漫画是我的专业，到世上无可悲可愤之时我便失业了。上帝，尽快让我失业吧，阿门！”

20 世纪 50 年代，廖老创作的连环漫画《六叔》，成为当时羊城家喻户晓的作品。1997 年，为了迎接香港回归，已 82 岁高龄的他，创作了漫画《计穷泣别图》。1998 年 8 月，廖老把自己各个时期共 194 幅作品无偿捐赠给广州艺术博物院，同时又把另一批二百多幅作品捐给了广东美术馆。1998 年 4 月，廖老应邀为《老人报》创刊 18 周年创作了一幅名为“天真长寿”的作品，画中寿星公与蒙上眼睛的小童，一老一少相互追逐，其乐融融，温馨之极。该作品在报刊上多次刊载，深受市民热爱，成为当时百姓喜闻乐见的好作品。

此外，他创作的优秀作品还有《智公移山》《自嘲》《餐餐有余》……

我们从其作品中看到，廖冰兄大胆吸收了广东民间木版年画、门神等的朴拙线条与夸张的造型，以及有趣的绘画语言，从而形成自己独特的、富有南方民间艺术

廖冰兄
天真长寿
1994 年

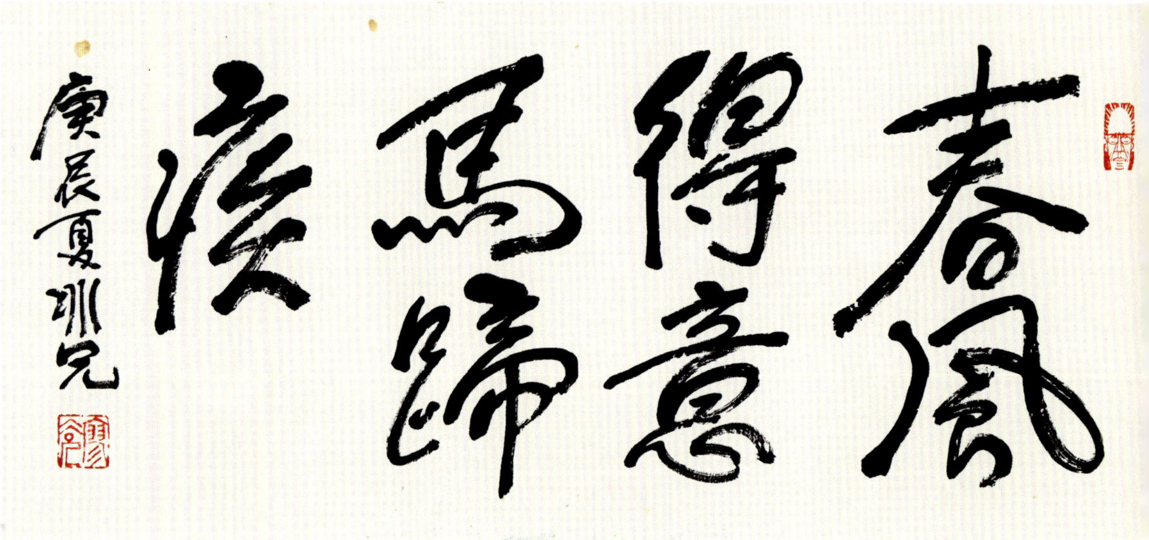

廖冰兄 / 书法 / 2000 年

装饰情调的漫画语言。值得一提的是，廖老在 64 岁高龄时又创作了《自嘲》《噩梦录》等数十幅漫画。作品一问世，受到国内外媒体的好评，引来一时轰动，被誉为思想解放运动中诞生的具有时代意义的艺术精品。2003 年 9 月，廖冰兄荣获中国文联、中国美协颁发的第二届中国美术金彩奖成就奖。其作品《自嘲》成为一代知识分子内心最真实的写照，获第六届全国美展铜质奖章、广东省首届鲁迅文艺奖。

晚年时期，廖冰兄多以书法、小品创作为主，其书法线条老辣，富有金石味，又不失率真轻松之意趣。如《翰墨飘香》《横眉冷对千夫指，俯首甘为孺子牛》。其笔下的小品，怡情的、抒情的，甚至生活中的小猫小狗皆成为廖老笔下的题材；其山水画，多以广东水乡为题材，融中国画、西洋画、儿童画、版画、水彩、水粉画于一身，形成独特的艺术风格。

总之，廖冰兄的漫画作品，给我们的感觉是画风鲜明、画笔犀利，入木三分。他不但是一位杰出的书法家、漫画家，更是一位难得的思想家。

廖冰兄 / 自嘲 /1979 年

廖冰兄，（1915—2006），原名东生，祖籍广西象州县人，生于广州。自幼喜爱绘画，自学水彩画、月份牌等。1932 年开始在广州报纸发表反日本侵略漫画。1935 年毕业于广州师范学校（现广州市协和中学），2003 年 9 月，荣获中国文联、中国美术家协会颁发的中国美术最高奖—第二届中国美术金彩奖成就奖。

代表作品：《梦里乾坤》《猫国春秋》《智公移山》《自嘲》等。

饶宗颐：学贯中西　硕果累累

博学多才，学贯中西，造诣高深，著作等身，硕果累累。像这样的赞誉之词，用在饶宗颐教授身上，都是十分恰当的。

众所周知，饶老是世界知名的汉学家，又是我国当代著名的历史学家、考古学家、文学家、经学家、教育家、潮学大师和书画家，是集学术、艺术于一身的一代宗师。他长期潜心致力于学术研究，涉及文、史、哲、艺各个领域，并对诗、书、画有极深的造诣，被人称为“中国启功”。

他的书画艺术秉承了中国明、清以来文人书画的优秀传统。其中国画的题材广泛，有山水、人物、花鸟；有传统流派的摹仿，有世界各国的风光写生，更有自成风格的创作。在山水画方面，饶老在元“四家”处用功至深，早年更以摹写倪云林山水著称，至今犹自称“今荆蛮民”（荆蛮民乃倪云林之别号）；后来又涉及黄大痴、王蒙、吴仲圭，亦博涉明遗民诸家笔意，以广笔趣；八大山人之简练，石涛之奇峭，石溪之苍郁，渐江之峭劲，所得尤深。因此，饶老的山水创作意境深远，有诗之意境，有画之韵味，有音乐之节奏，有舞蹈之旋律，有形式之辉光，有内容之英华。读之，真让人大获陶冶性灵、清心洗耳之惬意。

在书法方面，饶老博览古人书法作品，并能一下抓着其特征，用自己的笔法写出来。他的行草书融入明末各家的豪纵韵趣；隶书兼采榖口、汀州、冬心、完白之长，自成一格，写出一种沉稳静穆中带盎然生意之隶势；他的篆书，多带天发神谶碑之方折笔法，而又掺入他喜好之悬针篆法，颇有个性。如右图作品“澄心静滤”。饶老可谓草、隶、篆皆得心应手，其作品无论大幅中堂、屏条、对联到方寸小品，风格多样，而沁人心脾的书卷气洋溢于件件作品之中，是地地道道的文人书画，是一位学富五车的博学者的书法，是一位超凡脱俗的、不为名利所动的隐逸者的书法，其特有的内涵和意蕴，一般专业书法家和文人墨客均难以企及的。

饶老创办的“饶学”，奠定了他在国际上的学术地位。他治学之广、之博、之精、之深，令人敬佩与叹绝。先生治学遍及十大门类，如敦煌学、甲骨学、楚辞学、宗教学及华侨史料等学科。先生著述甚丰，专著60多部，仅仅《20世纪饶宗颐学术集》便有12卷，内容超过1000万字。先生通晓6国语言文字，英语、法语、日语、德语、印度语、伊拉克语。对中古梵文和巴比伦古象形文字的研究，就连其本国人也少有精通，先生作为一个潮汕籍的中国人，能通晓异国的“天书”，实在称得上是当今不可多得的一代奇才、一代宗师。

2015 年 4 月 28 日，饶宗颐百岁艺术展在北京中国国家博物馆举办。饶老受到国务院总理李克强的接见。这次展览是历年来饶老众多展览中最具规模及展品种类最齐全的一次，作品涵盖其超过 80 年的学术及艺术成果，是其学术及艺术成就的全面呈现。

饶宗颐 / 书法 / 2002 年

饶宗颐 / 大峡谷雪霁 / 1989年

饶宗颐，（1917— ），广东潮州人，号选堂。中国当代著名的历史学家、考古学家、文学家、经学家、教育家和书画家。凡甲骨、敦煌、古文字、上古史、近东古史、艺术史、音乐、词学等，均有专著，出版书40种，学术论文过300篇。艺术方面于绘画、书法造诣尤深。绘画方面，擅山水画，写生及于域外山川，不拘一法，而有自己面目。人物画取法白描画法，于李龙眠、仇十洲、陈老莲诸家之外，开一新路，影响颇大。书法方面，植根于文字，而行草书则融入明末诸家豪纵韵趣，录书兼采谷口、汀州、冬心、完白之长，自成一格。

郑餐霞：重彩铸就　铁卉丹霞

看！那花开四季的竹节海棠、遍布郊野的美人蕉、狂放灿烂的三角梅，还有那红艳艳火辣辣的木棉、牡丹、荷花，朝气蓬勃、积极向上，令观者心花怒放，这就是我国著名大写意中国画家郑餐霞笔下铸就的一棵棵、一株株亮丽的铁卉丹霞。

郑老早年就读于上海美术专科学院中国画系，师从诸乐三、王个簃、黄宾虹、潘天寿诸位大师。在岭南地区，能亲得众多大师教导者，着实无几。20世纪30年代毕业的他，正值"一二·九"运动爆发，抗日救亡高潮即来，于是他毫不犹豫地投身革命队伍，以文艺为武器，长期战斗在粤、桂、川等地，同时参加了潮汕地区的武装斗争。20世纪50年代郑老任华南师范学院政史系主任、总支书记，后又任广州美术学院副院长。离休后，他致力于中国画以及诗、书、印的研究、探索与创作，成为一名诗、书、画、印皆精的艺术家。尤其是他的大写意中国画，因色彩浓郁、笔墨淋漓、对比强烈而震惊画坛。有专家看了郑老的作品后高兴地说："人是一年年地变老，而他的作品却越来越新，这是很难得的。"他佩服郑老大胆而又恰到好处的用色及创新精神。也有专家认为，一般画花鸟画的人都很少像郑老这么大胆地用色用墨。郑老的画整个画面给人感觉清新亮丽，用笔干脆，有传统的力量，也有创新的朝气。郑老虽然90多岁了，但画面很有中青年画家的朝气和阳刚之气。

突出色、墨反差，在大开大阖的构图中强调视觉强力，这是读郑老的画的感受。郑老告诉笔者，解决中国画的色彩问题，他为之苦苦追求了几十年。

现在的时代，是拼搏的时代、激越的时代，"笔墨当随时代"是为了与时代精神合拍。郑老大胆创新，在构图、笔墨、色彩上强调多点阳刚之气，少点阴柔韵味，在刚柔相济中以刚为主，突出老辣、奇崛、雄浑、刚劲、厚重、壮实和博大，使作品焕发出激越、高亢、豪放、挺拔的激情，表现了火红的时代精神风貌。他用笔上以中锋为主，以求画面的气势与骨力、线条的奔放。他认为这是时代的需要。

郑老孜孜以求，勤耕不辍。难怪，广东省原省委书记吴南生观其画后，赞叹不已，欣然题字："天涯多芳草，海内有遗珠，战士重挥笔，丹心出画图。"郑老始终这样认为，色彩问题在表现时代感上是个大问题。墨也是一种色，墨与色处理得好，画的感染力就强，就常常会扣人心弦。在文人画时代，以水墨为上，那些纯墨的或轻墨淡彩的当然也是美，这与那个时代文人们的审美趣味相一致。但在这之前的汉唐时代，以及与文人画同时的院体画、民间画，色彩也是很美丽、丰富的。色

郑餐霞
寒香
2004 年

郑餐霞
花卉
年份不详

彩是个大世界。观郑老的画，觉得他喜欢把水墨画与重彩画结合起来，大红大绿大黑大白，五彩缤纷，对比强烈。这种带点装饰味的中国画，有利于感情的调动，动人心魄。

当然，有不少人善意地劝告过他，大红大绿的泼墨，弄不好会“俗”，但郑老认为，既然路已经走过来了，就应该坚持走下去。他明白，清人赵之谦和今人齐白石等大写意画家，都是因为既强调笔墨，又重视浓丽的色彩而成为时代大家。

看来，郑老这位重笔墨、重色彩、有修养、有思想、有艺术实践，又有理论研究的老艺术家，一定会如广东画院院长许钦松所言：“以后有人谈到花鸟画，必谈‘郑派’花鸟画。”愿郑老的中国画在画坛中更加亮丽夺人！

郑餐霞，(1917—)，广东潮阳人。曾任广州美术学院副院长、中国美术家协会广东分会理事。国画家，擅长中国画。作品色彩艳丽、豪迈奔放，继承了中国画大写意的优秀传统的同时，坚持走自己思考和探索的艺术道路。

郑餐霞 / 花卉 / 年份不详

蔡迪支：平和画面　气韵幽深

蔡迪支这位画坛老将在今日，似乎是默默无闻、悄无声息的。可是，纵观其画，不免会让人啧啧称赞：姜还是老的辣！其笔墨之厚重老练，其构图之严谨别致，其色彩之雅淡鲜明，其墨色之丰富光润，其线条之流畅有劲，别具一格。如果没有几十年的修炼，能行吗？在老画家的笔下，我们看到的是一个清澈、静幽、秀美的世界，平和无声的画面传递着一种宁静致远的气韵。

蔡迪支生于富饶的珠江三角洲水乡——顺德。钟灵毓秀、人文荟萃的顺德，明清时期出了不少文人画家。他从小耳濡目染，又经常到珠三角等地深入体验生活，让南国家乡的一草一木成为其山水画的主要素材。因此，其画中常见田园如镜，溪涌泊泊，榕荫如盖，舟庭悠悠，晨雾淡淡……

他的画以反映珠三角水乡风光的作品居多，以《水乡丽日》《水乡》等为代表，充满田园诗意。《起三更》以清新的色调、朴实的形象描绘了珠江三角洲沙田地区农民在大忙时节，三更时分便踏着月光，穿过小桥去荷锄的情景。《原野晚归》则描绘了黄昏时分，树间透着金色的夕阳，农民赶着牛群沿着河边小路缓缓归来的情景。前者写农民“开工”，后者写“收工”，如同一首歌颂劳动的抒情诗，以优美的画面引起观众无限的遐想。

不能不提的是，他的艺术成长与中国新兴木刻运动是分不开的。在鲁迅的影响下，蔡迪支在20世纪30年代开始从事木刻创作，期间创作了不少有历史价值的作品，如《桂林紧急疏散》《何处安家》《难童的午餐》等。

蔡迪支还是一位热情的现实主义画家，几十年来走遍大江南北，几次到海南岛。为了体会南方山水的特色，他曾整年住在水乡，在田边、垄上、茅寮里画画；他曾在五指山、尖峰岭、霸王岭，一住就是半个月。因此，他的人物画有着某个特定地区和特定时代的气息，从他的山水画中也可以清楚地感受到那个地区，那个时代的特有情致。值得一提的是，在他的笔下，哪怕是北国风光，都没有别的画家那种风风火火、叱咤风云的“霸气”，也没有当今画坛不少画家常有的浮躁之气，乃至故弄玄虚之感。他强调的是自然平实，用笔上，藏头收尾，力量内聚；用色上，淡雅俊逸，总给人一种情真意切、实实在在的感觉。

蔡迪支 / 南海渔人 /1959 年

蔡迪支，(1918—2008)，广东顺德人。广东美术界元老级人物、著名版画家，还擅长中国画。1939 年参加中华全国木刻界抗敌协会，1944 年任教于广西艺专，任职于广西艺术馆，1950 年任华南文艺学院副教授。代表作品有《桂林紧急疏散》《南海渔人》《在河滩上》等，出版有《蔡迪支抗战时期绘画木刻选》等。

黄笃维：醉心墨海

10年前，我拜访黄笃维先生，这位时年已83岁高龄的著名书画家，依旧醉心墨海，勤恳耕耘。他笑着对笔者说："别人醉酒我醉墨。"

踏进黄老的工作室，可见醒目的"醉墨楼"三字，这是黄老为自己题写的斋名。整幅字刚劲有力、笔墨老辣，可见黄老驾驭笔墨的深厚功底与良好的艺术修养。尤其是"醉"字，写得如痴如醉，把自己的个性、气质、文化底蕴、审美情趣融会贯通于书法之中，那浓淡对比强烈的效果折射出黄老的艺术境界。如今，黄老已作古10年了。

黄老生前天天坚持写字，每天上午九时半至十二点半，下午三时半至六时半躲进醉墨楼写字画画。他是这样认为的，中国画基本是由点、线构成的，书法跟画的关系太大了，书法写得好，画的笔力就能力透纸背。纵观中国历代有成就的画家，如李可染、黄宾虹、齐白石等一代大师，都是先写好书法。书法写得像个样要花几年工夫，十年打基础，二十年进入书法天地的门，能较自由地奔驰。要真正成为书法家，要有文学、美学等功底，要掌握书法的内涵与个性……

为此，黄老以"活到老、学到老"的人生态度与虚心好学、勤奋习艺的精神，以"六十而学""生也有涯，艺无止境""八十多知不足"而自勉。殊不知，这是黄老众多闲章中，最常用，最有意义的三枚。当得知我的斋名为"醉墨斋"时，黄老兴奋地说："我们真有缘分"，并欣然为我题之。

黄老擅水彩、版画、书法、国画、摄影、美术评论，对古玩、民间工艺美术也很有研究。著有《黄笃维画辑》《黄笃维水彩画》《黄笃维国画选》《黄笃维书法集》等。他的书法作品"英名垂千古，正气满乾坤"，被毛主席纪念堂收藏。

在数十年的艺术生涯中，黄老深入艺术最为重要的几个门类当中，无论是西洋绘画、摄影艺术、中国绘画和书法、民间艺术、史论研究，还是艺术活动的组织工作，他都有所涉猎。而这样广博的素养，正是他晚年在书画艺术探求当中的内在依据。撷采英华，厚积薄发，无论他如何创作，都自有一种沉郁老辣的风格。这样的内蕴，确乎非数十年学养功夫而不可得。可黄老却说"六十而学"是最好的时机。道理是，经过六十个春夏秋冬的磨练，人的阅历深了，见识广了，悟性也高了，基础也牢了，此时正是学习的大好时机，对所学的东西理解得快，领会得深，形象思维和逻辑思维也都有了，学习的效果自然更好。

黄笃维
书法
1999 年

有人估计，黄老生前每年用去的名厂墨汁达50公斤。他的山水花鸟画，得益于他的书法。笔墨功夫地道、老辣，无论是线条、色块、墨迹、形态、水分、用笔等都被他“玩”得十分过瘾。

在广东书画界，素有关（关山月）、黎（黎雄才）、赖（赖少其）、廖（廖冰兄）、一（胡一川）、笃（黄笃维）之称，可见黄老的地位了。

黄笃维，（1918—2004年），广东开平人。著名中国画家。历任中国美术家协会广东分会秘书长、党组副书记、副主席，广东省文艺创作室美术组组长，《广东画报》主编，广东画院副院长，中国摄影家协会广东分会副主席。曾任广东省政协第二、第三、第四、第五届委员，广东美术家协会、广东画院艺术顾问。代表作品有《邕江的早晨》《漓江》等。《选种》入选社会主义国家造型艺术展。

黄笃维 / 山水 /1980 年

陈子毅：笔端凝固羊城市花

记得有一天，笔者登门拜访了陈子毅先生。狭窄的画室堆满了书籍与画作，床底下还塞满了一支支进口白兰地酒瓶。据说，先生一生酷爱酒与画，有如唐代诗人李白“举杯邀明月，对影成三人”之境界。又如画圣吴道子之“嗜酒且利赏，欣然而许”，先生常常乘酒后兴奋之际择笔作画，他的大部分作品是在此种情况下完成的。像陈洪绶之“半生懒癫，唯好酒”一样，我想，陈子毅先生也是一样，酒同样给了他许多突发的灵感和激情，饮酒挥毫，落笔生辉。因此，他笔下的红棉，笔墨和谐，色彩艳雅，充满南国气息，有“陈红棉”之称。

观陈先生之红棉国画，乃高雅之艺术享受。画面姹紫嫣红，鸟语花香，春光无限。他画的木棉、梅花、荔枝、牡丹，均为最灿烂的一刻，有一种勃勃向上的动感，似乎将瞬间的美准确地凝聚在笔端，凝固在宣纸上。这似乎正是画家一种奋发向上的精神，以及画家对生活的美好祝愿，令人观罢欲醉。

陈子毅无疑是岭南画派的杰出代表，其画作在传统笔墨基础上，广泛吸收东方和西方画法，构图充实，笔墨和谐，色彩妍雅，充满南国气息。其代表作品有《红棉喜鹊》《英雄颂》《报春图》等。

再观其山水画，其笔墨功夫纯属岭南画派之表现法度，腾踔蟠屈，遒劲温润，以笔墨线条构成具象，极尽情趣、谐趣、意趣。深壑古松，烟景万状，古松以浓墨及焦墨写成，偃蹇古拙，苍劲奇雄，蓊郁吐荫，奇峰兀立，万壑烟雾，气势非凡。其代表作品有《群峰竞秀》《溪山烟雨》《花桥春晓》《巫峰神艾》等，用墨浓淡，颇具韵味，用笔雄健有力，笔墨挥洒淋漓尽致，慷慨激昂，气象万千。此乃源自于生活之妙品！

的确，陈先生丰富的生活积累与深厚的文化底蕴，促使就其成为一代名师。先生虽然其早年有幸师从著名美术教育家陈士洁先生习西洋画，后又得岭南派宗师高剑父、赵少昂指导，但最后还是以造化为师，跑遍山山水水，饱览祖国壮丽河山。其作品多次在国内外参展，并屡屡获奖，颇受海内外人士喜爱与赞赏。陈子毅也因此成为岭南画派老一辈画家的杰出代表人物。

陈子毅
岭南春色
1998 年

陈子毅，(1919—)，广东新会人。曾任广州市文史研究馆副馆长，中国美术家协会会员。擅长花鸟、走兽、人物、山水画创作。其巨幅《红棉喜鹊》《英雄颂》《报春图》分别被北京天安门、毛主席纪念馆珍藏。

代表作品有《岭南春》《秋岩》《溪山烟雨》《峡山云雨》等。

徐续：诗书双绝　工工整整　典雅清正

徐续老师一辈子不写草书，只写工工整整、中规中矩的行楷。其细小行楷写得出神入化，细细品味，宛若酷暑中饮冰水，舒服极了。我们固然不能由此而推断这是由于他循规蹈矩的性格使然，就像不能推断凡写狂草的必然狂放不羁一样。但是，徐老的确是一个规规矩矩、本本分分埋头做学问的人。他的诗与书法一样棒！

广东美术馆曾举办“墙里墙外·当代中国书法邀请展”，徐老就是受邀书法家中的一位。

这次书展不同于历次举办的个人书展、联展以及群众书法大展等，它别开生面，特点在于应邀参展的都是书坛的业余名家，彼此并不专务书法，且有高度的学养和成就，使得书展具有丰富的内涵。

莫仲予先生的书法长于章草，他早年师从章草名家李怀霜和王秋湄，后融铸诸家形成自己的风格，笔法简古清雅、秀逸洒脱，迄今已研习章草60年。莫老除书法外，尤其工于诗词，他的诗雄浑古雅，海内外知名。饶宗颐先生除能作多种书体外，还是国际知名的汉学大师，在治学上更是多方面的，凡甲骨、简帛、楚辞、敦煌、梵学、史学、哲学、乐律以及书画，无所不通、无所不精且著作甚丰。王贵忱先生的书法清雅绝俗，他是研究古钱币的专家和收藏家。

刘斯奋先生的书法也很有气韵。同时，他的人物画很有奇气，我很欣赏他题画的字句，意味浓郁，意趣横生。我作为参观者之一，不过聊附骥尾而已。以上诸多论述，徐老娓娓道来，谈别人如数家珍，谈自己片言只语。说实在的，这次“墙里墙外”书展，不因“业余”而逊色，反因“业余”而生辉。单从书法技艺来看，展出的作品也是上乘的。

有人认为“业余书法家才是书法正宗”。

徐老认为，这个问题，值得一谈。“业余书法家才是书法正宗”，我还是第一次从《南方都市报》看到这样提法的。文章可能是为了高度评论“墙里墙外”书展而提出这样的论断，它有一定的理由，但过于绝对。反过来说，专业书法家就不是书法正宗，这无论如何也不能成立。

书法家“业余”与“专业”的划分往往不明确，只能约略言之。大体上不是专注于书法的人作为“业余”，比较专注于书法的人归于“专业”。一般来说，“业余”书法家既然被公认为“家”，对书艺当有较高造诣，他们的书法遵循传统，被视为正宗是不错的。至于“专业”书法家，我想，已故的秦咢生，擅长写“爨宝子”；李曲斋书学文征明；黄子厚勤习唐欧、虞两大家书法，后直追钟、王，而得力于北碑的神韵，功力深厚，熔铸南帖北碑于一炉，他们当然是书法正宗。现在广州的专业书法家如陈景舒、连登、董百振、龙志航、卢有光，女书法家冯仪屏、吴光光等，谁能说他们的书法不属于正宗呢？

可能有另一种情况，有些人专务书法又不遵传统，以求变为捷径，偏受到不懂书艺的人的赞赏。他们的书法自然不能称为正宗。这种情况可能为数不少。

作为一名学者介入书法。

徐老认为，自己数十年专注于诗词，确实以书法为馀事，但书法是文章的衣冠，不能让它弃置。话得说回来，我临池没有天分，而且未做到持之以恒，需要的时候才濡笔挥毫，不需要的时候，就一曝十寒了。小时候，临苏东坡的《合江楼》大字帖和《赤壁赋》等，有些近似；还短暂临过别的书家的小字楷书以及隶书，但又终止，连苏东坡帖也中止临摹了。自己受父亲的字体影响较大，非常形似，形成自己的书体，数十年的积累，已经很难有变化。因此问自己介入书法里，对自己的书法创作有何帮助？他认为，反正自己是业余从事书法，将一如既往，偶尔挥毫，除此不会向专业挺进。

著名学者季羡林说，书法不仅讲求书法的典雅清正，而且要求书法有深厚的文化意味，书法不仅是艺术，而且是文化。对此，徐老认为，书法当然是文化艺术，别无异议。至于说书法不仅讲求典雅清正，而且讲求有深厚的文化意味，这大概要有较深学养的人，才能将学养体现在书法上，否则将成为“字匠”，很难与“书法家”的称谓相符。

徐老的书法作品，给人的感觉总是“以小见大”，小楷写得很大气，风姿绰约，字的结构显得宽博，从中可以看出他的过人的才气！

徐老谦逊地说：“我的书法是学苏（苏东坡）不成，而后自成面目的。许多书法界人士说我的细字行楷较好，这是事实。我想特别谈谈安徽吴孟复教授生前和我谈论书法的往事。他曾来信说我的书法‘刚健婀娜，雄奇清新，韵味天然，恰似罗浮山水，美在神境’，又说‘安徽乾嘉之际，邓、梁、姚、包称为四家，咸同间合肥沈薪甫周熙尚能传安吴之绪，其书甚工然名不出乡里，今则书艺凡绝矣。一二名流又好趋奇出怪，复口不敢言，而心未敢然也。前见尊书恰为意中所想之美，爱玩不置’。”

“我书写的《龚自珍己亥杂诗》长卷完成后，吴孟复先生曾来信说：‘书坛正宗固在诸城刘石庵。弟自小嗜之，以为真鲁公一脉真传，乾隆而后，碑学代兴，生面虽开，然自是别派。今写字者多，且愈出愈奇，然弟之私好独推阁下，尤以小字行楷真得石庵精髓。’他有诗一首作为我的长卷题跋：‘诗已无多字更稀，却闻垂老尚

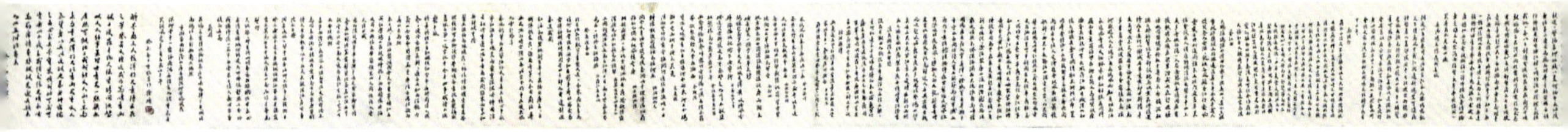

徐续 / 对庐书诗卷（手卷） / 2003年

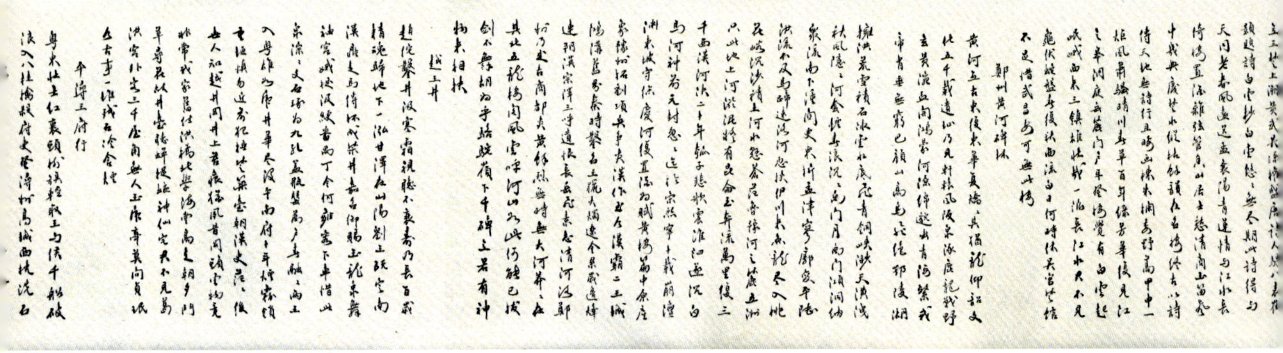

徐续 / 对庐书诗卷（局部）

临池。早传龚学从吾好，自信诸城是本师。小楷于今人第一，大书千载客无疑。海鸿戏墨朝来熟，想见先生下笔姿。'”

“吴孟复先生所说当是奖饰过当，愧不敢当，谨以自勉而已。”

已故的吴老先生所言极是，不知有多少看过徐老书法的友人由衷地赞叹：“他的字好啊。”作为一个学问家的徐老，他无论写几行几句的题跋，还是十几二十米的长卷，都是认认真真地写，字与字之间、行与行之间，简挺有致、平稳妥帖、无懈可击，给人以赏心悦目之感。我想，这不但需要功力，需要学养，更需要一种坐观风云起的定性，一种平静的心态，一种超然物外的气度。

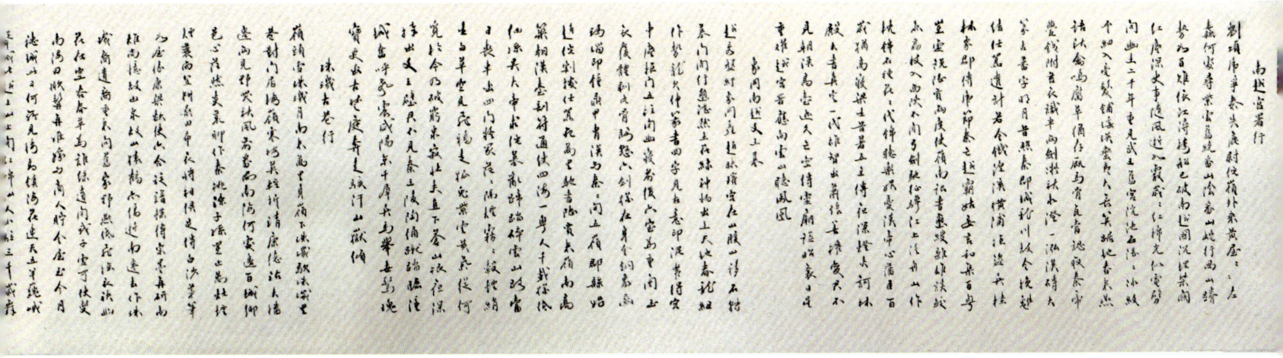

徐续，(1921—2012)，号对庐，广东惠州人。著名书法家、诗人、文史专家。曾任澳门《大众报》副总编辑、广东省中华诗词学会常务理事、中国书法家协会会员、广东省楹联学会副会长、广州诗社及荔苑诗社顾问。被誉为“广东诗词五家”之一。主要著作有《广东名胜记》《岭南古今录》《对庐诗词集》《苏轼诗选》《黄花岗》《广州棋坛六十年史》《弈林野史》《徐续书法集》等。

叶绿野：境深意远　墨彩生光

被称为“岭南画坛长青树”的叶绿野，性格开朗，虽已92岁高龄，但走起路来仍健步如飞，说起话来声如雷至，如今还在潜心于花鸟画的研究与创新。他早年受业于高剑父，深得岭南画派之精髓，如今古稀之年，道法自然，心画一体。其画洋溢着一股平静、平淡、平和、平常、自然之意韵，也蕴含着开拓、开明、开放、宽容、包容的岭南文化和广东人精神，从而开拓了中国花鸟画雅俗共赏的局面。

“清秀文静，新颖雅淡而富诗意”，这是岭南画派创始人高剑父先生观叶绿野画作后的评价。我读叶教授作品之感受，乃传神生动，墨彩生光，其妙处在于雅俗共赏，境深意远，独成一家。

看！其笔下麻雀、斑鸠、螳螂、鹧鸪、鸿雁、孔雀……极其传神、逼真；或疾行，或争鸣，或前瞻，或后顾，或觅吃，或嬉戏，均顺畅自然，形神兼备，令人读而思之，其乐融融。仅鸟儿脚部之变化即见一斑，他能抓住各种鸟儿多姿多彩活动瞬间的脚部变化并传神地体现出来，既生动，又显神气。如《荔熟时节》《晴雪》等，尤其是14米长卷《杏花春雨江南》中198只八哥的脚部变化无一相同，令人叹为观止！

叶教授之画，无论立意、构图、敷色、着墨、用笔，都有“意在笔先，笔在意先”之感，处处实践着“三结合”，即笔与写意结合，中国画法与西洋画法结合，花鸟与山水结合，此乃洒脱、超越、创新也。于是，他的画作中既有淋漓尽致的泼彩泼墨、撞水撞粉，又有笔迹周密的线条勾勒；既保持中国传统的笔法和意境，又借助西洋画的透视、渲染、明暗光彩变化等技法；既有山水连天、雨雾弥漫、飞云映月、旷达飘逸的远景空濛，又有竹叶横斜、清露浸润、雀儿争鸣的近景野趣。其作品注重整体的构图布局，注意微细处的起伏变化，就连画中的一些不起眼的小虫小鸟，也有浓淡干湿之变化，由此可见叶教授之严谨与功力。

无怪乎，诸多人士观叶教授之画作，均喜欢先生笔下之鸟雀，凤鸣栖息，动静如生，野趣盎然。

叶绿野
鸟声穿树
2006年

叶绿野，(1922—)，广东人。国画家。中国美术家协会会员、广州美术学院教授、广州市文史研究馆馆员。岭南画派泰斗高剑父入室弟子，在国内外举办个展数十次。1986年应邀到新加坡南洋美术学院讲学并举办展览，作品为世界各国美术机构及收藏家所收藏。1994年创作的《荔香醉江南》参加华夏国际展览获金奖；2001秋应广东省政协邀请创作巨幅画作《满园春色》作为庆祝中国共产党成立80周年的礼物。出版有《叶绿野画集》(两册)、《叶绿野画选》等。

姜今：文人画风　岭南一老

素有“文人画风”之誉的花鸟画家姜今，乃广州美术学院教授，是一位博学多才的老艺术家，与关山月、黎雄才一起并称“广州国画界三老”。其山水和花鸟国画、书法以及诗词、篆刻，令人读后大为赞叹，回味无穷。

姜教授是湖南人，从事美术创作理论研究和教学已 60 多年，是一位有成就的中国花鸟画家，其画讲究笔墨，构图严谨，设色清雅。他主张国画要继承传统，又不要泥古不化，要着意创新。精、奇、均、雅是他的绘画特色。他的国画风格，源于八大、石涛，旁及吴昌硕、赵之谦，直接师承潘天寿。其作品《雁南飞》《露叶凝秀》《庄周梦蝶》等花鸟画小品，更显出先生的“文人画风”——在用笔用墨传神中，注意花尖、叶尖、茅尖的动态、转折、方向、起伏、出梢。

细赏姜教授的画作，颇有装饰气味，巍巍关山，飞出云海，春意盎然，幽香袅袅；秋意热烈，雨打芭蕉；幽静乡水，晴波鸟声。那一花一木、一山一水、一虫一鸟，无不注重气势神韵。姜教授常言：“中国画的目的，不是为了画山水花鸟，而是为了画人，画人的思想感情。”因此，他的花鸟画突破了一般化的“构图学”，而求其“离形得似”，独创新意。他的画凝重、朴实、精炼，用笔、落墨、设色力求概括，“惜墨如金”，尤其是他画老鹰、小鸟、八哥、家雀，既精炼概括，又生趣盎然。姜教授尤擅兰、梅、竹、菊。摊开宣纸，顺手勾勒，浓浓几笔遂成画卷，骤然间便枝繁叶茂，幽香四溢，摇曳生姿。

姜教授的画，不仅立意洒脱，技法纯熟，且构图新颖，意境幽远，疏密得体，剪裁取舍恰如其分，充分显示出画家的笔墨功底。形神兼备是他作品的主要特色，如《露叶凝香》等，气势雄豪，神韵丰沛，在格调和笔墨上既有八大山人的旷逸清疏，又有石涛的笔情墨趣。

姜教授的作品之所以可读耐赏，是同他的传统修养和美学理论分不开的。年逾古稀的姜教授，早年毕业于杭州国立艺专，师从雷圭元先生学习图案，同时也师从潘天寿大师学习中国画，先后出版了《画境》《中国花鸟画发展史》等六部共一百多万字的美术理论专著，是一位艺术实践广博、桃李满园的艺术教育家和画家。姜教授在诗、书、画、印方面均属行家里手。因此，他的中国画因得力其题跋、款识、书法之美而增色生辉，画面颇有音乐感和装饰美，从而使其画有了更深、更丰富的内涵。他说山水画，不仅仅是为了画山画水，更重要的是为了借景抒志，以景言志，花鸟画亦然！这是中国画创作的金科玉律。

姜今
黄花分外香
1978 年

姜今，（1923— 2007），湖南醴陵人。曾任广州美术学院教授，国画教研室、工艺教研室主任，研究生导师，广州装潢学会顾问。其中国画作品已在日本、法国、意大利、新加坡、泰国、澳大利亚、约旦等十多个国家展出。影片设计有《大浪淘沙》《红叶题诗》等。曾参加武汉长江大桥的装饰设计。著有《论形式美》《图案》《工艺美术美学探讨》和《舞台美术研究》《画境》《中国花鸟画发展史》《设计艺术》《打散构成》《图案设计与应用》《姜今诗文集》等。

周正山：人书俱正

不知是哪位先贤说过：楷书在诸书中最难，难在藏拙不易。可周正山知难而进，勤临苦研，一笔一画书写了一辈子的楷书。如今谈起楷书，他是成竹在胸。

周正山认为，初学楷书，必先学颜（颜真卿）、柳（柳公权）。先学颜体，学其筋；后学柳体，学其骨。学颜最易犯板、滞、钝、僵硬、软弱、臃肿等毛病，因此临帖要以少为精，专一种而循序渐进，择其善者而从之，取其精华，去其糟粕，切忌依样画葫芦，亦步亦趋。楷书之难，在于循其规矩之过程。如只循规蹈矩，岂不实为步古人之后尘，因此，书家写字要用脑，写出智慧来……

悟者在积累中成功成名，周正山走的是一条专学一家（颜体）、融汇多家道路。

周正山，广西扶绥县人，1923年出生，新中国成立前在广州学习和工作，其父为清末秀才。周正山7岁便开始习字，受其父阁体手书的影响，对正楷书情有独钟；到念中学时，他已写得一手好楷书，常为学校出墙报、搞宣传；后考到广州大学，在校内已有“青年书法家”之称；新中国成立后再入中大与南大学习，师生常推举他写横额大字；毕业后分配到广东供销总社工作。由于深爱书法，20世纪60年代再进入广东文史夜学院深造书法，曾得秦咢生、商承祚、麦华三、李曲斋等名师指导。

周正山对楷书潜研颇深，曾遍临颜柳碑帖。他认为不论颜体还是柳体，都要掌握其笔画结构的特点，即所谓“颜筋柳骨”。周老认为习字必须写与读结合——写就是临池不断，读就是观察揣摩，眼观手摹，心手相应，二者相得益彰。周老坚持理论与实践的结合，通过长期的临池体会，其书法融会贯通“颜柳”之长，逐渐形成了有自己特色的楷书风格。周老1980年曾获广东省书法大赛楷书一等奖，其作品被收入《中国当代名人书画大辞典》。

1991年，六榕寺云峰法师遍寻写手不获，后得省佛协副会长连登推荐，特邀周正山先生为历史文献《广州宝庄严寺舍利塔碑记》重新以正楷书写。此时周老年近古稀，对法师重托欣然接纳。接受任务后，周老集中精神，一丝不苟，日夜伏案，达数月方脱稿，依时完成3400字的正楷书作。书成后，云峰及众僧，与广东书法文物界人士无不交口称赞。云峰法师代表寺方以重酬致谢，但先生如数奉佛。

碑文完成后，寺方又请肇庆著名金石家林建雄先生精心刻石，历时一年。连登称赞碑文“书宗颜柳蕴风神，古雅端庄誉世珍”。

周正山
书法
1987 年

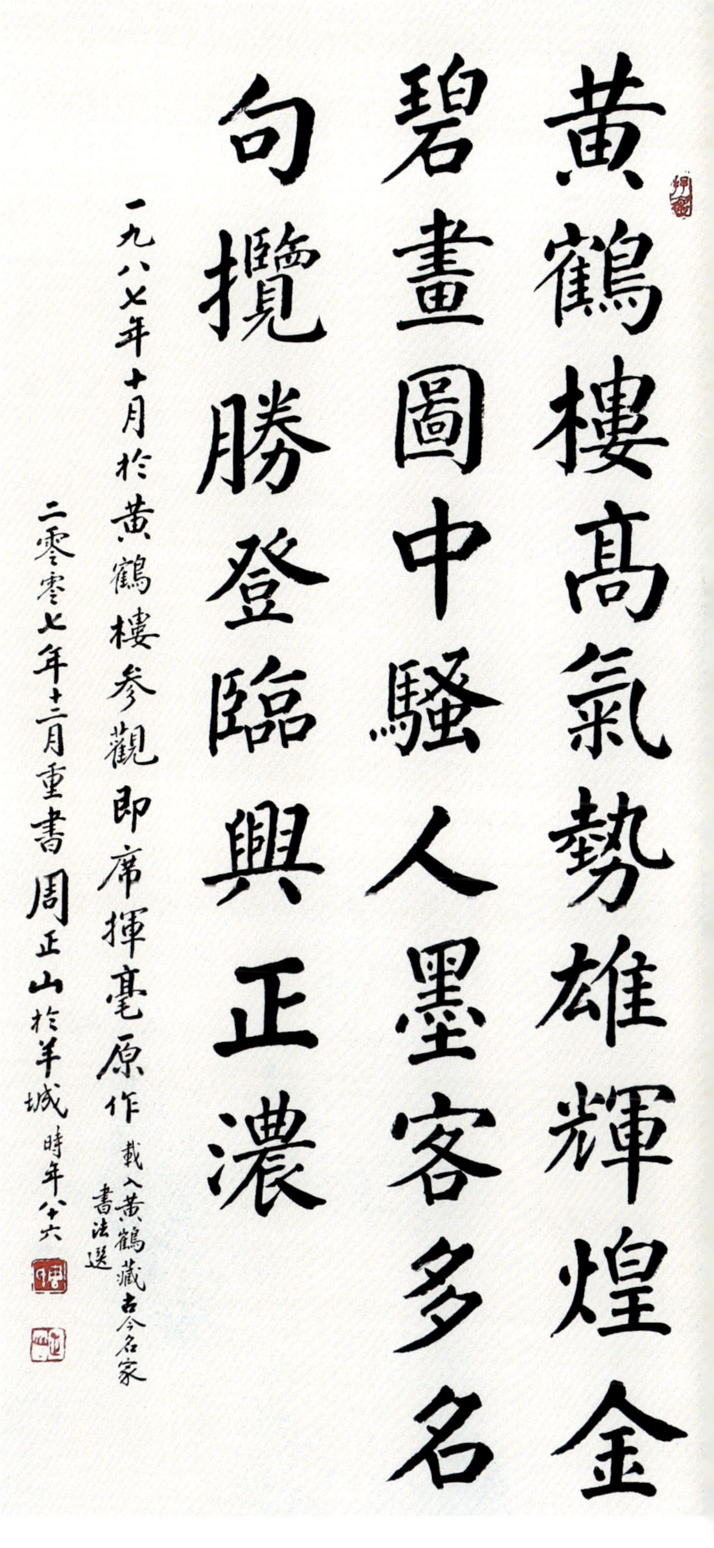

周正山，(1923—2015)，广西人。书法家。广东省文史研究馆名誉馆员、中国书法家协会会员。作品曾多次被选送全国各地及国外展览，均获好评，作品入选黄鹤楼、黄河碑林、庐山、泰山、衡山、三峡碑林、广东鼎湖山、白云山、华南寺、国恩寺、开元寺、六榕寺等碑刻。为广州六榕寺写的3400字的“广州宝庄侯寺舍利碑记”载于《六榕寺志》。

梁占峰：神来之笔写青山

真是“踏破铁鞋无觅处，得来全不费工夫”。我在一次拍卖会上，喜获著名画家梁占峰先生山水写生画八幅，珍藏于醉墨斋，每有行内友人来访，必赏而乐之。

“好画，好画啊！”每当听到友人的赞叹声，我心里甚为兴奋，倍加珍惜。

美中不足的，八幅画中有七幅尚缺款无印。一日，我在梁老的弟子——工笔画家林德才的指引下，登门拜访了梁老。

当时已七十有八的梁老，精神闪耀，神采奕奕，十分慈祥。他愉快而热情地接待我们，并了却我的心愿，还赐我一幅小品；一支画笔。更意味深长的，乃是先生画中题诗：“描美丑，写黑白，扫废物，点蕴神，操生死，抹金银，上下左右，偏正由人。”先生还将其十多年前用钢笔在32开小号速写本上所作之精作，让我拜赏。我惊叹不已。如此援笔传神之作，令我眼界为之顿开。我由衷钦佩梁老的神笔与毅力。先生又将其借我复印手鉴，令在旁的梁老助手陈小姐羡慕不已。

午饭后，我们惜别了梁老。返回醉墨斋，我又小心翼翼地展开这八幅得意之作，慢慢地欣赏起来……后来，我这八幅写生精品用与陈永锵先生交换作品，这些作品后又转赠岭南纪念馆。再后来，梁老也离我们而去了。

如今，梁老的音容笑貌，梁老笔下的一幅幅精品力作，历历在目。那崇山秀壑，那荆棘莽林，那涓涓细流，那挺拔的群峰……在梁老变化神奇的墨色中，如此出神入化。画面上，大海无垠，浪花飞溅，石壁兀立，云龙翻滚，富有无穷的生命力。

梁老以明朗、坚韧、坦然的笔触，通过艺术形象向我们展现了一个多彩的艺术世界。这个世界清奇俊逸、雅淡秀洁，给人以无限启迪、美感和情趣。

从其“巴掌大”的写生画中，我们可窥其用笔之功力，浓淡、枯湿、飞白、中锋、侧锋，各尽其妙，真乃神来之笔。这种神来之笔乃先生对大自然风物的探索、观察、勒描，是梁老深厚的文化底蕴与艺术造诣的体现。

在梁老的笔下，线条缜密的高山幽壑，宏大深广，那些经受过人们刀劈斧砍、经过大自然电灼雷击的烂树头，又新芽茁茁，拼命地探出头来，不停地向上伸展着，伸展着——这不正是梁占峰精神世界的写照吗！

梁占峰
榕荫
年份不详

梁占峰，(1924—2003)，广东肇庆人。中国画家。中国美术家协会会员、广东省美术家协会会员、广东画院专职画家。擅写花卉翎毛、虫鱼走兽、山水顽石，笔路宽广。作品曾多次参加全国美展及对外十四国展览并多次获奖。作品《热带鱼》入选第二届全国美展后赴苏联展出，《英雄树》入选1956年第二届全国国画展，《白梅》入选第五届全国美展，《椰子》入选全国侨乡风貌画展。

潘鹤：无法复制的潘式灵魂

不懂艺术的人或许对雕塑大师潘鹤不太了解，但是绝不可能没有见过潘老师的雕塑作品：小学美术课本上，就有一个小战士托着下巴听老战士吹奏的《艰苦岁月》;《珠海渔女》中阿珠手擎明珠，常年伫立海岸边，成了这海边城市一段地标式的浪漫；广州海珠广场正中央，《广州解放》中一名怀抱鲜花和长枪的解放军战士正沉浸在广州解放的喜悦当中……

潘老师创作的作品总共有600多件，大型的广场雕塑遍布中国80多个城市，几十年来无人能及。潘老师在创作上算是自学成才，没有正式拜过雕塑师傅学习雕塑的手艺，他的成就就是凭借一双手、一颗心，通过那一座座充满了潘式热情的雕塑日积月累雕砌而成的。他看不惯世俗名利，视权贵如草芥，骨子里有着艺术家独有的清高与倔强。

在与潘老师聊天中，笔者了解到一个有趣的现象，在新中国成立前，潘老师基本是“为有钱人服务”，替富商做人像；新中国成立后，情况就完全倒转过来，潘老师的作品基本上均为“政治任务”，为大众服务，极少为个人塑像。

谈及他的作品，潘老师总能细数出每个的故事。深圳市地标雕塑《开荒牛》中，一只巨牛弯曲着前腿，步履艰难却意欲拔掉深扎在土地上树根的形象，让人印象深刻。潘老师说：“现在很多人都喜欢仿我做牛的雕塑，机场有、股市交易所门前也有，把牛身后的树根去掉，取义牛气冲天。其实他们都不了解我的开荒牛，我雕塑的重点是在身后的树根而不是牛！”潘老师解释到，开荒牛这个雕塑包含了这层深意：孙中山的辛亥革命尚未成功，大树已经砍了，但是没有拔掉树根。那一代人已经精疲力尽，就如同开荒牛一样，前腿无力已经跪下，但是临死之前也必须替下一代完成拔除官僚主义、封建思想的任务。如果去掉了树根，就等于抹杀了这个雕塑的灵魂所在。

现代收藏市场上，石凿或是铜铸的雕像都极易被复制，以倒模的方式几乎能够以假乱真，而仿制的雕塑也遍地都是。但是艺术品在创作的过程中就沾染上了作者的味道，仿品虽然有形，却无神。潘鹤在采访中也得意地跟笔者提到，牛这种素材谁都可以采用，极容易被仿，所以在创作《开荒牛》的时候他要了一点小手段：“我的牛不是黄牛，不是水牛，更不是野牛，我融合了这些牛的特质创作了这头开荒牛，所以若是有人仿制，我一眼就能看出来。”

的确，艺术是创作，而不是劳作，不仅仅是拼手艺，更要拼脑袋里的创意。

潘鹤 / 艰苦岁月 / 年份不详

笔者看过不少艺术家的展览，看第一件作品会觉得很不错，到了第二件、第三件……一直到了最后，就会发现这些作品极其相似，透过一件作品就能看出这位艺术家的全部作品，无法令人长久地驻足于作品前。潘老师手下的雕塑除了铁汉柔情，还变化性地融入了每个时期不同的时代精神，而这些变化就构成了潘鹤无法被复制的高度。用心，求变，正是每个喜欢艺术的人值得好好去琢磨的方向，这些是雕塑大师潘鹤用他的作品告诉我们的。

与潘老师接触多的人都有这样的感受，潘老师不但是一位杰出的雕塑家，还是一位思想家、哲学家。他说："因为我考虑的是千百年后的事情，所以更不能被眼前的利益所驱使。"因此，他的作品才能永恒。如《拓荒牛》《艰苦岁月》……这是他才情与智慧的结晶。

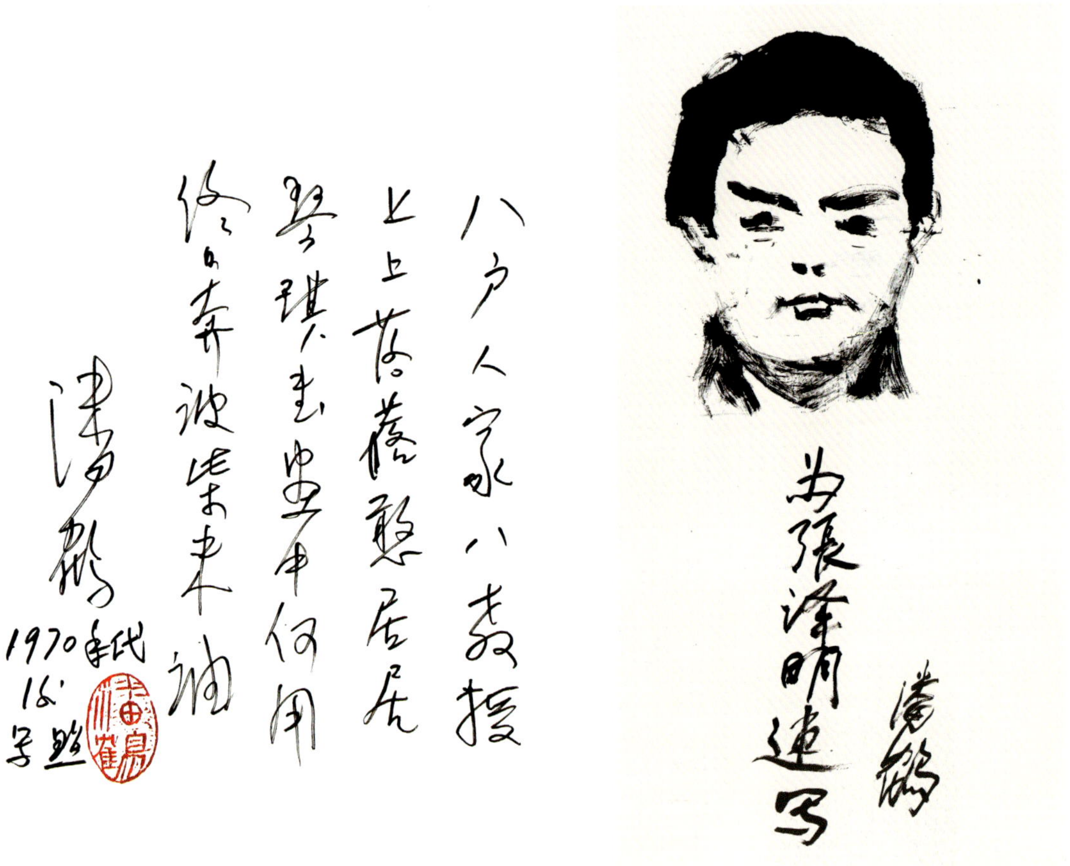

潘老有戏言，猛男九十也是一枝花。在一次美女如云的聚会，潘老笑言：“我现在是‘恰老入花丛’。”在日本时，面对众多记者的采访，他巧言以答，妙趣横生。有记者问：“这么多人采访你，你就像明星一样啊，”他回答：“我不是明星啊，我不唱歌，不是歌星；我也不跳舞，不是舞星。我只是雕泥的，叫我‘雕泥星’吧。”他在自己 80 岁生日时赋诗：“转眼人间八十年，世风日下钱钱钱。老来方之徒悲愤，能癫我癫过一天。”活脱脱一个智慧“顽童”。

他的智慧体现在他的每一件作品中，也体现在他的生活中。他常说：“我是业余雕塑家，专业交际花”“人生虽短，艺术可长”。他笑着说：“国家授予我 7 个终身成就奖，就是要我终身不停，为国家服务。”

如今，他把自己一生所创作的作品归类成五大主题，也符合中国发展的五大阶段——求独立、求生存、求解放、求富强，求和谐，这在他的雕塑园中永远得以表现着……

潘鹤，（1925— ），广东南海人。著名雕塑家。现为广州美术学院终身教授，及武汉大学、清华大学、汕头大学客座教授，曾任广东省美术家协会副主席、全国美术家协会常务理事。曾师从岭南派画家黄少强学国画。后在香港、澳门等地从事肖像雕塑。致力于雕塑艺术64 年，从事美术教育45 年。创作大型雕塑105 座，分别建立于63 个城市广场上。室内雕塑18座为国家级美术馆、博物馆收藏，20 座为市级美术馆公共场所收藏。潘鹤的艺术成就载入《世界美术史》及《中国美术史》，其传略被收入《中国当代名人录》及《国际名人录》等。

潘鹤 / 长寿 / 年份不详

梁纪：梁园后人　岭南“梁荔枝”

久闻广东画坛有位工笔老画家，人称“梁荔枝”。他的工笔花鸟画，因来之于生活而高于生活，故常令观者有此念头：要不是囊中羞涩，“占为己有”岂不快哉！美哉！

有“梁荔枝”美称的梁纪，又名方纲。梁先生在花鸟世界中，尤对岭南佳果——荔枝最为喜爱。他画的荔枝栩栩如生，惹人陶醉，令观者口水欲滴，恨不得马上摘下来吃上一口，以解心头之馋。这也许是画家与自然景观浑然一体后，所幻化出来的艺术效果，换句话说，也就是画家对自然美刻意追求的结晶。南方田园的景象，在其纸上、绢上是那般隽秀清新，他选择的题材大都是人们见惯了却又在工笔画上陌生的东西。他的工笔技法依然是正宗的勾勒，层层渲染，赋色力避浓艳甜腻，爱以冷暖色调互掺，和谐清新，令人感受到一种沁人心脾的南国气息。

梁先生的“工笔重彩”，技法之传统，功夫之深厚，表达之真实，让观者赏心悦目之余，还给人一种平实、丰满、宁谧、安详之感受。这不但得益于恩师李凤公、卢振寰、谢稚柳的传授，更得益于其自身默默耕耘的敬业精神与献身精神。在浮躁喧哗、商潮滚滚的今天，年过八十的梁先生依然故我，一笔一画地画他的工笔花鸟，这在当今画坛是值得弘扬的。

画道，乃寂寞之道。能寂寞，自然安详；能安详，自然深远；能深远，方有可能博大。梁先生的为人与为艺一样，心平气和，不浮躁。现代人多浮躁，画也浮躁。能清心寡欲在工笔画中勾画的，难能可贵。他说人家吃鲍参翅，我吃白菜也一样快乐。可以看出，梁先生是一位“崇尚孝悌，不争名利，谨守中庸”的老实人，一位相当敬业、勤恳、朴实的老画家，与他谈艺常常给人很多启迪。他说自己的工笔画是吸收别人的技法，写自己的东西，这不算抄袭。他主张要重视传统技法，更要重视写生。因此，他所画的荔枝艳而实，绚而丽，有层次，有变化，有立体感，人见人爱。

梁先生自幼即受家庭熏陶，祖父辈皆是绘画爱好者，其曾祖父乃著名十二石斋斋主梁九图。良好的家教，勤奋地追求，“几年磨一剑”的耕耘，使梁纪取得了丰硕的果实。因为工笔画从古至今，要一笔一笔精致画成，来不得半点儿偷懒与马虎，也不能随便去“潇洒”与“随意”，遂使很多国画家畏烦却步，入了此圈者也有不少到了一定年岁便“半途出走”，难以持之以恒。是故，在当下中国画坛，工笔老画家总是凤毛麟角，“梁荔枝”当属其中之佼佼者。

每每拜访梁纪老师，他都是那样的平和，为人处世低调，对名与利看得出奇

梁纪 / 荔熟时节 / 1999 年

的平淡。与其为人十分相似，他每天吃的是粗茶淡饭，一碟青菜，一盘鱼，足矣。可是他对中国画的追求却并非平淡，花鸟鱼虫、草木山水样样俱佳。他用色用墨讲究，笔力气韵，把自己的才情、功力及创造力凝聚在笔端，表现在宣纸上，画出了情调，画出了境界，画出了自己的生命感受。他笔下的苍鹰，搏击风雨前后的凌空姿态，跃然于纸上；他笔下的岭南佳果荔枝，简洁而灵动，人见人爱。《红荔小鸟》美景如画，令人陶醉。当他执笔画荔枝时，那累累佳果便会情不自禁地流诸笔端，硕果红红的荔枝丰收在望，令人垂涎欲滴，恨不得吃它一口，这时小鸟来了，它在欢笑，在雀跃……一静一动，似乎暗含了一种无穷无尽的家园感与幸福感。他笔下的荷花，线条与色块交织成一幅幅令人陶醉的渺远、安静的意境，使人看着觉得很写意。

梁纪的艺术色调是温和的，他笔下的葡萄、蜻蜓、小鸟……无不充满生命力，构成了美的境界。

梁纪，(1926—)，广东佛山人。梁园梁氏家族的十八代传人。曾任广州市工艺美术研究所美术指导、副所长，广州市美术家协会副主席。并获广东省政府授予广东省工艺美术大师称号。擅长中国画。现为中国美术家协会会员、广州市文史研究馆馆员。作品有《竹溪双鸭》《薄膜育秧》《孔雀紫荆》等。

王贵忱：学者风范　书家情怀

享誉书画界、学术界、鉴藏界的学者王贵忱老先生，是一位温文尔雅、和蔼可亲的长者。

我登门拜访，他总是热情接待。有一次，我拿至爱藏品请王老题跋，王老看后大赞这是梁鼎芳的精品，值得一玩，并欣然题之。

又有一次我与妻子同往王老府上。“近期又玩些什么呢？”王老慈祥地问。

“买了一本香港文联庄册页，请名家画画。”

“要不要给钱？”王老又问。

我答：“要给点润笔费。”

“你这点工资能玩多少”，接着，王老对我妻子说，“劝小张不要玩这些了。”

“付酬是应该的，人家也付出劳动。”妻笑笑说。这时，王老自觉劝不动我们，和蔼的脸上只是笑笑，不说了。

我已记不清，有多少次拜访过王老了，可是总记得，王老每次都不忘送我们到楼下（那时王老住在文明路）。每当看到他那略为发福的身影、慈祥的音容笑貌消失在夜幕中，我的内心既充满感激，又充满无限的内疚，乃至负罪感。因为，我每次都无法劝阻王老的“送别浓情”。这位德高望重的老前辈、大学者尚且如此平易近人，胸怀阔达，有时个人的得失荣辱又算什么呢？

王老祖籍辽宁铁岭，1949年随大军南下广东，23岁就当了粤乐交通银行的经理，两年后又当汕头建设银行的行长，开始研究金融、财政、货币……后来又先后任广东省中山图书馆副馆长、广东省博物馆副馆长，开始研究文献、版本和藏书。王老爱收藏和阅读线装书，用自己的积蓄出版了与周叔弢、于省吾、李一氓、潘景郑、李可染、周一良、刘逸生、汪宗衍等先生的往来信札。

王老生活向来平淡朴素，节衣缩食，几乎把所有的收入用于购书和搞文献学术研究。他的藏品甚丰，明本有200余种，清刻也不少，尤其是所藏的南宋残本《诗经附音注》、元本余集《道园学古录》、元写本《宝元无人相遗书》等颇为珍贵。为能保证所藏文物的完整性，并能为更多学人研究所用，推动学术发展，王老把一批心爱的历代钱币学著作捐献给了中国钱币博物馆，其中不少孤本、善本是我国目前最完整的钱币学文献专藏。他还把极为罕见的明嘉靖版白绵纸刻本《韵谱》《七修类稿》和稀见的龚自珍版本捐献给广东省中山图书馆，把珍藏已久的古代南越陶文、陶片300多块，以及西汉兽骨五行刻辞捐献给广东省博物馆。王老的宽阔

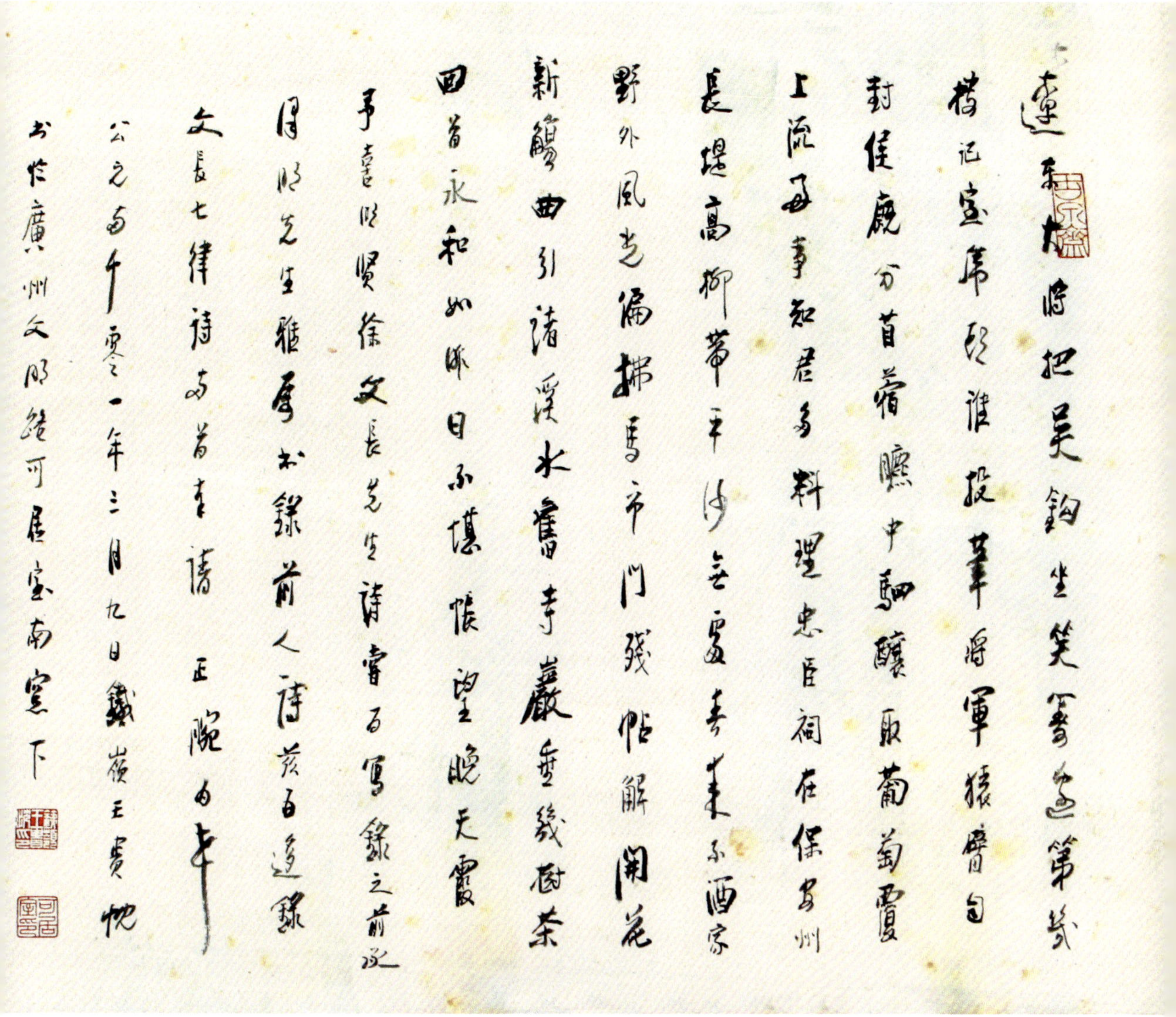

王贵忱 / 书法 / 2001 年

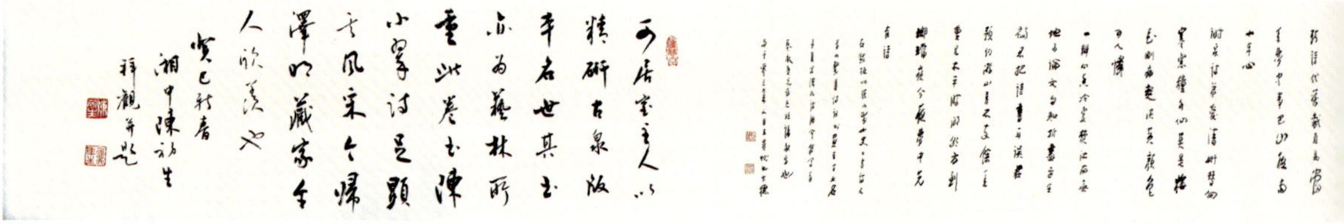

王贵忱 / 书法（手卷）/ 2003 年

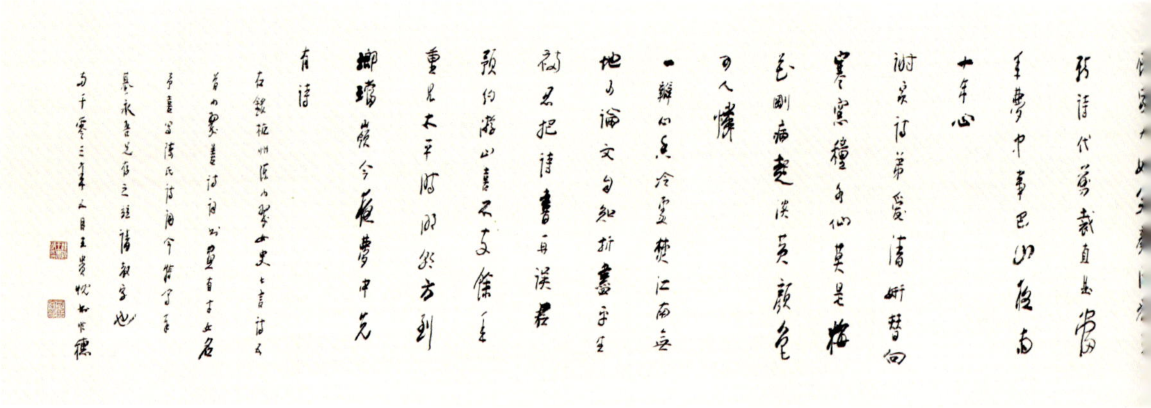

王贵忱 / 书法（局部）

胸襟与高尚无私的人格力量由此可见一斑。

王老的书法亦古亦今，隽雅宽舒，意趣天成，笔墨神满，开合有度，饶有书卷之气，是比较典型的文人“聪明字”。这主要得益于他的学养，得益于他的气质，是天资、学问、功力，乃至才情的有机融合，因此颇受文人、藏家的喜爱，登门求书者络绎不绝。对于求字者，王老是分文不收，他总是谦逊地说：“我的字不值什么钱，大家高兴玩一玩。”多么坦荡的胸怀，多么谦逊的一代学者。王老以其人品、学问见重于士林。其学问渊博，涉及古文献、古钱币、金石学、历史学、考古学以及书画艺术等诸多研究领域，且著述甚丰，为当代岭南文史学界不可多得的一位通才式人物，典型的学者型书家。

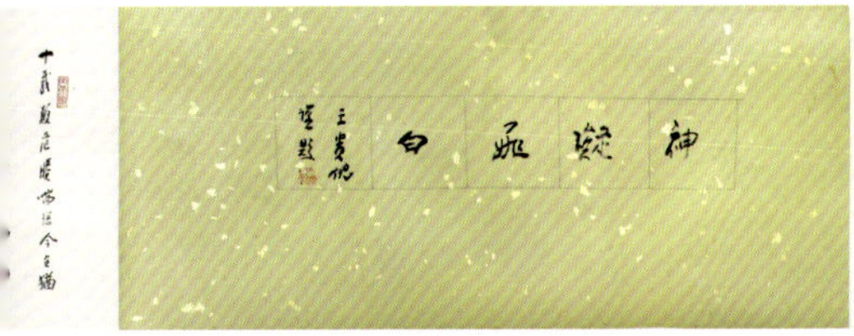

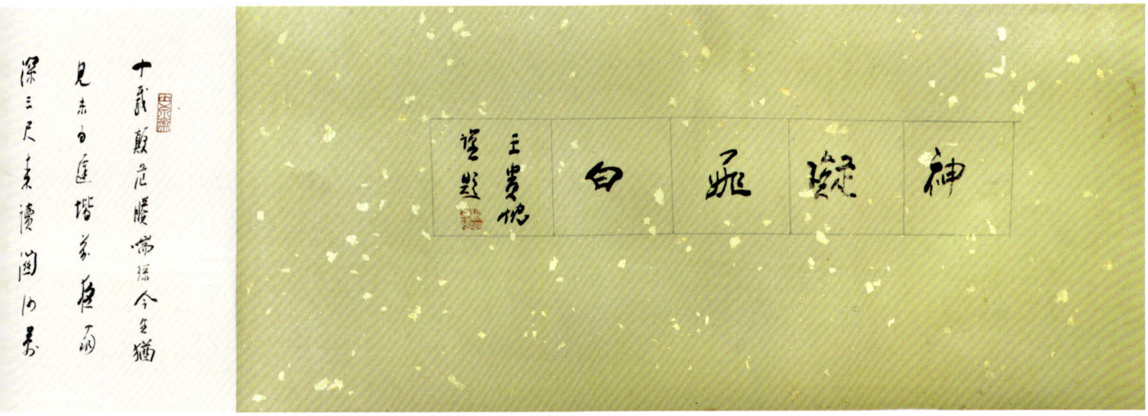

王贵忱，(1928—)，辽宁铁岭人。曾任广东省中山图书馆副馆长、广东省博物馆副馆长。中国著名的古文献版本专家、古钱币学家、金石学家、历史学家及书法家，是中国当代学界的一位通才式学者。被潘景郑先生誉为“魁奇之士”。

陈金章：对祖国有感情　画才有生命力

热爱生活、热爱祖国的情感，是陈金章教授通往艺术高峰的基石。曾有些国家邀请他出国定居，都被他谢绝了。他说："对祖国有感情，画才有生命力。"他一幅幅佳作——《南方的森林》《秋声》《春晓》《暮归》《千古江山长卷》……令人心潮澎湃，赞叹不绝。那深入细腻的一笔一画、一山一水、一草一木，绘就的是一幅幅波澜壮阔、气势磅礴的"祖国颂"。这难道不是作者对生活、对祖国的热爱和眷恋之情吗？！难怪有人说，看陈金章的作品，无论巨幅长卷或独幅小品，都在一定程度上能感到其气韵生动、含蓄蕴藉、笔墨酣畅、丰富耐看和大气磅礴的特点。这自然是与其深厚的生活基础、多方面的文化修养，特别是几十年的勤苦磨练分不开的。

记得有一次拜访陈金章教授时，他正在潜心创作的一幅长达两米、宽为一米的新作——《珠江春晓》。呈现在面前的是最具南国特色的大红木棉，珠江水在奔流，江上行船迎着朝雾慢慢地航行着，江对面沉浸在晨雾之中的现代化建筑群，使人感到一股苍苍勃勃的春意。那生机勃勃的春天气色，还有那清新秀丽的墨香，迎面扑来，慢慢地把读者引入了画中。这就是陈教授笔下的《珠江春晓》的意境。

熟悉他的人都这么认为，陈教授擅长运用细笔柔情去描绘祖国的山山水水，去歌颂祖国的大好江山。他对传统笔墨的运用颇为精妙，并巧妙地吸收西洋绘画的优点融会在自己的创作中，使画面既有真情实感，而又极具时代气息。

如今，已87岁的陈教授，还在进行他的大题材创作。陈教授以山水题材的创作饮誉海内外，他的山水画创作题材较广，尤其是江南景色最能激发陈教授的创作欲望，同时也最能震撼他。他认为，山水画创作要靠感情去表达，要有意境，有激情，才会感动人。他的另一幅作品《春》的创作灵感源于他去顺德的路上，发现几枝被风摇动的树枝插在池塘里，已吐出了嫩绿的芽。陈教授灵机一动，慨叹着，"美好的春天来了，春风催生出了树木的新芽，多有生命力的树木啊，插在哪里，都能发芽"，一幅多好的作品啊！

艺术大师黄宾虹说："作画当以大自然为师。若胸有丘壑，运笔便自如畅达矣！"陈金章十分重视深入生活，继承了岭南画派坚持写生的优良传统。几十年来，他跑遍了祖国的山山水水、渔村海岛，乃至亚热带原始森林，积累了数以千计的写生画稿，给自己的创作积累了丰富的素材，打下了扎实的基础。同时，他早年

陈金章 / 珠江南岸 / 2001 年

师从岭南画派大师高剑父、黎雄才、关山月等，还先后四次临摹过善本《八十七神仙卷》以练腕力。因此，他的山水创作日臻完美，被行内人士公认为继关、黎之后的又一岭南画派“掌门人”。

尽管如此，陈金章对艺术的追求依然执着，默默耕耘……我们祝福他，愿他的艺术之树常青。

陈金章 / 江山初晓 / 2006 年

陈金章，(1929—)，广东化州人，中国山水画画家。1956年毕业于广州美术学院（原中南美术专科学校），曾师从岭南画派大师高剑父、黎雄才、关山月等名师学习中国画。三十多年来任教于广州美术学院中国画系，历任广州美术学院中国画系主任、岭南画派纪念馆馆长。曾在国家美术馆举办个展，代表作品有《春园初雪》《南方的森林》等。

杨之光：扬时代之光　称当代楷模

关于人物画

“玉臂纤腰斗舞姿，轻调粉白到冰肌；君家自有春风笔，顾盼横波写黛眉。”当代著名诗人、学者、书法家徐续先生赏读杨之光教授人体画后欣然颂之。

难怪有美术史论家称赞：在当代中国最有成就的写意人物画家中，杨之光以其鲜明的艺术个性而独树一帜，其没骨人物画堪称当代一面旗帜。更有人称赞，他是一个真实可信的书画大师，一个人品艺品俱佳的美术界楷模！“借鉴古洋寻我法，平生最忌食残羹。”这是杨之光自书的座右铭，十分贴切地反映了他一生对艺术的苦苦追求。一直到生命的最后一刻，他还是孜孜以求，永不停息。

纵观杨之光的艺术道路，可分为三个阶段。1930—1960年为学习积累阶段。中学时代在上海受李健诗书画的启蒙，而后在广州师从高剑父接受岭南画派的洗礼，继之北上师从徐悲鸿，接受严格的造型基础与色彩训练，至1959年创作《雪夜送饭》获维也纳第七届世界青年联欢节金质奖章。1960—1980年为艺术拓展阶段。在塑造工农兵形象的过程中，他恪守笔墨服从于形神关系的法则，画风扎实严谨，但已流露出洒脱清新之意，代表作有《激扬文字》《矿山新兵》。杨氏画法一度成为全国众多习画者的楷模。1980年以来进入艺术高峰阶段。此时，他的画作境界升华，更加强调笔墨抒写神采、个性美的自由度，色彩没骨法日臻完美，艺术语言更纯更简，实现由“必然王国”向“自由王国”的飞跃。

值得一提的是，杨教授致力于中西融合，通过多年的探索，终于自辟蹊径，尤其在肖像画和舞蹈画创作中，达到出神入化的境界。如《蒋兆和像》《李苦禅像》等，都是作者在运动中传神造像的精品，令人拍案叫绝。他一幅悼念亡友石鲁的作品，在美国展出时，竟使两位老艺术家激动得抱头痛哭，充分体现出其肖像艺术的震撼力量。

这种震撼力来自于杨教授对艺术执着的追求。熟悉杨教授的人说：杨教授在艺术上精益求精，他提出著名的“三坚持”：第一是坚持到生活中去，这是他一直不间断的；第二是坚持画速写、画写生；第三是坚持画现代人物画。人物画已成为杨之光艺术顶峰的标志。无论“写”领袖人物，还是工人、农民、科学家、艺术家，他都倾注自己的全部才情。他的舞蹈人物画，动中求静，把握住每个舞蹈动作的

杨之光 / 矿山新兵 / 1971 年

杨之光 / 印度写生 / 2001 年

特点——神，抓住整体的关键动态，色墨交融、淋漓尽致地表现出舞蹈家的神情风度和变幻灵动的舞姿，因而被专家学者称为“杨之光现象”。杨教授也因此获得了“画仙”“画圣”等美名。

在生活上，杨教授则是显得大智若愚。据其夫人欧洋教授介绍，有一次杨教授应邀到美国办画展，结果，一到美国发现作品忘记带了，至今一提此事还令人捧腹大笑。对艺术的执着与陶醉，令杨教授忘却了画外的一切！

他为何如此热衷于人物画，尤其是舞蹈画？人们也许会这样判断，杨教授一定是舞蹈高手，起码算个教练吧。非也！杨教授对记者说，他不懂舞蹈，更谈不上舞蹈教练，但他会用心去观察，同时充分发挥传统没骨技法与书法功底，去实现真正的“写意”。他的舞蹈画得意之作，正是传统大写意没骨画法、西洋水彩画与中国书法用笔这三者巧妙的结合，极为简练而又色彩丰富地表现人物肢体结构、动态，乃至肌肤光泽；而衣纹、长绸、皮靴等则又具行草、汉隶的书意，书法用笔的节奏感正好加强了舞蹈的节奏感，同时也增强了作品的耐读性。他笔下的水舞、红绸舞、阿根廷舞、朝鲜舞、夏威夷舞等，形、态、质、神兼顾，均有代表性佳作，这一幅幅精致而又传神的力作，不是他“画”出来的，而是真正“写”出来的。

杨教授在艺术上的过人之处与独到见解，就是“我行我素”。他说：“刚开始，我有点受师辈影响，但有一点，我决不跟在任何老师的屁股后面走，这点对画家来说是非常重要的，不重复前人的道路，无论古人的、现代人的都不重复。所以我在教学上提倡八个字——基础要严，创作要宽。当然还有，认准了的事，不管阻力多大，决不动摇……”

他就是这样永不回头地耕耘，永不停息地追求，以其开放的观念、开阔的视野、宽大的胸襟，以其炉火纯青的笔墨技巧，开拓了出神入化的艺术境界，勇攀中国人物画的艺术高峰。

2013年1月29日，北京。杨之光与侯一民、詹建俊、李焕民、方增先、孙奇峰，被文化部、中国文联、中国美协等联合授予“中国美术奖·终身成就奖”。这是中国美术界国家级最高奖。毋庸置疑，杨教授以其卓越的艺术成就，以及桃李满天下的杰出教育硕果，奠定了他在岭南乃至全国画坛的崇高地位。

关于书法

“出版我的书法集比出版我的画集要兴奋十倍。”杨之光教授如此慷慨激言，如此对其书法至诚至爱，可见书法在其心中之地位了。面对着一幅幅草书、一幅幅隶书、一幅幅楷书、一幅幅篆书……一幅幅心血与汗水铸就的作品，一幅幅集生活积累、文化底蕴与艺术修养之大成而又令人百看不厌、回味无穷的作品，我们可以找到杨教授为此而兴奋的原因。我有幸拜读杨教授之草书、隶书、篆书、楷书乃至行楷，读懂了“杨家书法”习古人之厚重而成自己独特风格的原因。它得传统之精髓，有羲之之俊秀飘逸，有献之之清秀奇特，有真卿之朴实，有东坡之洒脱，有张旭、怀素之行云流水。杨教授正是因为得众家之妙，才成独家之趣。

杨教授更不忘石鲁师对其所言：书法应该列为国画的主要基本功。读中学时，他就已临摹碑帖，还拜上海著名书法家李健（清道人之侄）为师，学书法亦学理论，至今还谨记其师的精辟论述——作画而不通篆籀，则无以作勾勒；不通隶书，则无以作点垛；不通草法，则无以作云水；作画而不通书道，则其画无笔；作书而不通画理，则其书无韵……

功之所至，道之所晓，则其书其画力量无穷。杨教授之行草书，其立意高古，用笔洒脱，格调飘逸，非一般书家所能及。他临《唐怀素自叙帖》，作品笔墨酣畅，气沛韵足，且富于变化，线条有很强的运动感和冲击力。整幅作品以整体气象

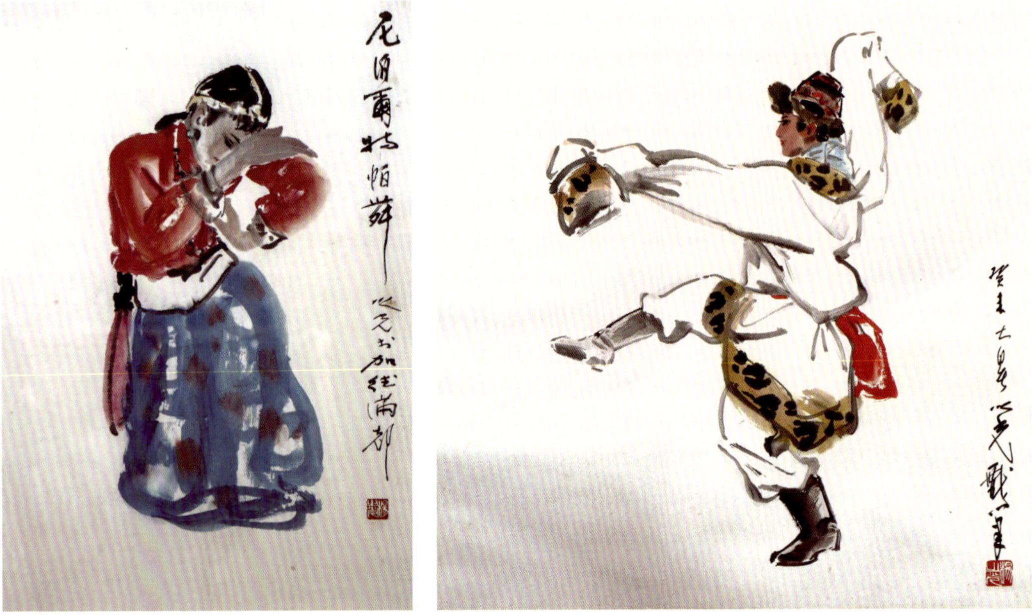

杨之光 / 舞蹈人物 / 2003 年

的自然美和格调的高雅俊逸，让人想到书写者的风流倜傥。其用笔的轻重、字形的疏密、节奏的缓疾、字间的流驻均和谐自然，其实，这就是书家的深厚功底与超然物外、磊落不羁的气度和胸襟的自然流露。他临的《清道人书法》，那苍朴之古透出的清峻拔俗之气的确昭然可观；那雄劲之笔力，给人一种开放、大气、恢弘的感觉，且随意得体、端庄，毫无雕琢之迹。他临的《兰亭序》及《十七帖》，清劲刚健，潇洒优美，可以看出书家运笔流畅，以中锋为主，偶以侧笔求媚。由于“笔心常在点画中”，墨随笔尖而下，均匀地渗开，点画中心部位的墨多于两边，显得极有厚度，有一种立体的质感，显示出非凡的力度和骨劲。他为画家庞泰嵩创作的山水长卷题下了卷首“天下第一云”四字，一气呵成、气韵天成，看上去不卑不亢、昂然挺立，状貌清瘦、风度翩然，观之有如一曲动人的音乐，当慢则慢，当快则快，行所当行，止所当止。

诗之情、画之境、书之意相互渗透，融为一体，乃杨之光教授书法艺术创作之特色。正如其所说：“我深深体会到没骨花卉技法及书法用笔帮了我的大忙，写意花卉点垛成形，我用此法画舞蹈，画女人体，亦点垛成形……”杨教授近期更致力于书法入画，以《西班牙舞》为例，由上身至衣裙的用笔简直就是由篆隶至狂草的转变过程，书法用笔不只恰如其分地体现了舞姿，用笔的徐疾节奏亦强化了舞蹈的节奏，可以说笔韵即舞韵。正因“书画同源”了，所以杨之光教授笔下笔韵舞韵，韵韵相生，笔笔皆活，舞舞都妙。

杨之光
书法
2003年

杨之光，(1930—2016)，广东揭西人。著名国画家、书法家、美术教育家。曾师从著名书法家李健学习书法、篆刻，师从著名诗人顾佛影（大漠诗人）学习诗词，师从高剑父学习中国画。1950年夏考入北京中央美术学院绘画系，接受徐悲鸿、叶浅予、董希文等老师指导。后任教于广州美术学院中国画系，历任教授、系主任、美院副院长、学院咨询委员会委员、岭南美术专修学院院长、中国画研究院院务委员。

2013年1月获第二届“中国美术奖·终身成就奖”。代表作有《毛泽东主办广东农民运动会讲习所》《浴日图》《矿山新兵》《激扬文字》等。

吴灏：融冶百家 出神入化

在当今广东乃至中国的传统中国画家中，吴灏当属实力派中的佼佼者。其传统功夫之深厚，作品之出神入化，令业内行家赞叹不已！

翻开吴灏先生的书画作品集，山水、花鸟、书法，涌动着一股股浓浓的文人气息。无论鸿篇巨制的山水画，还是隽秀的小品——山水册页、手卷、扇面等都有一个特点，充满了诗情画意，显现出或空灵、隽永、含蓄、蕴藉，或迷远飘渺、奇妙幻境，或雄浑幽深，气势如虹的意境之美。可见，吴先生学识之渊博、文化底蕴之深厚，使其作品生色生辉，令读者为之惊叹，为之钦敬。据说，先生一生潜心研究中国传统文化艺术，致力于传统国画的创作。先生研临明之董其昌、徐渭，清之四僧，乃至当代名师，如赵少昂、丁衍庸、容庚、谢稚柳等诸家作品。因此，其作品题材甚广，绘画、书法、篆刻、诗词，皆精通、工妙。其山水画，清新奇丽，朴茂高古；其花鸟画，得徐渭、八大山人、石涛之神理，写之形神兼备，清秀文静，新颖雅淡而富有诗意，自成一家；其人物画，或古时裙，或当世衣冠，形神兼具，出神入化；其书法，学宋四家，倾力于黄庭坚，偶作狂草则取法张旭与怀素，下笔纵横驰骋、神清气足。其治印则以秦汉印为宗，融通各家，不落一家窠臼，风神多迈，求意在笔，法度严谨。谢稚柳评说："子玉吴灏之学于书，作小楷出于倪云林，清瘦如削，至行草以怀素、黄山谷为宗，自饶所至，豪迈腾舞，墨溟鱼飞。"

读吴灏先生的作品，尤其是他的山水花鸟，工整者则清新娴雅，豪放者则逸骥绝尘，着色者明丽，水墨者芳华。他临摹宋代张择端的《清明上河图》两本，毅力过人，甚为启功赞叹并为之题诗。谢稚柳称："不仅得其形似，妙能得神理，近时遂无此交手。"吴灏笔下的人物、山水、花鸟，工整与阔笔、着色与破墨，无所不能，也无所不妙。

如今，年过八旬的吴灏先生，还勤耕不断，每天上午闭门谢客躲进自己的小乘山房写写画画。先生著述甚丰，现已出版《梦香阁词》两种、《吴子玉书画集》两种、《大笑草堂印存》《清明上河图吴子玉精摹本》《大笑草堂谈画杂文》《吴子玉唐人诗意画册》《小乘山房诗稿》《吴子玉书法集》……

如今，先生虽学养丰厚，造诣高深，学贯中西，著作甚丰，但仍然甘于寂寞，不浮不躁，潜心精读。我看，这就是先生能融冶百家、出神入化的制胜法宝。

吴灏 / 黄獬夕曛 / 2011 年

吴灏，（1930— ），字子玉，广东佛山人。国画家、书法家。先祖吴荣光，精鉴别，善书画。祖父富收藏，濡染极于绘画外又精于书法、诗词、篆刻。是现代中国传统画派中的一位有力的继承者，著有《梦帘香阁词》《吴子玉书画集》《大笑草堂印存》《青灯论画》等。

陈景舒：岭南隶书　雄强婀娜

2012年2月12日，在岭南书坛，有着“隶书王”之称的陈景舒走了，时年81岁。其实，对于这个称谓，他很不高兴——社会上有很多写字写得好的人，为什么要称王称霸呢？

陈公生前，笔者曾无数次登门拜访，所见所闻，获益良多。他为人爽朗，心境开阔，曾对笔者说：“我现在的生活很简单，跟一般市民没什么区别。我早上5点多钟起床，梳洗之后做一下早操，做完之后去喝早茶，这是广州人的习惯；喝完茶后去公园走走，回来后看看报纸；下午一般是写字。由于年纪大了，晚上一般不开晚班了。”

陈公原为广东省书协主席，后为名誉主席，广东省文史馆馆员，早年师从岭南大书法家吴子复，深得吴氏真传。他善楷书、行草书，尤其隶书饮誉书坛。

陈公的书法基础得益于临摹汉隶礼器、石门颂、校官诸碑和晋代的好大王碑等，同时，在博取众长、融会贯通的基础上逐步求变，创造出一种介于东汉隶书与汉简之间的隶书面目——陈氏隶书，形成了“心正笔正，笔画起崛，字极端谨，瘦硬通神”的艺术特色。

陈公治学严谨，观其隶书，有雄强、婀娜、朴拙之感。其书法平中见奇、平中寓险，别有韵致。他的隶书、竹简有雄浑奔放之气，字劲有姿，结字奇险。他善于写擘窠大字。已古稀之年的陈公还能写两米见方的大字（绝非江湖弄艺之表演），看上去气势磅礴，用笔圆劲，力能扛鼎。要没有扎实的功底，是很难写出这样的字的，而陈公挥洒自如，实属难能可贵。

再观陈公一幅幅隶书，那错落有致、沉稳脱俗、用笔峭劲、结构奇气的书作，恰似一曲曲美妙的音乐，无不打动人们的心弦。那善于变化的笔墨技法，幽柔时绵邈多姿，蔚为壮观；奔放时潇洒明快，富有节奏。凝炼处苍劲老辣，古拙遒劲；洒脱时笔墨酣畅，别具风韵。他的书法无论在用笔、施墨，还是结体、布局方面，都有其独特之处。已故著名书法家秦咢生曾称其为“功力深厚，基础扎实”的书法家。书画大师胡根天生前高度赞扬他的书法“别开蹊径，用笔峭劲，结构有奇气，为广东书坛别开生面”。

陈景舒
书法
2001年

陈景舒，(1931—2012)，广东省佛山人。著名书法家。曾任广东省第二届书法家协会主席。师从岭南大书法家吴子复，颇得吴门真传。擅隶书，兼工楷书、行草书，旁及篆刻。其书法艺术重传统，力求创新。著有《实用隶书字帖》《隶书书写门径》《四体楹联》《隶书入门》等。

刘济荣：一辈子画牛不吹牛

关于画牛

“生在牛村认牛命，只识画牛不吹牛。”这是刘济荣教授的口头禅，也是他的座右铭。

牛，多少人用朴实、热情、真挚的笔，写过它，画过它，赞美过它。牛吃的是草，挤出来的是奶，这是多么的崇高与伟大。因此，鲁迅爱牛，把自己比作牛，而且是俯首的牛——孺子牛。刘济荣爱牛，把自己比作牧牛人。

古往今来，以牛为题材创作的作品不计其数，其中，闻名并流传于世的有：五代韩滉的《五牛图》，现代李可染的《牧牛图》。而当今岭南画坛的刘济荣也堪称佼佼者，他如痴似醉地爱牛、画牛已30多个年头了，其“牛脾气”不改，其“牛品牌”名扬天下。

说起牛，刘教授要说的话可多哩，他说他儿时放过牛，干校时养过牛当过“牛班长”，大学时画过牛，毕业后也创作了许许多多的牛，尤其是20世纪60年代应邀为人民大会堂西藏厅作画，曾两度长时间深入藏区体验生活。有趣的是，初到之时藏区女区长就送了他一堆牛屎，刘教授心里一慌，是否搞错了，送我牛屎？后来，他才知道牛屎之宝贵，天寒地冻的茫茫藏区，做饭取暖全靠它。再后来，他又知道，牛与藏民的关系犹如人之唇齿关系，他们的衣、食、住、行都离不开牛。慢慢地，刘教授对牛的认识更沉了，对牛的爱也更深了！再后来，他以优美、自然、轻松、活泼、抒情的手法创作了大量反映藏民与牛关系题材的作品，去抒发感情，去歌颂和赞美藏族人民与牛的勤劳精神，表达自然的美。他认为，藏族少女与牛是征服自然的象征，他要画的正是这一主题思想。他在其作品《牧牛画法》一书中说：“我两度进藏区体验生活，就为牧牛人‘俯首甘为孺子牛’的精神所感动，力图表现这种精神，也进行了大量的水墨画艺术的探索，作为我艺术实践的试验田。”

于是，刘教授笔下反映藏民与牛的作品如泉般涌现，如《牧女·牦牛·羊》《牧牛图》《藏北奔牧》《牧场之晨》《阿坝草原之牧》《老牧民》《归牧图》《青牧图》《雅鲁藏布江畔》《草地飞鸿》《秋趣》《牧牛小品》《藏北草原之牧》《欢乐的草原》《乳香飘草原》《草原春牧》（长卷）等。这一幅幅作品，巧妙地把粗野刚强

刘济荣
水牛赞
2003 年

的牦牛与质朴纯真的牧牛姑娘糅合在一个画面中，形成了粗犷与纤细的强烈对比，刚与柔的对比，线与面的对比，造型优美，笔墨酣畅。尤其是把人物放在鲜明而又典型的生活场景中，使之笔墨清新，意境深远。

值得一提的是，刘教授画的牛，既吸收了传统的“牛”的优点，又从生活中提取“牛”的精神，形成了从传统中来，再到生活中去，又从生活中来的特点，从而提炼出有别于传统的牛与生活中的牛的形象。我们从其作品的造型、笔墨可见一斑。可以这么说，刘教授的作品中，最大的成就是在笔墨、气韵、意境上，既有传统又有创新，有鲜明的个性和艺术风格。在他的笔下，辽阔的草原、牧场，肥壮的牦牛、羊群，特别是质朴勤劳的藏民牧女，都能以精简优美的艺术语言，表现出各种特定的意境和细节，从而形成了“刘家品牌”。

如今，刘教授与牦牛接触少了，但他与牛的感情依旧，他笔锋一转又画起他熟悉的20世纪50年代画过的“南方牛”——水牛、黄牛。《水牛赞》《归牧》《荔枝飘秀》《回家路上》《母与子》《椰乡情》《紫气东来》《百牛图》……这些作品是他反映“南方牛”的一件件力作。

画如其人，刘济荣这位纯朴敦厚、诚实无华的岭南牧牛人，如今已过85岁，还像匹高原之牦牛、北方之黄牛，刻苦耐劳，任劳任怨，脚踏实地，默默地耕耘……

关于少女与牛

看来，在画坛上要画出点名堂来，还得有讲究。选准一个主攻方向不改变，日积月累，年复一年，在读者和观众心中“定格”。如黎雄才的山水，杨之光的舞女、林墉的少女、方楚雄的动物，乃至刘济荣的少女与牛……这些，已蜚声海内外。

有心的读者会问，刘济荣画牛为何要加上美女呢？刘教授的解释是，受“美女与虎”的启示。于是，少女与牛就成了人类征服自然的主题了。刘教授也为此苦苦追求了30多年，现已形成了自己的艺术风格。简而言之，刘济荣的牛，既非传统的牛，又非生活中的牛。

难怪，刘济荣向笔者透露其画牛的绝招：吃透两头，即吃透生活、吃透传统。他认为，现在什么东西都有人画过。关键是对所画之物要有感情，同时要投入。刘济荣对牛有感情，同时，无论哪个朝代，哪位画家的牛他都去临摹、去“偷”，再结合自己的实践，因此观其画，牦牛加少女，很生活、很抒情，且轻松自然。《草原春牧图》（长卷）中，作者采用强烈对比的表现手法，牛是水墨淋漓的，少女则用细致的线条，这一柔一刚、一粗一细，达到了一种形式与感情有机结合的艺术效果。《南国荔香》中，少女骑着水牛、背着采撷的荔枝，满载而归，虽然农村落后，但人们的生活是多么的自然、轻松、活泼，且充满情趣。前者是以北方为题材，后者则着力表现南方风物。

观刘济荣的少女与牛图，描绘藏胞生活的题材占相当的比例。这说明他对这类题材内容具有丰厚的生活积累和切身的感受；在表现形式和手法上，也有他自己的审美追求。在他笔下，辽阔的草原、牧场，肥壮的牦牛、羊群，特别是质朴勤劳的藏民牧女，都能化为简洁优美的艺术语言，表现出各种特定的意境和细节，形成有自己个性的艺术风格。

今天，在人们看来，画牛与美女似乎是刘济荣的“拳头产品”，而刘济荣也因画牛而“牛气冲天”，誉满天下。

然而，殊不知，刘济荣画人物，尤其是画岭南历史人物，也算一流高手，他的优秀人物作品《孙中山》《黄遵宪》《岭南画师高剑父》等，先后在海内外展出，均获好评。

面对着眼前这位人品、艺品俱佳的老教授、老艺术家，我暗暗地祝福：愿好人一生平安！

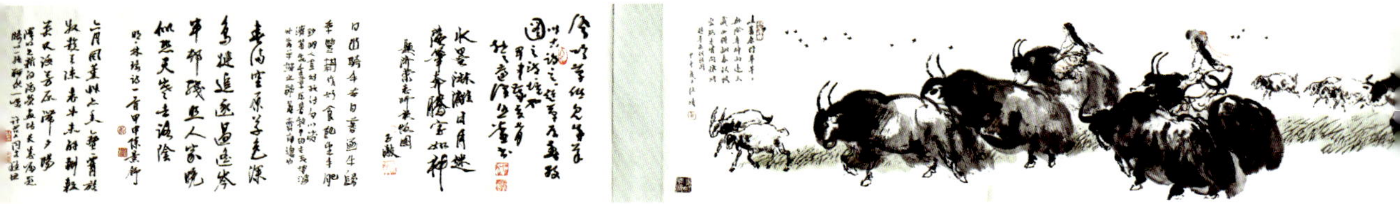

刘济荣 / 草原春牧（手卷）/ 2008 年

刘济荣 / 草原春牧（局部）

刘济荣，(1931—)，广东兴宁人。国画家、广州美术学院教授、中国美术家协会会员。个人艺术生平编入《中国艺术家辞典》《广东高级专家大辞典》《中国专家大辞典》。1993年创作的《草原民兵》获“纪念毛泽东诞辰100周年全国书画名人邀请展”一等奖并被收藏。1996年创作的作品《孺子牛》被上海鲁迅纪念馆收藏，曾参加“海峡两岸名家作品联展”获一等奖。作品《浩气长存》参加广州政协主办的“纪念孙中山先生诞辰130周年书画展”获“美国名人传记中心世界著名艺术家”金奖。2002年获国家人事部人才专业委员会授予的“当代中国画杰出人才奖”。2004年作品《荔情》获“海峡两岸中华杯”金奖。

恽圻苍：肖像艺术注入人文关怀

时下，人们对艺术品的需求越来越多，艺术品的市场越来越大，油画和雕塑如今迎来了一个繁荣发展的春天。其中人物肖像作为一个重要的艺术品种，也愈来愈受到青睐。著名肖像艺术家、广州美术学院原油画系主任恽圻苍教授，自然引起人们的关注。

恽教授是一位极其传统的艺术家，他为人为艺极其认真，有时认真得令人不自在。他坦言说，这是他的优点，也是他的缺点，他说自己离休后全身心投入人物肖像画创作。

“肖像艺术的发展，从来都是由社会的需求所决定的。现在广州在需和求之间，还缺乏这方面的机制。”恽教授说，“目前还没有经营肖像作品的专门画廊，尤其是经营专业肖像画家、雕塑家作品的高档画廊。不过可能有少数艺术家通过朋友介绍能接到一定的委托订单。但多数情况则是许多擅长肖像画的艺术家无用武之地，而一些想得到高水平肖像作品的需求者则求购无门。”

恽教授认为当今社会对人物肖像需求是：今天的国人已经开始关注自身的问题。肖像艺术本来的任务就是围绕人自身的价值来表现人，以求通过人来反映或折射出社会和时代的精神。虽然人文主义思想在中国受到关注的时间不长，但一些艺术家已在从事对人的个性、本质的挖掘，借以表达艺术家自己对生命的感悟和体验，表现普通劳动者以及他们心灵的美和对生存的思考，或表现那些历经磨难自强不息，最终获得成功的人物……这些都已经成为艺术家心目中的重要角色。这也应看成是时代带给艺术家的机遇。

同时，随着人们对文化艺术需求的不断提高，现在社会中具有相当经济实力和艺术品位的中产阶级正在出现，他们中的一些人渴求获得出自艺术家之手的艺术的替代形象，这些绘画和雕塑既有观赏和收藏价值，更可永久留念。还有些人随着墓葬习俗的改革，将为先人筑墓树碑的孝心转而寄托在委托艺术家制作精美的油画和雕塑上，也有邀请艺术家为长辈或亲友造像的。中国港、澳、台地区及东南亚的艺术市场上，不少人通过友人和画商前来寻求高水平的肖像艺术家为之创作……总之，如果广州能有些远见卓识，又有经济实力的经营者来着手策划，加强这方面的宣传引导，从而顺应时代的需求，肯定是大有可为的。在许多发达国家，这方面的需求对肖像艺术的发展起到良好的推动作用。

恽圻苍 / 人物 / 2002年

虽然恽教授对肖像艺术市场分析得头头是道，但对自己心爱的作品，还是舍不得转让的。

恽圻苍不以赢利为目的，而是将关注点放在自己的课题上。他比较注重肖像艺术的人文内涵对于社会所具有的价值和作用，也乐于在难度较大的肖像题材中去追求自己的审美情趣，如探索肖像的写实性要求与具有一定表现性的写意因素相融合之路。他认为肖像艺术首先是自己的艺术，同时又能为顾客所欣赏和接受，则不排斥成为商品。而有些肖像艺术家，为了追求某种艺术观念，可能尝试打破立体真实的传统语言，而更多强调现代形式因素，以至于将对象加以夸张甚至变形，虽可能难以被大众所接受，但这些尝试若确有一定的创新价值，则需要通过展览或某些媒体的推介而被美术馆或收藏家所收藏。总之，解决肖像艺术的出路问题，仍然是发展肖像艺术的必要条件。

有人说，肖像作品应该把对象美化一点才好。

恽教授作品比较强调艺术的格调，他认为这是作品的灵魂。因此，他笔下的作品形神统一，画面简练概括，富有生气与表现力。如作品《洪湖红》《晚照——王肇民》等，作者以其独特的表现力，刻画出人物的魅力，其画作都成了各自的人格写照。作者不故意去美化、去迎合观众，避免堕入甜俗的低级趣味。作者善于从观察中了解、认识和把握对象的性格特征，他说，画家不仅要画所见的对象，更重要的是画出心中的对象和自己对对象的看法。只有将对象的外在美和内在美都集于作品中加以表现，肖像人物所呈现的美感才真实可信并具有精神内涵。要知道肖像艺术不仅要表现出对象的形神品格，同时也要表现出艺术家的境界与追求。所以故意地从表面上去美化对象，那是很容易使作品流于肤浅的。因此，我们从恽教授的作品中看到的是柔和、朴实、含蓄、耐看。他用笔精准、色调明丽，其作品《苏华》，大笔挥洒，水墨淋漓，洒金底的背景给予人们以远古文化深厚底蕴的联想。

恽圻苍 / 洪湖黎明 / 1965年

恽圻苍，（1932— ），江苏武进人。擅长油画。曾任广州美术学院油画系主任，中国美术家协会会员、广东美术家协会历史画艺术顾问。《洪湖黎明》（中国军事博物馆收藏）获武汉市向科学文化进军优异成绩奖；《深夜》（广东美术馆收藏）获广东省美展二等奖；浮雕《近代中国放眼世界第一人林则徐》获1997 中国艺术大展优秀作品奖，被列为赠送香港特区政府礼品之一，被人民大会堂香港厅及澳门林则徐纪念馆收藏。其中《亲情》被韶山毛泽东旧居纪念馆收藏；《恽代英在五卅》被南京雨花台烈士纪念馆收藏等。著有《恽圻苍油画小辑》等。

梁世雄：气势雄伟　意境清新

诗曰："功到阔深处，天教勤苦成。"那么，观岭南派山水画代表人物之一梁世雄的画，则有功到深处见雄奇之感。其作品气势雄伟，意境清新，既传承了岭南画派的清新与秀丽，又融合了北方各派的粗犷与雄健。

引起我极大兴趣的是，梁世雄教授的山水画作品中，既可看到气势豪雄、构图开阔之大山大水，也可看到水墨渲染、潇洒秀逸之乡间小品。这些，既深得其师关山月、黎雄才之指点，更是梁世雄"行万里路，读万卷书"之结果。他用自己的画笔，刻苦勤奋地努力于生活实践和艺术实践中。长期以来，他常常跋山涉水，足迹遍及大江南北、长城内外。他到黄山、三峡、峨嵋、湘西等地采风、写生，发掘领略自然之秀丽，记录下独特的感受，力求使其作品在继承传统的同时，又表现出时代精神及个性风格。因此，其作品风格几经演变，如今已达到一个全新的境界。

如果说，梁世雄20世纪60年代的作品，于严谨浑厚中还未能完全摒弃某种拘束；那么，他20世纪80年代至今的作品，可说是趋于雄奇豪放，艺术上也更加完美。有专家学者观其画展后称赞其作品是"粗犷中见细腻，磅礴中显清新""于云瀑水气，分外用心，凡情凡景，在平水势出之，水之来去，风雨随之，山石林木光彩，习习过来，云瀑分外亮！"评语可谓之恰当。

观其画，高原风光，水乡情调，令人流连忘返，心情豁畅。画家酷爱并擅长描绘流云飞瀑和烟雨峰峦，如《云山万里出巴陵》《万千飞瀑伴秋声》《榕》《雪山之魂》《高原春晓》《云起蟠龙坡》等。这些作品给读者留下深刻印象。流云飞瀑，是瞬息万变的自然景色，画家刻意在静的画面上表现其动感，以引发读者对乱云舒卷、瀑落雷奔的联想；烟雨峰峦，这种朦胧苍莽的境界，也被画家渲染得淋漓尽致，令人产生天水朦胧、群峰添翠的幻觉。如果画家对这些自然景观缺乏长期观察和深刻感受，是难以收到这种艺术效果的。

值得一提的是，梁世雄在不断地探索与创新中，创造了一种"高原风格"。其作品《高原月色》《高原春晓》《高原情》《雪山之魂》等均借简括的笔墨以表达深邃意蕴，产生了意想不到的艺术效果与艺术魅力！

此外，梁世雄也十分重视多方面的艺术修养，对书法及画论的钻研尤有心得。这一点，可能是受益于他的岳父——我国著名古文字学家容庚教授的影响。梁教授与之长期相处，耳濡目染，自然获益匪浅。他牢记容老的教诲："写不好字的画

梁世雄 / 高原小景 / 2001 年

家，不可能成为杰出的画家。”于是他发奋练习书法，而且取得可观的成就。他曾以《一笔书与一笔画》为题，撰写长篇论文，论述书法与绘画的关系。这不仅显示了画家的博学广识，而且也为青年学子树立了榜样。

有耕耘必有收获。梁教授的作品先后被选送美国、日本、德国、比利时、澳大利亚、泰国、约旦和东亚各国，以及中国香港、澳门等地展出。其作品气势雄伟，意境清新，浩瀚苍茫，静谧亲切，充满个人特色的艺术风格，深获海内外观众的好评，并被人民大会堂、中南海紫光阁、海内外博物馆收藏。

梁世雄，（1933— ），广东南海人。中国画家。历任广州美术学院教授，中国美术家协会会员，广东省文史研究馆馆员。作品有《沙田新绣》《昆仑山下》《喜马拉雅松》《霜叶红于二月花》等。出版有《梁世雄山水画选》《梁世雄画集》《黎雄才、梁世雄访日画集》等。

李国基：笔法坚实　潇洒自如

画画，最重要的是感觉，西洋画和中国画都一样，这点，不知是否有人反对。老画家李国基先生凭着画画的感觉与坚实的笔法，将作品的美感挥洒自如地在其作品中表现出来。他的人物画，抑或风景画，处处流露出一种真实的感觉、一种美的感觉。

这种感觉来自他对画的理解、把握、观察、研究、分析、想象、思考，乃至不断的实践，以熟能生巧。他说他画画时，不急于求成，而是先把画具准备妥当，选好角度、位置，面对模特儿思考观察，精神高度集中，天塌下来也不管。此时一幅作品已在脑海中孕育成功了，然后再在画布上表现出来。所谓“意随笔到”“心至笔随”就是这个道理。我看他的风景油画《春暖皇城》（14 cm×21 cm）、《广州华侨大厦》（19 cm×23 cm）画风类似中国画的逸笔草草，只取其神，不取其形，看着有一股非常痛快的感觉。《东莞莞城高第街》（28cm×38 cm）、《香港新界假日》（30cm×38 cm）这两幅画中，虽然也有人有物，然而李先生画出的却是如同中国山水画中的“大风景小人物”般的构图，将重心放在风景上，形象扎实，色彩奔放。作者以准确的观察力与丰富的表现力，通过自己的画笔进行概括和夸大，做到“既像又不像”，这是一种神似的功夫。《观海》（21cm×26 cm），画家的技艺相当高超，特别着意画出了一片茫茫大海，海浪滔滔翻滚，一位女人与一群海鸥，笔墨色彩不多，却构成了内涵丰富、意境深远的佳作。总之，这样的一批画作，画得相当的写意，多是用重色厚堆的技法，只是寥寥数笔，就把形象和色彩表现出来，画面上的总体色彩和明暗关系全都画出来了。可以看出，作者画技极度娴熟、非常老到，值得细细观赏。

李国基先生早年接受俄罗斯绘画风格的严格训练，练就一身硬功夫。八十多高龄的李先生，“童子功”风采依然，艺术创作力与表现力依然魅力四射。他的肖像画将人物的性格特征和思想感情都刻画得淋漓尽致，笔法浑厚坚实、潇洒自如，用色变化微妙，赏心悦目。他早年创作的肖像油画《马来西亚国王肖像》，至今珍藏于马来西亚皇室；后来又先后为香港中文大学崇基学院李应林、凌道扬、容启东、雷恩、谭尚渭、傅元国等教授和知名人士创作肖像作品，均获得社会各界好评。然而令人感兴趣的并非是画中的取材，而是他极度娴熟的技巧，无论是对人物的刻画，还是画面明暗关系的处理，都十分精准。从这方面看，李先生又是一位非常稳健沉着的画家，他采取了一种有别于速写人物及风景创作的奔放手法，选择了

李国基 / 女士肖像 /1976 年

一种简约明快，甚至是减笔的手法，创作出一幅幅古典传神的肖像画。他把人物的形象美、结构美、比例美、个性美、神韵美、灵气美、思想感情美等等，通过笔墨色彩淋漓尽致地表现出来。观之，美不胜收；品之，宛如欣赏一曲悠扬抒情的音乐，美哉快哉！

李国基，(1934—2016)，广东东莞人。先后任教于北京电影学院、香港岭海艺专、香港大一艺术设计学院。擅长油画、水彩和书法，其代表作有《马来西亚国王肖像》《江素惠女士肖像》以及知名的政商界人士肖像作品。其个人艺术传略被编入《中国当代艺术界名人录》《东莞英才录》等。

梁业鸿：甘做岭南画荷人

中国画家画荷源远流长，大约始于周朝。宋代的画家（佚名）就画过团扇《出水芙蓉图》，元代王宽，明代石涛、八大、南田都是画荷高手。明末画家张子政的《芙蓉鸳鸯图》、清代任伯年的《荷花鸳鸯图》，也是典范之作。近代吴昌硕、齐白石、张大千、潘天寿、李苦禅、刘海粟、黄永玉极喜欢画荷。在当今岭南画坛，梁业鸿如痴似醉，埋头投入“荷花王国”，并以“愿写亭亭千万朵，甘做岭南画荷人”为座右铭，甘愿把一生都倾注于荷花的创作中，因而，享有“荷痴”之美誉。

梁业鸿出生于荷花之乡番禺，家乡的万顷荷田激发着孩童时的梁业鸿对美术的执着追求。他常常为观察荷花的生长而乐不思归，常常为了画荷写生而苦苦探求，荷花成了他生活和艺术创作的源泉。

梁业鸿一方面潜心荷花的创作，另一方面传道、授业、解惑，传承岭南文化。十多年来，他留意荷地藕塘，观察构思，写生创作，把荷花长梗图蕾、绽花结子、凋谢的各种姿态以及荷花不同季节的变化，熟记于心，绘入纸上，同时吸收了古今中外画荷高手的技巧技法。

在荷花创作中，他根据不同的题材和内容，采用不同的构思和技巧表现各种画面。如《映日荷花》，他采用汁绿重墨泼出一块翠绿的叶，因带着湿墨使花朵显得更加鲜艳夺目。《接天莲叶无穷碧》中，作者以“大写意”表现形式，大笔挥洒，直抒胸襟，酣畅淋漓，又善于施以淡墨淡色，用淡雅的色彩写出荷花清雅高洁的气质。《施压群芳》实则“淡”压群芳，作者在构图上以简洁疏朗为主，水墨点染与没骨法并用，笔墨粗简，风格俊逸。《烟雨芳地荷风香》中，作者先用混笔拔写荷叶，再勾描出白荷盛开时亭亭玉立，随风摇曳，清香远溢的样子。荷叶穿插、顾盼，富有感染力，“荷锄小小半溪香，水凉风搅一池荷”的情趣跃然于纸上。

荷花是佛教的“八宝”之一，被赋予崇高、庄严、神圣、清净、光明的意义。也正是契合了这些美好的寓意，我们便不难理解为什么从平民百姓到文人雅士都喜欢荷花了。梁业鸿自述：“我爱荷花中通外直，不蔓不枝，高洁傲立，出淤泥而不染。荷花乃花之君子，荷叶大，梗长，亭亭净植，潇洒脱俗，一尘不染，散发芳香，接天之碧，映日之红，更具时代气息……”画如其人，梁业鸿性温情顺，乐善好施，为人处世谦谦有礼，豁达宽怀。他笔下的荷花格清品高、脱俗秀丽，豪放中有几分淡雅，刚劲中有几分伟岸；画面清净无它，没有昆虫、雀鸟和鱼类点缀衬

梁业鸿
我爱夏日长
1989 年

托。他注重在造型上下功夫，着重画好荷的主体，注重荷叶的长势和色泽变化，在运用传统技法的同时，吸收了光影、空间、立体等西洋技法，使画面更加亮丽清新，晶莹剔透，收到了主次、虚实均佳的艺术效果。

功夫不负苦心人，梁业鸿经过十多年的艰苦探索，终于创作出了“梁家荷”系列作品，并在香港、广州、北京、澳门、台湾等地举办了十多次个展，出版了多本个人专集，还应邀去美国、日本、马来西亚等国家举办展览和进行艺术交流。其作品多被国内外艺术机构及收藏家珍藏。著名画家梁照堂评价梁业鸿：“心若梅莲高洁，笔如海阔吞云。”香港著名收藏家、云峰画廊创始人郭浩满先生称赞梁业鸿的作品：“一幅幅充满灵秀之气，潇洒豪放的笔墨，丰富多变的构图，别出心裁的表现手法……”

“接天莲叶无穷碧”，梁业鸿对荷花的创作与追求也是无穷无尽的。已到了耄耋之年的他，依然爱荷成痴，一幅以“初荷”“盛荷”“秋荷”“雨荷”四部分为主体的《百荷图》长卷已面世，并被广州市档案馆珍藏。他把好友赠给他的“荷痴”印章盖在每幅荷作上，以此自勉“愿写亭亭千万朵，甘为岭南画荷人”。

梁业鸿 / 莲之爱 / 2002年

梁业鸿，（1934—　），广东番禺人。中国美术家协会会员、广州市美术家协会副主席、广州市美术家协会老画家艺委会理事长、广州香雪书画社社长、高级美术师，长期在广州市文化部门从事美术创作及美术组织辅导、教学工作达40余年，获中国国学研究会授予对中国文艺30年繁荣与发展有特殊贡献的专家。作品在国内外享有盛名，有享誉国内外的“岭南荷痴”之称。画路宽广，尤以画荷花、梅花著称，其创作的荷花、梅花千姿百态、技巧娴熟、风格独特，将传统表现形式与现代岭南派“撞粉”技法联姻，配以双钩填色的工笔技法，绝技岭南，成就卓然。

郑爽：郑派版画　魅力四射

“接到了妹妹从家乡／寄来的／简洁而亲切的信”。郑爽常常为其画配上通俗有趣、简练明了的诗，诗情画意相得益彰，此情此意浓似醇茗。

郑爽之版画作品，画面鲜明，笔墨精到，可谓无一多余之笔，但常常是以小见大，意境深远，令观赏者遐思无限。她对版画的热爱如痴似醉，几乎到了“不管东南西北风，咬定版画不放松”之境界。

郑爽是我国著名版画家，广州美术学院教授，是我国著名书法家郑孝胥的曾孙女，也是清朝末代皇帝溥仪的外甥女，因此，人们也叫她“郑格格”。她的身份、她的气质、她的素养、她的学识，成就了她作品的高雅抒情，有装饰趣味，且与众不同。她的作品深受国内外人士好评，被公认是既有中国传统技法，又颇具现代品位的作品。

再读郑教授之版画，宛如读一首优美的抒情诗。那小猫、小狗、小羊……个个似小精灵般聪明可爱、温顺可人。那牡丹、百合、紫丁香、槟榔树……像雪花般洁白无瑕，似火般鲜艳动人，给人温馨、欢乐与幸福之感。她的代表作有《绣球花》《黑牡丹白牡丹》《后院》等，其中《黑牡丹白牡丹》获第六届全国美展银奖。这一幅幅语言精练、形象鲜明、富于想象的作品，无不洋溢着诗情画意。这难道不是画家深厚文化底蕴的沉淀与感情世界的流露吗？郑教授说：“我这个人感情是比较脆弱的，容易激动，容易快乐、忧伤，有时一件很小的事情就能影响我的情绪。”言为心声，诗乃感情之产物。画中有诗，诗中有画，也许，这正是郑教授作品魅力之所在。著名漫画家廖冰兄称：“一种‘郑派版画’已在我国画坛上被郑爽作品的魅力‘吸引’出来了。”

又读郑教授的作品，如嚼橄榄，越品越有味。她的作品大多选取身边熟悉的题材，如小花、小草、小动物，但它们总能给人带来一种愉快、一种安慰、一种美的享受，使人感到亲切温暖。也许这正是郑教授创作的源泉与动力。她说：“如果你的心情不好，看到它们能使你愉快；如果你的房间暗淡，挂上它们能使之增加一点生气。能做到这一点，我就很高兴了。”

在不少同行同事纷纷转行搞大山大水创作的情况下，她依然故我，坚信版画总有一天会受人喜爱的。她认为，在国外版画很流行，目前国内的室内装饰正朝西化发展，而版画的色调、肌理、造型、布局又很适合家庭居室的美化，因而版面一

郑爽 / 黑牡丹白牡丹 / 1984 年

定会受到越来越多人的喜爱。

郑教授还向笔者敞开自己的心扉：我愿意和人们分享这份美，所以我想努力地把我所看到的、感受到的表现出来。我选择了版画这个画种，这可能是我的偏爱，我喜欢它平板的、带有装饰性的美，这是一种古老的传统美，一种返璞归真的美。我认为版画的魅力正在于此。

听了郑教授一席话，赏读其一幅幅版画，心境为之豁然。诗乎？画乎？画有诗意，诗寓画中！也许，这正是郑派版画的魅力吧！

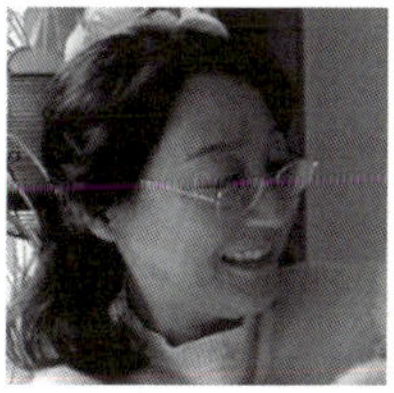

郑爽，(1936—　)，祖籍福建。著名版画家。曾任广州美术学院教授、中国美术家协会常务理事兼版画艺委会委员、广东省美术家协会副主席。

代表作有《绣球花》《黑牡丹白牡丹》《后院》《一瓶干花》。著有《郑爽版画选》《郑爽版画》，散文《猫的故事》《无悔的人生》等三篇入选《女画家散文》一书。曾在北京、广州、深圳、哈尔滨、兰州、香港、澳门、台北等地和英国、法国、日本、澳大利亚等国举办个展。

刘加振：朴素·真实·高雅

画家刘加振给人的印象：清瘦而朴实；画如其人，观其画，朴素、真实、高雅。

这种朴素、真实的艺术风格，来源于刘加振对生活、对大自然的热爱、追求与眷恋。他一有机会，就不辞劳苦地写生，采掇属于自己的俏丽。他认为，美妙的自然界蕴含着色彩斑斓、万千变幻的景致，而画家只有摄取了自然中的精髓才能获得艺术上的升华。笔者多次应邀拜读其作品，无论展示在国家机关的鸿篇巨制，还是山村的小景，作者都能在用笔的“意、力、韵、趣”上下功夫，即落笔时意在笔先，将自己的激情与意趣融入笔墨技巧中，并通过用笔的轻重、虚实、刚柔、方圆、徐疾、顿挫等变化，求得画面的统一与和谐。因此，其作品远看是景，近观入境，层次清晰，山峦叠嶂，使人如醉如痴。观其作品，仿佛身临其境。那风光无限，江山如画的画卷，给人们留下缕缕清纯而常新的回味。闻花香，听鸟鸣，人在烟雨画中行；看溪水，望山峰，如同人至仙境中。因此有不少专家观其画后评说：刘加振的画，笔墨磊落，境界深拓，色彩浓丽，情调健朗，充满了秀气、雄浑、夺目、大胆的气质。他的大幅作品有气魄，设色夸张，喜用炽热对比，雄浑而又细腻，往往能一下把你的视线抢过去，要在他的画前停留驻足。

看其作品《苍山如海》，那贯穿南北的雄奇秀翠山脉，令你胸襟为之开阔；看其《残阳如血》，那博大恢弘的壮丽场景扑面而来，不由使我们内心升腾起一种深沉的历史自豪感；还有那《层林尽染》《群峰竞秀》《江山如此多娇》《鹰击长空》……无不异彩纷呈，颇有匠心独具的奇险与大胆。

这些作品的风格是朴素的、具象的，但也夹杂着抽象的色彩，往往以类似焦点透视的构图，交织着浓墨原色进行表现。从技法上看，勾、填、晕、染俱全，功夫十分纯熟。

透过那流畅的线条，潇洒的墨痕色块，我们看到了交融在画中的艺术思想火花。他的谦虚与朴实，使其作品愈加力劲气厚，雄健深雅，绝无虚娇之意。

言谈之间，刘加振还拿出其一幅幅表现南国风景的小品，逸笔余兴，色彩淋漓，满纸情愫，百态横生！

刘加振 / 不废江河万古流 / 2010年

刘加振，（1938— ），广东潮阳人。曾任广州美术馆常务副馆长、广东省美术家协会会员、广州市美术家协会理事、广州市山水画研究会常务理事。作品多次入选国内外美展并为博物馆收藏，并多次举办个人画展。出版有《刘加振画集》。其个人小传编入《国际现代书画篆刻家大辞典》，并获“中国当代知名艺术家”“世界铜奖艺术家”等称号。

庞泰嵩：独创“拖墨带水”见笔云

云烟缭绕，景象万千，好一派美轮美奂的云中王国。那烟波云海，苍山邈邈，撩醉舒心赏画人。此乃军中画家庞泰嵩独创之“拖墨带水”见笔云也。对此，杨之光教授曾称赞它是“天下第一云”。

庞泰嵩，1964年毕业于广州美术学院，后来穿上军装，飞翔于蓝天碧海……他执着追求，数十年来专攻山水，擅长云海激浪。其独辟蹊径的“见云笔”，难度极高，描绘技巧独特，大大丰富了云的表现力。其笔下的云兼有力度、厚度、深度，又充满一种向上的张力，完全不同于前人用淡墨慢慢烘染的画云方法。

追问其奥秘？庞说：“我是空军，故对云海有感情。云，变化无穷，给人以丰富的想象，又给山川增添了艺术美感。我要将自己观察到的云海变幻，真实地表现出来。然而，在古人那儿找不到答案，在岭南画派的画法中也难以找到满意答案，唯有自己在画法上做些尝试与探索。经过不懈努力，我终于找到了一种‘拖墨带水’手法去表现翻滚不停的云海。”这种水墨交融的“拖墨带水”法，使云的变化丰富了，节奏感也增强了。由水墨拖出来的“见笔云”，见笔又见形，浓淡又交融，虚实又掩映，使其山水画有情有景，情景交融。因此，读庞泰嵩的山水画，那独特、明快且雄迈壮观如史诗般的画面，着实令人倾心和神往，久久观赏，遐想不止。当你置身其境，在苍茫起伏的动态和质感中，你会惊叹，画家以笔为刷，在墨色烘托渲染下，泉声、风声、雨声可闻，山石、亭屋、草木能抚，湿笔淋漓的艺术效果鲜活丰润。

庞泰嵩不失为有情有感的山水画高手。读其画也，山高水长，壑幽泉冷，烟景万状。其气势、其动感，常令观者激荡而共鸣。真乎，虚乎，艺术境界之美形成乎，艺术家与欣赏者心之相通，外者而不可察也。其妙处，只可意会，不可言传也。

再读其画，笔墨润道，色彩丰腴，神韵飞动，笔线黑块构成具象，极尽情趣、谐趣、意趣，乃雅俗共赏也。画面充满生机，山水则红树青山、碧水野村、白云人家；云海则洁如雪花，宛如山舞银蛇，气象万千。

近期庞泰嵩潜心研读佛学、哲学，追求“天人合一”，雅俗共赏，期望读者诸君赏读其画作时不但入情入诗入意更入禅。好画总是意味深长。因此，读其画，若醍醐灌顶，神法气爽，此为心理之美学享受也！

庞泰嵩 / 溪山春晓 / 2008年

对此评述，庞泰嵩说："现在多元化的艺术格局，需要各方面丰富的创作语言，我的'见笔云'虽然有自己的独特风格，但是我曾尝试用些新媒体，但终究不如笔墨宣纸用起来顺手，这些东西的性能尚有文章可做。现在，我只有踏踏实实、认认真真画好每张画，让我'拖墨带水'的山水画发扬光大，开宗立派，这是我的追求。"

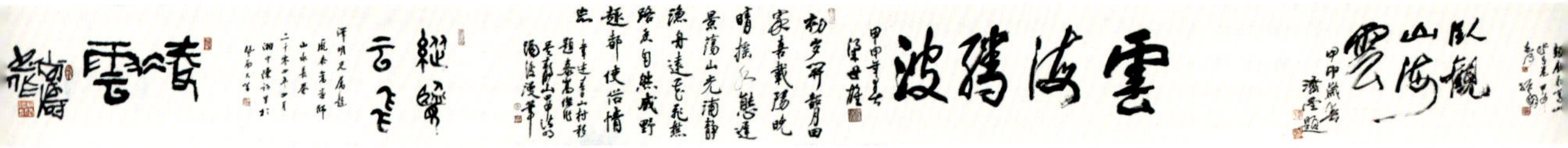
雲海騰波

庞泰嵩 / 天下第一云 / 2008年

庞泰嵩 / 天下第一云（局部）

庞泰嵩，（1938— ），广西玉林人。中国美术家协会会员、国家一级美术师、广东省美术家协会理事、广州军区空军政治部创作室创作员。代表作品《机场之夜》《南南晨曲》《上下俯仰皆天地》分别入选第六、第七届全国美展。在当代中国山水画家中，作为一位以画云见长的画家，已蜚声海内外。著名国画家关山月称赞他的作品“水墨淋漓，放得开，收得住，有生活，有气势”。作品多次参加全国美术大展，1990年夏，作品《激流》在日本参加中日美术交流展览评比时获得金奖；1991年秋，作品《云海山岫》在台湾参加中国名画画家作品展时获一等奖。作品曾在瑞典、德国、比利时、加拿大、日本等国以及中国香港、澳门、台湾等地展出。

郝鹤君：质朴、清隽、亮丽

细细品读郝鹤君教授之山山水水，概而言之，质朴、清隽、亮丽是也。

郝教授绘画山水积数十年之经验，功力深厚，笔墨多变，既可勾勒皴，也可泼渲染；而肌理新法，特有效果，亦多采用。其作品既有传统又有现代，中西绘画艺术表现形式相互融合，交替使用，视内容形式而定。其用笔用墨，自有量度，灵活运用。其山之巍巍，水之滔滔，糅和了画家的审美情感，并具有蓬勃的生气和强烈的生命力。画中的千山万壑风起云涌，树木飕然欲动，欣欣向荣；而湍飞溪流，亦作响琮琴鸣，犹如桃花源外，非同凡间也。毫端遣来，风云泉水尽至，山石、树木尽被点化。

值得一提的是，郝教授能做到活则灵，灵则变，变则传神矣。尤其是其在台湾写生期间惊叹："我终于发现了台湾山水画的基调：鲜艳、明亮！"于是画家灵活运用颜色，石青、石绿、花青、淡绿用得尤妙，使青山绿水皆活了起来，显其春秋之色，令人在这尺幅间感受到时间的无极、空间的无垠。我想，也许这是画家在构图、用笔、用墨、用色上糅合自己的艺术特色，以更新的表现手法变革旧有的形式，去描绘他自己风格的山水。难怪，广州美院原国画系主任陈振国教授说："郝鹤君先生应邀赴台湾写生，作画40多幅，他给台湾画坛带去了一份真正有意义的厚礼，他自己也经历了一次面对宝岛鲜活的人文景观的艺术实践，带回了一批一改往日风貌，格外质朴、清隽、亮丽，翩然有君子之风的新作。"

《月光草坪》，画家大胆采用散点透视、以大观小的方法，把高于教堂的树压低，突出教堂的庄严、肃穆、与天相接的气势；同时，把教堂画成正面的，像两手合掌向天祈祷，两边对称，表达肃穆、崇高的印象。在色彩的处理上，画家整幅用冷色调，教堂两边的墙既保留一些它的固有颜色，又适当地降冷了一些，力图表现月光的感觉。门内用了点黄色，既表达烛光，又与月光的颜色相呼应。

《红桧育苗场》，画家抓住育苗场所在山的特征，突出路旁待运的桧树苗一小袋一小袋排在路旁……这幅以一个角度为主，通过适当增减和变动"组装"而成。

《武陵农场》，作者分别以月夜、泉声、清溪、鸟鸣为主题，去描绘和表现武陵四景。看那武陵山庄之夜，笼罩在紫蓝色的春露之中，远山蓝中带紫，近处一排排壮美的台湾松树，远处重叠起伏的山峦，一湾溪水清澈见底，小鸟自由地飞翔，好一幅美丽的大自然画景！

郝鹤君
武陵夜色
1997 年

郝鹤君，（1938— ），山西人。广州美术学院中国画系教授、硕士研究生导师，中国美术家协会会员。1998 年举办“郝鹤君台湾写生展”。出版有《郝鹤君台湾写生集》《郝鹤君山水写生集》《郝鹤君山水画写生作品展》等。

卢有光：留连墨海最痴情

20多年前，卢有光就自赋七绝以言志："留连墨海最痴情，卅载临池愧未精。欲到巅峰无别径，再磨铁砚写兰亭。"

好一个痴情墨海的卢有光，他以其痴情，挥就一手刚劲秀丽、功力深厚、个性鲜明的"卢体"书法；他以其痴情，精通了楷、行、草、隶、篆各体，被誉为"千手观音"；他以其痴情，蜚声海内外。有位日本书法爱好者观看其展品后，由衷地发出赞叹："书法到底还是中国人行！"

卢有光出身肇庆书香门第，自幼喜欢书法，遍临名家法帖。在肇庆初中毕业之后，前往省城深造。离开学校又从教，教学之余苦练艺，博取众家之长，然后另辟蹊径，自成一家。

说实在的，"卢体"书法是笔者最为熟悉的字体之一，在广州，有不少招牌均出自卢有光之手，如"采芝林""中国南方人才市场""北秀大厦"……大街小巷，大字小字，只要是出自卢有光之手，就是不落款也能让人辨出"卢体"书法。观其字，其笔画粗细枯湿，字体大小疏密配置适当，其力度如铁画银钩，其气度似行云流水，笔随意转，一气呵成。他的书法常以篆隶、北魏笔法入行书，故行笔信步，蝇头小楷，擘窠榜书均能挥运自如。其书法千变万化，时而工整严谨，时而潇洒飘逸，时而苍劲雄伟，字体虽是多样，但又不失其"卢体"个性。难怪有专家称其草书，章法参差错落，跌宕有致，犹如一首优美的乐曲——抑扬顿挫，波澜壮阔。

"爱拼才会赢"，这是卢有光十多年前赠给笔者的宝墨。我看，也是卢老师的写照。卢老师曾不止一次地对笔者说："学书法的要诀是临古人碑帖，临帖要求做到'入帖'，即从'形似'入手，一直练到'神似'，基础不牢，浅尝辄止，不深刻掌握各家各派书法的用笔、结体、章法、神采等方面的精髓，就很难在日后加以融会贯通，创立自己的风格。"正因如此，他40多年刻苦临池，虚心求教，从未间断。他刻苦自学书法理论，遍临历代各体著名碑帖，如晋王羲之行书，唐欧阳询、颜真卿楷书，怀素草书，汉《礼器碑》《史晨碑》，魏《张猛龙》《杨大眼》各碑帖，特别对《兰亭序》下了苦功。他临摹《兰亭序》已不下千遍，对帖中字形基本结构、基本笔画作了认真揣摩、研究，所以他的书法基础坚实深厚，既有传统的功底，又有"卢体"的自家个性。

然而，他始终还是认为，艺无止境。至今，他的书室还挂着胡根天老先生所

卢有光 / 咏兰 / 2001 年

题“逊庐”二字，用来自警。同时，他还自题对联“苦探书山求妙谛，留连墨海寄真情”以自勉。

看来，卢有光对书法艺术真是一往情深，痴情墨海求精艺！

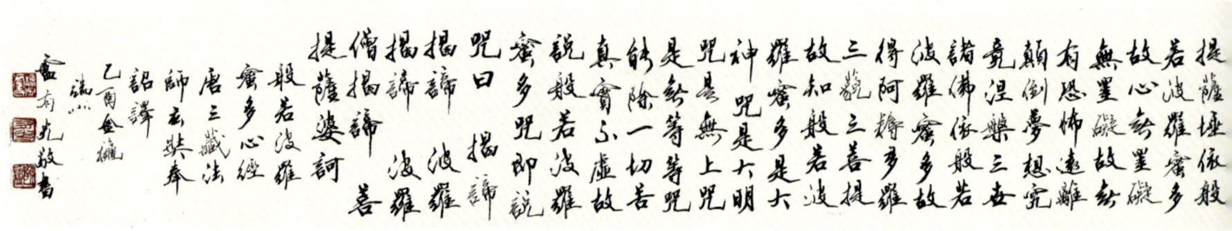

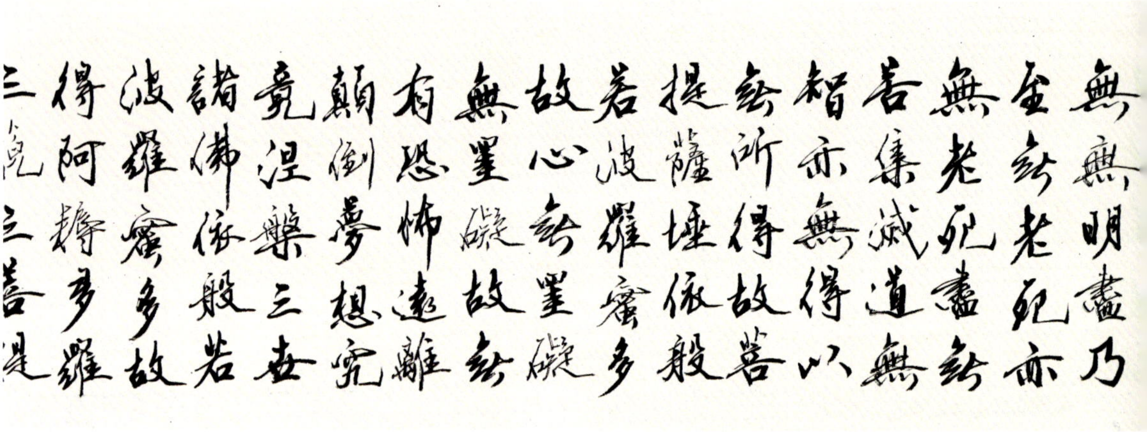

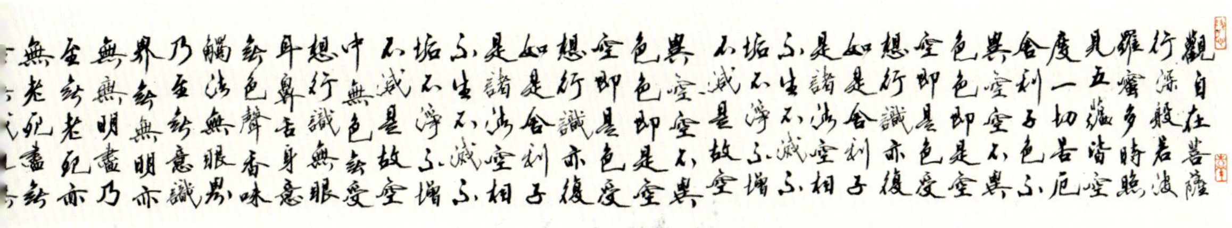

卢有光 / 心经（手卷）/ 2005 年

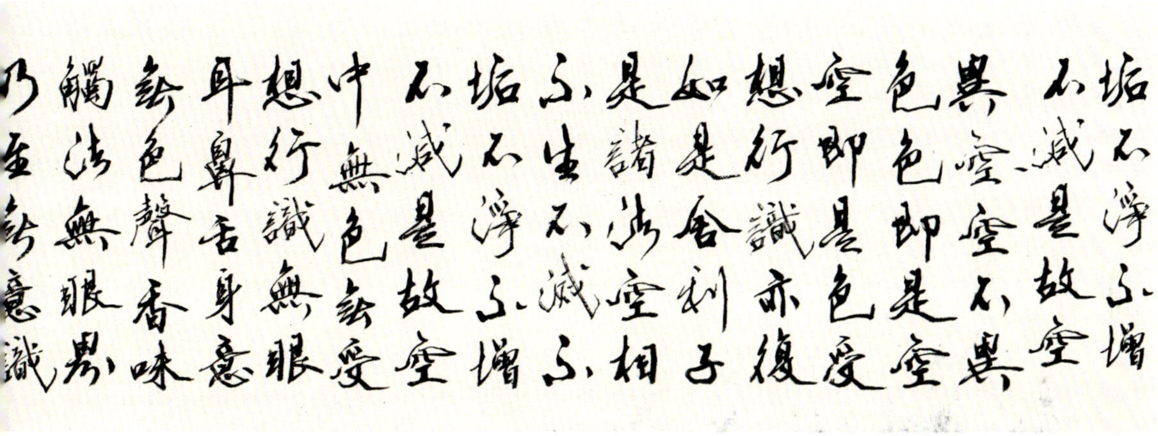

卢有光 / 心经（局部）

卢有光，(1938—)，广东肇庆人。曾任广东省书法家协会副主席、广州市书法家协会副主席、广州市文史研究馆副馆长、中国书法家协会会员。广东著名书法家，幼习书法及书法理论，遍临各体著名碑帖，书法基础深厚，兼擅楷、行、草、隶、篆各体，书法风格多样，个性鲜明。曾在国内外多次举办联展及个展。出版有《卢有光书法选集》《王羲之兰亭序书法入门》《卢有光楹联书法集》等二十几种书法专著。

尚涛：书画相长　堪称经典

高高的尚涛，大大的花鸟，拙拙的书法，乃尚涛先生为人为艺给我的印象。

尚涛为人认认真真、诚诚恳恳，不说过头话，不做虚伪事，对友人有几分真诚、几分侠气，既显学者风范，又似乎有些大智若愚。尚涛为艺认真苛刻，其对不满意之作，画了又撕，撕了又画，画画撕撕，为的是杜绝滥竽充数的作品出“家门”。

道家乎？禅家乎？儒家乎？有行家观尚涛之作品后，慨而叹之，叹而慨之，品位乎？学术也！

“你很注重作品的艺术性？追求艺术性是否会削弱其雅俗共赏性呢？”面对笔者直截了当的提问，尚涛说：“艺术性是所有画画人所追求的，但各自的学识修养及审美取向，就决定了自己的作品形象与面貌。至于能否被人接受，即作品的雅俗共赏，我的感受是，好的东西都会也应该会被人接受，当然这需要时间。例如，大艺术家梵高就不被当时社会所接受，死后才得到社会公认。其作品现被炒到天价，这当然与推荐和宣传有关，但主要还是他的作品艺术性高。八大山人、黄宾虹，开始喜欢他们的也是少数，如今喜欢他们的、学他们作品的人不少。我想，我今天追求作品的艺术性，是不会削弱其雅俗共赏性的，至少现在就有一些读者喜欢我的作品。”

“你会继续沿着自己这样的风格走下去吗？”笔者问。

“首先，我要求自己的作品要做到厚重、浑朴，有自己的个性。如果我的画单薄了、小气了，就是我把画画坏了。有人说我的作品大气，不是故意追求的，是自然流露。我追求的是把画画得厚重些，再厚重些，因为自己实在不喜欢小气的东西，往往笔墨灵巧过头会小气，小气的东西缺乏深度。至于作品的风格，大的路子不会变，但小的也许会，我自己一直在不断地学习、探求，力图有创新、有新突破。”

“你认为你的作品能否流传下去？面对艺术与市场，你是如何抉择的？”

“我会尽自己的努力。至于能否流传下去，那就听天由命了。我的观点是能传下去的作品一定是艺术家画出了自己的真性情，这是我目前的认识，我正朝这一方向努力。至于艺术与市场，我认为，艺术与市场是矛盾的，又有其统一性。作为一个艺术家，若一味追求市场，一味钻进钱眼儿里，那也无法搞好艺术。我重视

尚涛
自在
年份不详

艺术，但不反对艺术市场化。艺术与市场永远不能画上等号，但能坚持作品的艺术性，让好的作品走向市场，这是艺术家经常碰到并需要解决的课题。”

“你对中国画的发展态势如何评述？是否要与国际接轨？”

“中国画有相当长一段时间受西方艺术的影响。如岭南画派是较早追求变法的，他们提出的口号是：折中中西，融化今古。像高剑父、林风眠、徐悲鸿等受西方艺术影响较大：林风眠吸收西方直观的思维，徐悲鸿引进西方素描写实技巧等，使中国画发生了较大变化。改革开放后，艺术出现两种发展形势，一种是强调吸收西洋画的色彩、构图，以及观察事物的眼光；另一种是回归中国传统。我偏向后者，因为艺术是有民族性的。这点在我多次出访欧美国家后感受很深，这些国家的博物馆都有自己鲜明的民族印记。有些人认为国画要与国际接轨。我觉得艺术要有自己的民族特色，优秀的作品是民族的艺术。中国的艺术是传统的艺术，接轨要有民族特色，否则，人家搞行为艺术什么的，我们也跟着来，这不是接轨，是跟在别人的屁股后头走。艺术的发展是艺术家自己的感知能力与鉴别能力的综合体现。现在，中国许许多多的艺术家都在探索艺术的发展，希望自己能推进这一发展。我也在做，成功与否，要看自己的才能、学养、造化乃至机遇，但我愿去尝一尝，做一做，试一试。”

“如今，大师们相继走了，你认为中国画会出现人才断层吗？你本人在艺术上受哪些前人的影响？”

“‘江山代有才人出，各领风骚数百年’，从齐白石到潘天寿、林风眠等才几十年，不用上百年，有不少新人出现了。在艺术上，我受八大山人、吴昌硕、齐白石、潘天寿、李可染、李苦禅影响最大。我喜欢他们作品的不同方面：八大山人格调清新、意境高远，尤其佩服他前无古人的独创性与高超的艺术修养及敏锐的眼光，创造了一种全新的艺术；吴昌硕画起画来有一种自由又不松散，雄浑豪放的文化气息；齐白石有一种天性的反应，无论画铁拐李，还是画青蛙、小草等，都反映其率真天性；李可染艺术上的成功在于他理论的成功，及其极强的艺术思辨能力，因此其作品有深度、有品位。在这些大师中，我尤其受李可染、李苦禅两位老师影响最大。记得上第一堂课时，李可染老师就强调书法的重要性，于是，我狠下功夫，学好书法，对今天我的中国画创作极有帮助。实践证明，书法也是绘画，是形式主义的绘画，在形式上与绘画相通。如画一块石头、一棵树，都受到书法的影响，其中有书法修养的支撑。”

的确，我们从尚涛的作品中可以看出，那弯曲而富韧性的线条，那饱含石鼓文韵味的题跋，那大大气气、浓浓重重的焦墨宿墨……无一不是线条加线条，线条叠线条，这线条让艺术生辉，让艺术灿烂！这也许是尚涛的艺术灵魂之所在，也是他的艺术走向辉煌之所在！

尚涛 / 北冥有鱼 / 年份不详

尚涛，(1938—)，北京人。国画家、书法家。曾任广州美院国画系教授、书法研究生导师。后任广东画院专业画家、中国美术家协会会员、中国书法家协会理事、广东省美术家协会常务理事、政协广东省委员、广东省文史馆馆员、广东十大名画家之一、国家一级美术师。其作品获得全国第六届、第七届、第八届美展展览会奖，第九届美展铜奖。并先后在加拿大多伦多、美国旧金山等地举办了尚涛水墨画作品展。

吴盛源：乡土情深　宏美壮阔

有幸认识画家吴盛源，是在一次画展上，双方互换名片，发现是“自己人”，显得格外亲热。之后不久，据说打电话找不到我，他就交代其亲戚送一本大山水画册到寒舍。

我打开画册，眼前一亮，说实在的，比起时下一些名家还有许多东西可看，如功力技巧、笔墨火候……令我折服，也使我更进一层地对岭南画派的山水艺术多了一些理解。

吴盛源乃广东潮阳人，1960年进广州美院中国画系专攻山水画，受业于岭南画派代表关山月、黎雄才等大家。他于20世纪80年代移居香港，或许是香港的繁华与快节奏不适合其从事山水画创作，后来常返潮阳老家静心作画。我第二次见他是在僻远的潮汕小镇，观其作画，读其作品，品赏那浓浓的功夫茶，乐也融融。

读吴盛源之山水画，我深为其邃密浓厚、酣畅淋漓之画风所触动。尤其是，他在画家乡景物时，不仅充满了灵感，视野宽阔，角度灵活，布局新颖，而且笔墨纵横恣肆，收放自如，毫无硬板之气。应该说是那些熟悉的田园景物唤起了画家全部的创造力，因而产生自觉和信心，下笔若有神助。倘若不是画家有对生活极大的热情和十分深厚的艺术功底，怎能画出这风格独到、气势宏阔、情景交融的精品来？他笔下的南国水乡如《溪桥秋高》《春晓》《春染农家》等，洋溢着一派宁静安谧的诗意；《春风》《绿雨》《夏日》《春暖山园》等，又是一种热烈缤纷、生机蓬勃的画面；《秋声》《皓月》《归榷图》《古木秋水》等，又画得苍劲厚重，寓意深刻，似借景物以喻人生，笔繁意密，反复勾皴，层层深厚，中间点缀村景秋树，繁而不乱，显出画家功力深厚，统领全局的本领。他的作品《金秋》《平畴晚归》入选第九届全国美展；作品《练江晚泊》入选中国美协主办的中国诗书画大展览并被评为优秀奖。

吴盛源的水墨山水，其构图饱满，墨彩华滋，一派生机盎然的田园风光。他的山水画以浓郁深刻的乡土情结、宏美壮阔的画面场景、浓密厚重的笔墨语言、墨彩相辉的岭南特征，逐渐地形成一家风格。值得一赞的是，他笔下的古树榕荫、乡村小路、池边桑麻、塘边老屋、归舟唱晚、江上帆影……是那么的撩人思绪，充满诗情画意，又是那么的宏美壮阔！

吴盛源
晚凉图
2001 年

吴盛源，(1938—)，笔名云山，出生于广东省潮阳县芦溪乡。中学时，跟岭东名家陈世霖学画，1960 年考入广州美术学院国画系，师从黎雄才、关山月、卢振寰、陈金章、梁世雄、刘济荣、李国华诸先生。1965 年毕业。毕业后在广州从事美术教学工作，教学之余坚持山水画的研究和创作。数十年来足迹遍及大江南北、名山大川，而后致力于乡土风情作品的探索和创作，并取得一定的成就。

连家生：笔墨情牵中国心

“尺纸风流鉴古今，方圆转折意何深。天涯到处交知己，笔墨情牵中国心。”澳门书法家协会主席连家生以此为座右铭。

连家生先生幼承庭训，嗜书道，诸体擅长，楷书匀整端严，隶书瘦骨奇拙，行书笔意纵横，作品多次参加祖国内地和港、澳、台地区，及日本、新加坡、美国、葡萄牙等国举办的各种书法展览。连家生对书论颇有研究并喜作诗，著有《连家生论书绝句》《颜筋柳骨浅说》《书法的俗气》等书。他于1989年创办了澳门第一个书法团体——澳门艺林书法学会；1996年组织创办澳门书法家协会，并领导两会频频开展研讨和交流活动，取得令人瞩目的艺术成就。他学古而不泥古，师众而独技。他认真扎实的书法基础，系统全面的书法理论，多才多艺博闻强识的才能，挥洒自如、典雅灵秀的艺术风格，在书坛享有盛誉。他有着开放的文化眼光，为弘扬祖国书法艺术身体力行，以个展、联展、讲学和访问等方式奔波于祖国内地与澳门之间……

连家生走遍海内外，走遍祖国大江南北，许许多多名胜古迹都留有他的墨迹碑刻。他饱览历代碑帖，走上雅俗共享的道路，认为书法用笔结字要古、要拙，而楷行草书要美、要劲、要放，主张布局以书入书，敢于在形式上创新。但在创新的道路上，他又坚持不离开传统，窥其自撰联便可知一二——“创新先必识传统、立异亦须知众长”。连家生求学进取的观点是：要与时俱进，不断提高。他认为任何站在原地踏步或步伐缓慢地前进而去讥笑落后者的人，都会随时被人家抛在后头的。

观连家生作品，足见其各体书法的传统功力之深厚。其楷书集欧、颜、柳于一体，端正中并不呆板，平稳中也见险奇，其行书气势磅礴。有专家评其用笔的沉实，即使是在一字之中属于次要位置的笔法，也绝无浮飘轻佻之态，笔力都要送到家，在字的结体上“违而不犯，和而不同”，“其谋篇布局，统视连行，又有相承起复的内涵，气韵贯通，联属映带，浑然妙成”。连家生近期的作品，更以画的布局入书法，形式感强，隶书古瘦奇拙，融入张迁、礼器、诸碑，又参二王用笔，其拟《好大王碑》书写的作品，更体现了童真之趣，可见其之北碑功力。

当笔者问及连先生多年来致力于各体书法创作、书法教育、书论研究、诗律训练以及书艺交流的诸多付出，疲累与否时，连先生的回答是：“一个人最痛苦的是去做自己不愿意做的事。如果一个人去做自己愿意做的事，则虽辛苦却也开心。”可见他对艺术的痴迷已入骨髓了！

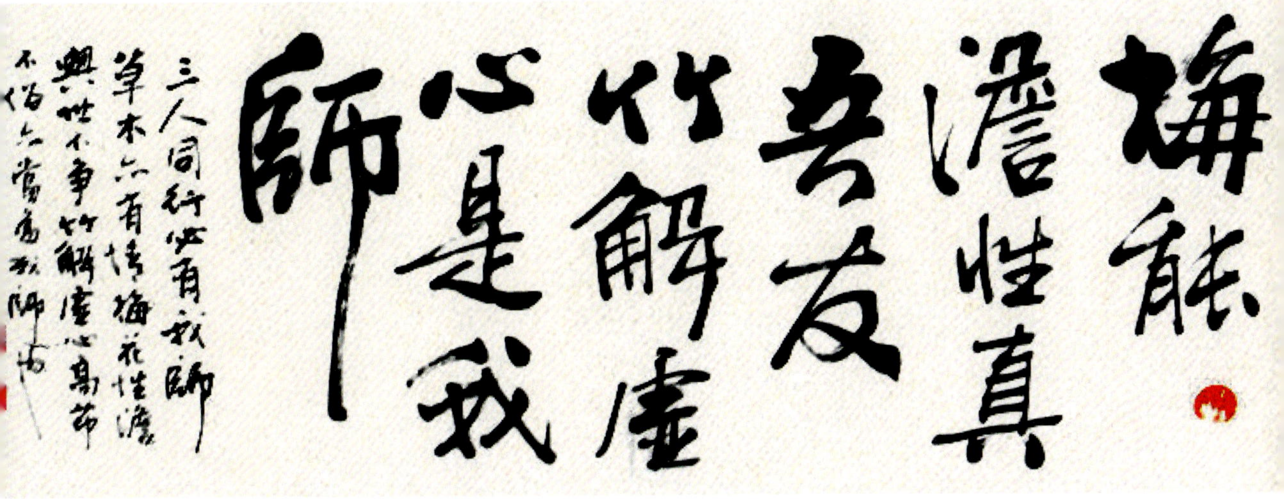

连家生 / 书法 / 2006 年

连家生，(1939—)，广东潮阳人。书法家。现为澳门书法家协会主席、中国书法家协会会员、中国书法家协会培训中心教授、中国剑光书画院名誉院长、中国书画印研究院专家委员、中国书画名家网艺委会顾问等地。幼承庭训嗜书道，学书 30 年，工诸体等地。作品入选澳门历届美术作品展览及在中国广州、佛山、珠海、中山、香港等地，以及日本、新加坡等国举办的多种书法展览。先后于 1989 年创办了澳门第一个纯书法的团体——澳门艺林书法学会，1996 年组织创办澳门书法家协会。2000 年在台湾荣获“第八届中华文化艺术薪传奖”之“中华书艺奖”。出版有《连家生作品集》《连家生书法》《白水轩自书诗一百首》《连家生系列业书》等。

林墉、林丰俗：
从潮汕平原走来的岭南“二林”

“二林”者，乃林墉、林丰俗也。这两位先生同是当今岭南画坛的领军级人物，同是广州美院毕业，又同是潮汕平原走出来的当今广东画坛十大名家之一。

从作品上看，林墉先生所表现的是滚滚红尘的美女，且作品很“入世”，颇有中国传统的儒家思想。而林丰俗先生则是表现农业社会安静平和的乡村山水，作品有着陶渊明式的“出世”，有着中国传统的道家思想。他们俩所表现出的一冷一热，形成鲜明对比。

从为人上看，他俩又恰恰相反，林墉先生有着道家思想，什么都放得开，天马行空，独来独往，来去自如，潇潇洒洒，从从容容，好一派雍容自在的大气度。而丰俗先生则有着儒家思想，大事小事都管，面面俱到，面面俱全，家里缺盐少米，他一清二楚；为人处事低调，往往求平和，以退为进，不主动介入一切社会活动。

曾为中国美协副主席、广东省美协主席的林墉先生主攻人物，兼花鸟、山水。他以其少有的聪明、才智与勇气，率先在人物画方面革新，以唯美的理想、淋漓尽致的笔墨占据当今岭南水墨人物画的高峰。

早在20世纪七八十年代，先生以她的现实生活的人物写生作品，形成了独特且富有挑战性的个人风格而震撼画坛。林墉笔下的人物，或妩媚，或纤丽，或轻俏，或甜蜜，或深沉，或壮丽，或痛苦……尤其是，先生所画的美女，写实逼真，令人看后如饮甘泉，十分过瘾。那美得出神的眉眼，那美得撩人的身躯，还有那美得洋洋气气的异域味道，真是“美死人”了，实在是挡不住的诱惑。还是先生说得好说得妙，“倘画画不美，画她干吗？至于别人画不美，那不管，我来画，就画美，美她一辈子。”

林墉先生笔下的山水，似山非山，似水非水，雄奇而有霸气，无论草貌山形，还是石势水韵，都是奇奇的，怪怪的，个中有传统的血脉又有现代的气息，有物与我的结合，形与神的结合。时见苍茫，时有大山大水之魂，时有非山非水的绮丽，时有书卷之气的溢流，时有融古铸今纳西之法度。时下，先生的作品更多地注入了油画般浓浓厚厚重重的色彩，给人以震撼与力量。也许，这正是艺术家一种品质的追求，一种境界的营造，一种性情的表露，一种大家风范的流溢，一种“人化”了的山水。

有一次画展，先生边介绍边对我们说：“你们仔仔细细地看我的山水画，找找

林墉 / 我只笑笑 / 2001 年

里面有书法。”我们抬头细看，里面果真可见书法痕迹，先生笑着说：“这是我字写坏了，留下来画画用。”我接着说：“这可以防伪呀。”引发大家哄堂大笑。

林墉先生才华横溢，思维敏捷，所写之短文文采飞扬，妙语连珠，风格独特，味道隽永，如《林墉奇谈》《大珠小珠集》《坐井集》《南蛮语画》……这仅仅是笔者所知的一小部分。其画集也是一本接一本地出，如《巴基斯坦写生》《林墉画选》《林墉插图选》《林墉速写》……

林墉先生襟怀豁达，谈锋甚健，总流露出一种独特的风采，也诙谐也幽默也快乐也苦闷也洒脱也执着也狂躁也庄严也鬼马也侠义也憨厚也刻薄也轻俏也清丽也深沉也浑厚……这才是真真正正、地地道道、活活脱脱的林墉，一个令人忍俊不禁，让人一见难忘的林墉。不信？你找他去！

丰俗先生为艺严谨，擅长以小见大。其作品常常是取材岭南地区最为常见的小景，并从生活的真实转换成艺术的真实。他以其敏捷的感悟和独特的构思，摒弃了所有流行的、模式化的名山大川的造作之态和种种矫情的粉饰，把岭南景物上升到极具概括的形，形成了有自己风格的岭南山水画。

林墉，(1942—)，广东潮州人。国画家。曾任中国美术家协会副主席、广东省文联副主席、广东省美术家协会主席、广东画院副院长、中国国家画院院务委员、广州美术学院院外教授等，国家一级美术师，享受国务院特殊津贴专家。擅人物，又及花鸟、山水，兼擅文论及插图，风格潇洒、清新、明丽。出版画集和文集有《林墉作品集》《林墉插图选》《林墉速写选》《访问巴基斯坦画集》《梦之女》《林墉国画作品选辑》《林墉国画小品选》《当代中国美术家——林墉画传》《林墉——霸悍的恣丽》《再画印度》《南蛮语画》《林墉奇谈》《梦话·人语》等共 40 余种。

林墉
禅师语意图
1986 年

我们常常从其作品中，找到一种似是而非，似远非远，似近非近，似俗非俗的“山水”。先生高就高在这种“似与不似”之间，因而入选广东当代十大名家。然而，先生为人处世，依然恳实低调，实在难得。“我想让我的作品去说话，在艺术追求中，得失在所难免。短处伴着长处而来，用美妙的词语掩饰不了缺点。何况，在艺术创作中，个人的特点便包含着长、短两个方面，世上事都如此，这雕虫小技又何足论哉。”这席谦逊的自述，使我们更深地了解了先生的宽阔胸襟和为人为艺实事求是的大家风范。

先生的得意门生张东说“名如其画”，丰俗老师的“俗”乃民俗，是朴实、厚道的东西，而且属丰富、浪漫主义型；作品来自民间、非工业文明的、乡间的、最深刻纯真的感受，他的艺术定位是具有当代文化意义的，代表着南方人的气质、精神和文化，代表作《木棉》《大地回春》《石谷新田》《公社假日》等，均是时代的写真，反映时代的精神。

丰俗先生有一方“未能免俗”的闲章，据说是出于他的名字而起的戏言，难道这不是他对艺术的执着追求的写照吗？！丰俗先生常说：“画法无雅俗，品味有高低。”雅俗之间并无明确鸿沟，化腐朽为神奇就在这一念之间。

丰俗先生为人师表，为艺为师，都是认认真真、踏踏实实、宽宽厚厚、和和气气，没有半点傲气霸气的矫揉造作。这不正是先生颇受世人称道、赞颂的原因吗？

林丰俗 / 大地回春 / 2002 年

林丰俗，(1939—)，广东潮安人。曾任广州美术学院教授、硕士研究生导师，中国美术家协会会员，美术家协会广东分会常务理事，广东省文联委员。擅国画。作品曾多次入选国内外重大展览，并在多种专业报刊上发表。代表作品有《公社假日》《石谷新田》《大地回春》《沃土》《木棉》等。出版有《林丰俗画选》《林丰俗画集》《林丰俗花鸟画集》。

汤集祥：画画任性　为人低调

汤集祥曾任广东画院副院长，我与其相识之后便常闯他的画室，看他画山画水画冲浪，画休闲的花鸟世界。

汤集祥无论画什么、怎么画，人们都不会诧异。几乎所有画种他都玩过，版画、油画、中国画、民间年画、剪纸、陶瓷……他也玩过雕塑，只是鲜为人知。至于风格，一年一小变，三年一大变。先是写实，后变形，甚至一只脚跨进半抽象、抽象，时硬时软，时直时歪，时正时斜，因此被人们戏称为“百变汤集祥”。许钦松说：“汤集祥多变，是一位艺术的大玩家”。

汤集祥画画一向任性，但记者见到他时，这次画山水倒有点收敛，先在宣纸上用木炭条打好稿，然后用浓墨画前景，逐次递减墨色画中景和远景，如不看他用笔，简直像画素描。他用笔中规中矩，垂直中锋勾线，似尖锥划沙，像虫蚀木，到块面时则卧笔如睡，但不是传统的斫劈，而是像刻木刻中使用的排线。大概是此种类似排线的处理，使整张画有一种动态的感觉。

虽然我是不择时地闯进他的画室，但见他画墙上未完成的画总是完整的。这实际上是西画素描的整体进行方法，画面上任何地方都是齐头并进，着色也是如此，先浓后淡，先暖后冷，先近后远，一步步一层层地递进。局部局部地完成，容易生发奇妙，有它的好看；全面全面地铺开，平稳俱到，也有它的好看。各人作画的习惯而已。

对比他变形半抽象的画来说，这批山水是比较写实写真了。这使我想起了毕加索，他一生都玩解构，但他也偶尔画了真实的写生画，在外行人看来，与他平日的作风判若两人。

圈里有人说，汤集祥其实最适合画山水，此说不知理由是什么？或许是他近期推出的“冲浪”系列让人动心，或许是他从欧美访问归来所创作的大山大水，叫人愕然……但以我看他这次大山水画的创作，的确玩得倒也轻松随意，至少他的山水可以更容易为人们所接受。他的花鸟画更是浓浓艳艳、鲜鲜活活，还配上桌桌椅椅，叫人可赏可坐，乐也悠悠。

汤集祥以他的本事完全可以画一些人们接受又容易出手的画，但他舍此求彼：只画少数人叫好、多数人莫明其妙的怪画，虽然这些怪画最后都有买主，但却失掉了一大批欣赏者。但他乐在其中，乐在变中。美术界有此看法：到某种程度的时

汤集祥 / 石破天惊 / 年份不详

候，画人们不喜欢的画比画人们喜欢的画更难。此中奥妙，所谓曲高和寡，只有圈中人才能体会。

好些年前，汤集祥画珠江水乡画的时候，曾有朋友问他，不会变了吗？他回答说，不会了吧。谁料画进去画出来又变了。人已70开外了，还那么累干吗，但他那多变的“机器”想停都停不下来。对这一问题，专家教授也有不同的看法，觉得老是这样做是否不自然？是否硬着来？是否符合艺术规律？虽然有些大画家的确老是在变，如大家知道的毕加索，有些大画家一生都不变，像摩尔。研究这个问题涉及太宽泛的领域，非本文所能谈明白的。但有一点是事实：变也能成大师，不变也能成大师。

汤集祥吃这碗画画的饭已有50余年了，既有苦劳也有功劳，至少在当今的画坛他已经站定了位置。但时空不停地在流动，虽然我们与古贤踏下去都是一条河，但今日的河已非昨日的河，今夜我们观看到的星空也并非就是明日的星空。那是没法子的事。

饭总是要吃，画总是要画。当我敲门进他的画室的时候，他常常手中握着画笔给我开门。当我起身告辞时，我也常常是一边回头看着他墙上的画，一边把门关上。

汤家山水正在进行中。

如今，他开始了逍遥生活，每年有几个月在澳洲度过。有一次，我被派到澳洲公干，巧遇了汤集祥。他乡逢故友，我们格外激动。澳洲的优美风景和人情世故，带给他很多绘画灵感和题材，他的画笔从未停过。

汤集祥 / 春江水暖图 / 2001 年

汤集祥，(1939—)，海南人。曾任广东画院副院长，现为中国美术家协会理事、一级美术师。擅长中国画，主攻山水。曾从事木版画、剪纸创作与研究，并涉猎了中国画、油画、连环画、雕塑、陶瓷等。油画《耕海》(合作)、中国画《旧中国一桩真事实》获第六届全国美展铜奖，《石破天惊》获第六届全国美展优秀奖并为中国美术馆收藏。

汤小铭：岭南油画的领军人物

画画画到最后是看才气、看灵气，也看功底、看文化，但才气高之人，永远高人一筹。难怪，行内有句话，画画大家都是这样画，但就是差一点。这一点，乃才气是也。

看看汤小铭之油画，感觉就是才气在作怪，才高八斗，灵气过人，画出来的画就是不一样。其下笔精确老到，几乎笔到韵到神到，精妙至极。其笔下，无论是人物，还是风景，都令赏识者惊叹：幅幅才气过人，灵气慑人，令人佩服。

小铭之油画，色彩的搭配恰到妙处，油与颜料的掌握很到位。画面充满生气，给人以灵性，又让人深感大气。哪怕是不起眼的小景物，平平凡凡的事物，在画家的笔下，都能以小见大，在平凡中见到不平凡，叫人睹物思情，找到精神之寄托。正如画家所言：“画画画什么不是问题，关键是能否画出闪光的东西，才是对画家的挑战。通俗而言，即用自己有限的火，去点燃别人的心，跟读者产生共鸣。”

画家善于借用肖像画题材来表达一个主题，如《永不休战》，作品以写实的手法、精谨的造型、沉稳的色调、娴熟的油画技巧，刻画了鲁迅这位中国新文化运动斗士形象，表现出鲁迅晚年身上那种不屈不挠的精神。画肖像不应纯粹画肖像，而要把它扩大，深化出主题，要善于在实践中总结，在偶然中认识到它的必然性。匠气不好，要匠心独运。

汤小铭凭着画画的才气，登上了广东省美协主席宝座。他说，当这个主席，好处是能居高临下超越宏观，思考不一样的问题。现在不当了，当回画家，那才是自己，自由自在的自己。

好一个自由潇洒、开朗豪放、大大咧咧的汤小铭，令人敬而佩之。

汤小铭 / 永不休战 / 1972 年

汤小铭，（1939— ），广西桂林人。曾任广东美术家协会主席，现为广东画院艺术顾问、中国美术家协会理事、中国油画学会理事、广东省文联名誉委员、广东省美术家协会学术委员会主席、广州美术学院院外教授、暨南大学兼职教授。擅长油画、中国画、连环画，兼及书法。作品有《永不休战》《女委员》《虎门民兵》等。《让智慧发光》获第五届全国美展三等奖，《孙中山先生》获第六届全国美展铜奖。

杜应强：悠闲·清新

当今画坛，齐白石画虾、徐悲鸿画马、黄胄画驴脍炙人口，独树一帜。而岭东名家杜应强以画榕树和牛作为其亮点，为社会公认和尊崇。

笔者慕名在汕头采访了他。时任汕头画院院长的杜应强，自幼酷爱绘画，擅长版画、国画和速写。其具有强烈南国乡土气息的水墨山水画，他创作的榕树与水牛，早在20世纪80年代就蜚声国内，走红东南亚。他追求宁静、淡泊、悠闲，其画朴实清新而富有诗情，意境深远。细细读之，如同喧嚣后的寂静，暴风雨后的晴空，令人舒畅怡情，给人以美的享受。尤其是杜应强的水墨系列作品《榕树与牛》，技法运用得更为纯熟到位，非常自然，不仅成功地以之表现了榕树的种种情态，而且体现了水墨画的肌里魅力。令人敬佩和惊叹的是，此画画得如此潇洒利落，把水墨画的表现力和独有技巧，推到一个新的完美的高度。有行家称赞，杜应强成功地运用了渍墨和宿墨的技法，摸索出一套很有特点的表现方法，使水墨画的面目又丰富了一层。

读杜应强的作品，令人佩服其对自然、生活和艺术的热情与执着追求，几十年如一日地在生活中追求美——美的题材、美的意境和美的表现。在他的作品里，观者感受到的是画家乡土田园般的恋情，是参天的古榕所揭示的历史沧桑，是作者的堂正磊落的人格。而那悠闲踱步的耕牛带来的是回归童年和远离喧嚣的希冀与憧憬，令人心旷神怡，宠辱皆忘。这难道不是画家选准切入点，把握驾驭笔墨所产生的效果吗？难道不是艺术所产生的魅力吗？

杜应强的画，有着可亲、可近、可行的永久魅力。他为画作注入了音乐感，让人仿佛触摸到一种具有生命气息的人性和人情，感到自由自在的呼吸和清爽袭人的空气，由此抚慰、熨帖、平伏人们烦躁不安的心绪；同时，又让人被迎面而来的强烈的自然之风所慑吸、骚动。画家成功地控制着墨的力度，引导着色彩对观者情绪的感染，把握住交错的线条韧性，展示出神秘的渍墨、宿墨的肌理。从而，组成一曲和谐的韵律，令人在观赏中感受到了不同的诗意美、意境美。可以这么说，杜应强不仅是一位玩笔墨行家，更是一位造境高手！

杜应强 / 冬阳 / 1993 年

杜应强，(1939—)，广东澄海人。当代著名画家。曾任汕头画院院长。擅长版画、国画和速写，画风浑厚、朴实、清丽、明快，富于诗情与乡土气息。作品多次参加全国展览，被选送至世界 20 多个国家展出。

赖征云：画风平实　作品优美

读一读，看一看画家赖征云之人物、风景油画，脑海总盘旋着一个字——美！宛若美神降临，惠福恩赐于民。

画家笔下的人物，美得出奇，美得出神，美得深沉，美得端庄，美得有内涵，美得令赏者有激情，美得令人会心畅心。爱美之心人皆有之，画家凭着这种美好的心灵，美好的心境，去塑造、去创作、去捕捉生活中活生生的美，让这份真诚、真挚的美永留人间，让这个世界永远充满着美。这样，人与人之间就不再会为了金钱、权力、欲望而尔虞我诈，钩心斗角，争个你输我赢，斗个你死我活了。假如真的这样，那该多美多好啊！我想，这也许正是画家之所愿吧！

正如画家所说，"我作画，确实是想表现一种普普通通的情趣，一份平平常常的心境。那种无病呻吟，或者荒诞变态的作品，我是不会欣赏的。因为是凡人，其内在思想与情感必不玄妙。我从来就认为，作画寻常事，哪能通鬼神？我要求自己作品的风格平实、自然、优美，贴近生活。'四时阳光看变幻，半间茅屋读沧桑'，谁都能读懂看明白，并且能一起与我欣赏生活中最为平凡的美，与我一起分享那份醉人的美。"这就是一种朴实、真挚的美，一种真情而令人向往的美，一种有滋有味的美，一种自自然然的美。

谁不爱美？！画家画人物追求的是美，画山水风景依然追求的是美。美的山，美的水，美的船儿，美的树儿，美的花儿……美得有色有彩，有变化，美得丰富，美得令人向往——那不是陶渊明的世外桃源吗？看之，令人心旷神怡，宠辱皆忘。"在我的风景画作品中，几乎看不到现代文明的痕迹，却热衷表现我熟悉的中国南方的乡间景色，偏爱并留恋一种能唤起我儿时回忆的东西：小桥流水人家，青砖碧瓦老屋，悦耳的乡音，隔林的鸡鸣……我追求和寻找那种只有在唐诗宋词中才能有的那份意境和美感。"看得出，听得到，画家追求的、寻找的，是一种不被污染的，一种原汁原味、原原始始的美。这种美在哪里——在画家心中，在读者心中，在大自然当中，只要人人都献出一点爱，这个世界就变得更加美好！

"自古以来，画画就是画家自己的情感寄托与情感释放。能让别人喜欢和欣赏你的东西，实在是对你额外的褒奖了。"赖征云说画家的话，充满激情，让人心潮澎湃；画家的画，宛若美神，给人以美的思索与遐想。

赖征云 / 白衣女孩 / 2008 年

赖征云，（1940— ），江西赣县人。广州画院专业画家、中国美术家协会会员，曾任广东油画会理事。擅长油画风景及油画人物肖像。作品曾六次入选全军、全国性大型画展。部分作品为国内外一些美术馆、画廊、收藏家所收藏。出版有《赖征云油画选》《赖征云油画集》《当代美术家艺术与生活》等。

欧广勇：朴拙雄浑　大气磅礴

“广到穷荒皆坦荡，勇于大敌更从容。”这是大收藏家张伯驹先生撰赠欧广勇的名联。

欧广勇，著名书法家，曾任广东省书协副主席。他的作品以其个性独特、朴拙雄浑、大气磅礴的书风傲立于当今广东书坛，并蜚声海内外。其自成一体的“欧体书法”，具有强烈的视觉冲击力、情绪感染力和尽得风流的艺术魅力，给赏识者以美的享受。

“从您的书法作品中，我们看到您的书法路子很宽，汉隶、魏碑、楷书、草书、甲骨文、金文、写经体都涉及，尤其是您的隶书更具有代表性。”笔者采访时说道。

欧广勇说，书法是需要基础的，它包括书内功及书外功。过去好多人说，写书法要有楷书基础，这是对的，但讲得不够全面，准确地说，应是正书的基础，其中包括篆书、隶书、楷书。因为从书法发展史看，楷书只在魏晋时才有，而秦汉时就没有楷书，秦汉时的书法基础只有秦篆和汉隶了。

“最近有些媒体报道，说书法要讲文化，这是对的，没有文化就没有书法。但只讲了一方面。书法家重要的另一方面要有书法内功——书法的系统知识，因而既要有广度又要有深度。不然，有文化的大学校长们草草写字都成书法家了。基于这种认识，我对篆、隶、楷、行、草这几种书法都去写、去练，但我选择隶书为主攻方向，用其他书体去丰富它、去完善它，让我的隶书融入汉碑与汉简、魏碑等因素。其实，书法也是功夫在书外，书法是在文化的土壤中长出的花朵，这个土壤若不深厚肥沃，好的花朵是长不出来的，或者长得不好的。人们评说王维的画中有诗，诗中有画，可以说，画中意境就是诗意，诗中的形象就是画的形象。但王维是通诗通画的，假如王维不懂诗，他的画中能有诗吗？反之亦然。书法的意境就是诗文的意境，有人误解书法写得有意境就是把画搬过来，书画凑合，这当然是行不通的。书法是抽象的艺术，其画意、诗意只可意会，不可言传，不能画蛇添足，所以书法写得深，就得要有诗文的修养。书法除了文化修养，还要有人的修养，中国书画讲的是人品修养，这是个好的传统，不能丢。”欧广勇说。

我们从欧广勇的书法中可以看到汉简的痕迹。

欧广勇先生肯定地说：“如果讲汉简，我在国内是较早学汉简的人之一。我最早的代表作是用汉简完成，20世纪70年代初送日本展览的作品，写的就是汉简体。

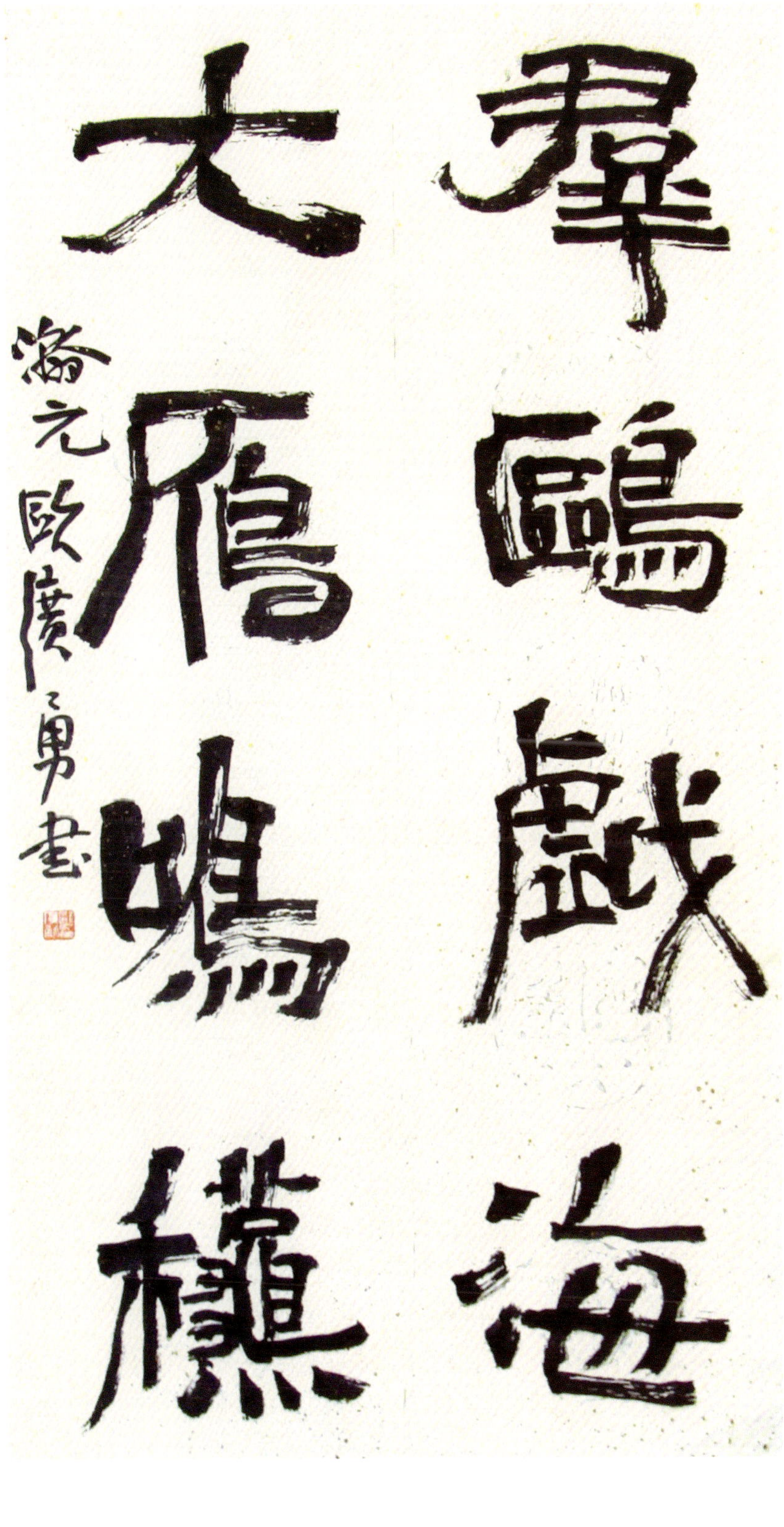

欧广勇
书法对联
年份不详

湖北书协主席原张昕若写了一帧书法‘南粤坠简’送我，这是专家对我的夸奖。早在20世纪70年代，我上北京请教启功先生时，他就要求我在写碑的同时写汉简。我遵照了，学汉简，也学汉碑，这对我后来的创作很有帮助。”

曾任上海书画院院长的程十发评价欧广勇先生的书风“以朴为美”。

艺术讲究真善美。朴，是朴实，是真，是自然的流露，不是哗众取宠。这方面，需要一个书法家具有相当的功夫及思想的认识。自己笨些，但以诚待人，喜欢有个性的东西，追求自自然然的东西。但光有个性、追求还不行，必须掌握书法的艺术语言，才能通过书法去表现个性。就像我没学过英语，就谈不上用英语去表达我的个性，更谈不上用英语去与人交流。有人误解，谁写字都可“书如其人”，不熟习书法的人是写不出“自己”的。对书法艺术掌握了，才能有“书如其人”。如今有些年轻人，学两三年书法就想用书法去表现个性，似乎大胆乱写、随意发挥就能表现个性，这是不对的，不能把缺点当个性。

“在艺术道路上，您受谁的影响最大？”面对笔者的提问，欧先生说，应该是受两方面的影响。一方面是古人的影响，即前人碑帖的影响，以汉碑、汉简影响最大，如《石门颂》《张迁碑》《鲜于璜碑》等；另一方面，是今人的影响，在广东省有吴子复、秦咢生、黎雄才、关山月等，在其他省有郑诵先、启功、程十发等。

有人说欧先生诗、书、画、印皆长，他谦逊地说：“这是对我的鼓励与夸奖。在我交往的朋友中，有人说我小楷写得好，也有人说我的画也画得好，诗也写得不错。但是，我自己有定位，还是以钻研隶书为主，其他则作为一种修养。这些修养也是必不可少的，相辅相成的，一个人不能恃傲，也不能自卑，对自己要有一个比较准确的定位。我喜欢一句话：‘一不为少’，即一样东西搞精搞好了，实已不易。‘一艺能精，国有光’，人生有限，精一样东西很难，当然精与博是统一的，其他的修养也是需要的。隶书与其他书体，书法和其他姐妹艺术都是互相有联系的。如书与画，世界通用讲画画，中国人喜欢讲写画，画是写出来的。评议中国画有谢赫的‘六法’，用‘六法’去要求书法也是可以的。练中国画也是练书法，反之亦然。所以写书法也等于练画。有人说我的书法内涵不错，有点画意，有点诗意，而我的画有点书法意，有点诗意。”

欧先生认为，书法家要走碑帖结合的道路，要在清代人“碑帖结合”的成就上继续走下去。他主张写书法的人要画中国画，画画之人要学书法。因为元、明以来，大画家都通书法，大书法家也皆懂画画。他的主张得到了中央美术学院教授、著名书法理论家邱振中的赞许，他说：“碑学现代进展的一个趋势，是与帖学某种程度的交融，但避开帖学的道路，始终在碑学规范内发掘新意，为另一思路，欧广勇即为这一类创作实践的代表者。”欧广勇最突出的特点是继承了“以书入画”“以文入画”的文人传统，笔墨线条均追求“老、重、拙、劲”的艺术风格，因此，他的书画里有一种极强的张力。

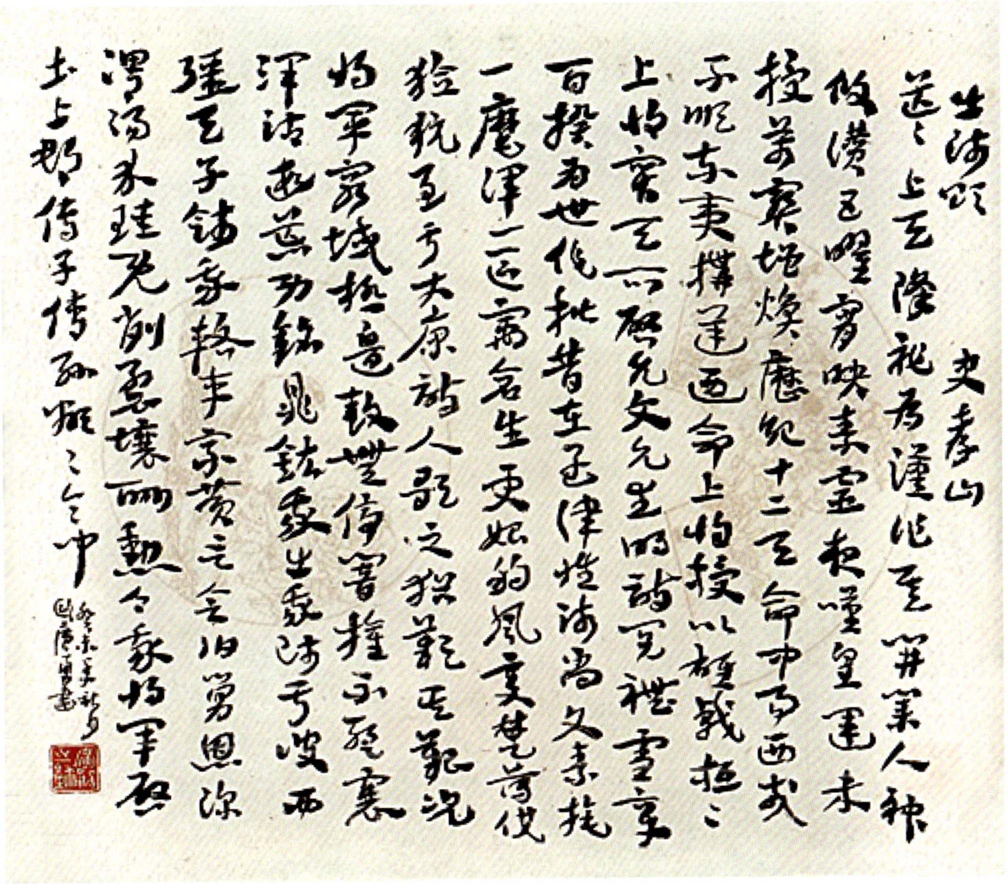

欧广勇 / 书法 / 年份不详

欧广勇，(1940—)，广东德庆人。书法家。现为中国书法家协会创作委员会委员、广东省书法家协会顾问、岭南书法篆刻艺术研究会会长、岭南诗社副秘书长。曾任中国书协理事、中国书协创作评审委员、全国中青年书展评委、华南文艺成人学院教授、《临池津梁》报主编等职。有《中国历代书艺概览》《欧广勇书法集》《广东省志·书法篆刻》《欧广勇翰墨撷英》等多种著作出版。作品数十次参加国内外重要展览。1988 年在北京中国美术馆举办个展并获得好评。两次获广东鲁迅文艺奖。

沈文江：一草一木总关情

广州画院工笔画家沈文江几十年如一日，始终坚持走雅俗共赏的工笔画创作道路，实践着“一草一木总关情”的工笔花鸟艺术，把自然界中的花鸟、野草、瓜秧……看成知己，精心绘制，因而，其笔下的作品，令读者大叹——美哉壮哉！观者大赞——工笔巨制！

笔者目睹沈氏之六尺见方、八尺见方等花鸟工笔巨画，那一幅《叠翠图》，画家足足伏案达九个月；那一幅《香雪飘香》，作者整整画了一年。还有那红艳高昂挺拔的鸡群《雄风》……这些作品堆金积玉，紧如绣球簇拥，栩栩如生，读罢令人赞叹。尤其是画家的爱业敬业乐业精神在岭南画家中可圈可点。大家知道，上了年纪的工笔画家几乎不爱画工笔画了，因为画工笔画既费时又费力。一张工笔花鸟画需要的时间太长了，从小稿、大稿到正稿，多时要半年以上才能完成。《洒金季节》一画，起稿于1992年，直到1996年才画成;《春风还绿》构思于1994年，到2001年才完成……“我不希望花那么多的时间完成的作品，让人看起来并无新意，不能动人。所以我着力在构思、构图和小稿上下功夫。”沈文江说。

画工笔难，能持之以恒更难，而画得脱俗气则更难，画好巨制工笔画更是难上加难。大凡工笔画家都有此感受，沈文江也不例外。他为了画好广州市花《红棉》不知花费了多少心血，修改了多少遍。据说仅大草图就推翻了八次。他说自己喜欢对创作中的作品进行冷处理，先冷冻再解冻之后，如果自己仍然能激动起来，就把它画出来。否则，连自己这一关都过不了，怎能过读者那一关呢？作为画家，如果对艺术没有追求，时间一久便会渐渐失去动力—有时看看自己画过的作品，设想再画一次，心里都畏难。但是一旦新搞一幅创作，却不知不觉画大了，画细密了，不知不觉中，一幅幅栩栩如生、美不胜收的工笔花鸟画诞生了！

一草一木总关情，作为一位工笔花鸟画家，沈文江深知，“花鸟画重情趣”，而情趣来自于自己用真情去感悟生活，因此他到花圃、到农村、到山区……捕捉鲜活的创作素材。尤其是每年的春节前，百花齐放，繁花似锦，处处是花的世界、花的海洋，沈文江会骑自行车连续几天沉浸在花海中。他看见屋前屋后、田头地边、花圃果园开着各色各样的花，路上运送着花，人们谈论着花，春天像是在花地里种出来并且送到全国各地似的。他的所见所闻所思，构成了一幅幅美丽动人的作品。他笔下的花鸟飞禽，无论巨屏还是尺幅，无不充满温馨的氛围。《红棉》写得多美

沈文江 / 待运 / 年份不详

多逼真啊！那红色花瓣的丝丝脉络，肥厚的肉叶上的点点露珠，配以刚劲有力的树枝树干显得多么与众不同。

值得一提的是，今年已七十多岁的沈文江，依然勤耕不辍，一幅工笔力作《蝶变》又将诞生。他这种精神与激情令人敬佩。在那艰巨得接近机械的劳作中，他构筑着一幅幅秀丽、清隽、祥和、宁静的春的气息、营造着对美好的向往，对幸福的祈祷，让人在美好的境界中得到启迪。

我陶醉在沈文江奉献给人们的一片花的世界、鸟的天堂、诗般的田园的浪漫中，精神得到慰藉，心灵得到净化。

沈文江，（1941— ），广东人。1960年进入湖北艺术学院国画系花鸟专业学习。1965年先后在沈阳美术公司、广州美术工作室工作。曾任广州画院专业画家、一级美术师。擅长中国画。作品《神女应无恙、当惊世界殊》入选纪念毛主席诞辰85周年美展；《春》入选全国首届花鸟画展；《红蜻蜓，蓝蜻蜓》获第二届全国花鸟画展览优秀奖；《山上人家》入选中国画三百家展览。出版有《沈文江画集》等。

陈政明：恬适柔情　笔底常春

久闻汕头有位画家的画画得挺好的，这位画家就是汕头画院副院长、汕头中国画院院长陈政明。

有一次，到汕头出差，我们依约到陈政明家，单门独院的别墅，真够气派。这位精明而有智慧的画家，举止儒雅，彬彬有礼地接待我们。我们谈得不多，因为他正忙着出版一本画集，但感觉又一次告诉我，他是一位不露圭角的智者。他搬了些画册给我们看，看他的画多了，思索也就多了，尤其是画中浓浓的文人味，甜甜的少女情……

他的人物画生动、自然、洒脱，闪现着一种以情感人的艺术魅力。观其作品《月移花影动》和《晨露》，颇为吸引人。前者表现夜色，却不直接勾出月亮，只画遍地洒银的月色；不具体画出花木，只画若隐若现浮动不定的花影，将那位亭亭玉立，手执团扇，似有所盼的少女形象和夏夜那种特有的静谧和幽暗莫测的美烘托得淋漓尽致。后者表现晨景，首先映入眼帘的是一片雾烟袅袅、水气淋淋的荷塘盛景，空气里飘荡着清香，荷叶上闪烁着露珠。一位仪态万千的仕女置身在花丛深处，不知她是忙于采撷还是触景生情，整幅画物我一体，水天一色，给人留下更丰富的想象空间。

陈政明的人物画，十分重视面部表情，而对其他部分的描绘则比较放松，多采取宋代梁楷大写意的减笔法，或浓墨重彩，或轻抹淡染，或光影交错，或线面结合，流畅舒展，自由挥洒。他的笔中有墨韵，墨中有笔趣，生动酣畅，单纯典雅，突出地表现了现代人的青春活力和神采。难怪有评论家说，近年来陈政明把焦点集中在光色水墨上，力求在大写意技法中、在恣肆的水晕墨涂中追求，既有墨的游动，也有光的闪烁，更有色的颤跃。

林墉说："这陈政明，在水汪汪之中来求形，在光灿灿之中来求神，不容易之中举重若轻，不经营中刻意经营，这着实产生了陈政明的艺术的魅力！"

陈政明的画，有一种雅致的品位，这品位构架在通俗的基础上，显得多彩迷人。陈政明的艺术，没有看不懂的苦涩，有的是能够引起共鸣的美感。他的作品中，无论何种题材，何种形象，大都流泛着一种让人感到熨帖的温馨。这种脉脉柔情，无非也就是陈政明心肠的形象化。即使他画钟馗，也是倒在花丛中的钟馗；他画韩愈，也是含笑看棋局胜败的韩愈。他的画总是透着一种恬适的柔意，透着陈政明特有的艺术气息。我们似乎读懂，艺术毕竟不是打仗，没有必要尽是金刚怒目，

陈政明 / 清韻 / 2001 年

更无必要杀气腾腾。也许这才是陈政明的性格，这才是画家作品的特点之所在。

如今，陈政明名气大了，社会职务多了，要开的会多了，要说的话多了，要走的地方多了，但无论怎样，他与先前一样，栽栽盆景，摸摸石头，评评古瓷，收收木雕，唱唱歌，跳跳舞，看看书，写写文章，收拾收拾房子，谈论谈论古今，一切的一切，都透着一种适然的淡定，泛着一种适然的从容，显着一种满满的自信。

好！艺术就极需要这种适然！但愿陈政明翰墨常新，笔底常春！

陈政明，(1941—)，广东普宁人。曾任中国美术家协会理事、广东省美术家协会副主席、广东美协中国画艺术委员会副主任、汕头画院副院长、汕头市美协主席、一级美术师。擅长中国人物画。曾获首届黄胄美术奖，为百年中国画展入选画家。

林明琛：画笔奏响色彩交响乐

站在林明琛的一幅幅油画作品前，跳入我眼帘的是：朴实、瑰丽。

林老师以朴实的语言、朴实的笔触、深刻的思想、细腻的情感，将一幅幅风格清新，既有趣味，又有画味，更有韵味的作品呈现在读者面前。如景物《黄崖关口》《北方农院》《水库》《珠江岸边》，静物《岸前》《庭院一角》《瓶花》，人物《女人体》《老者》《从姿的女人》《少女》……他的景物取材平凡，有城市公园的小景，有乡间田野，简朴的村舍，水上的人家，岸边的小船，抓虾提鱼的小孩，悠闲放牧的少女……多么熟悉的乡情风景，又是多么有诗情画意啊。这些在作者笔下统统变成了一首首醉人的乡间小曲。欣赏着这些作品，如同在吸收着大自然的清新空气，令人舒心，让人陶醉。

他笔下的人物画，多采用轻快的线条和少量明朗色彩，翔实地记录了喧闹的日常生活中一份宁静。他的人体画，充满着现实感，纯朴而不媚俗，简约而优美，如《花与少女》。画中不仅将模特儿优美的姿势、起伏多变的曲线、细嫩的肌肤准确地再现出来，而且将光影的变化、色调的冷暖和微妙的色彩转换，都结合在人体表现之中。造物主为世间创造了美丽的人体，而林明琛先生却以人体为基础创作了一幅幅令人心动的作品，给人以美的享受、美的陶冶。值得一提的是，林老师的人体画有着独特之处，其画不仅美，而且画出了肌肤的质感。

林老师对色彩的研究与探索倾注了心血与才情，他不但写下了近40万字的艺术专著——《艺用色彩学》，而且对色彩有独特见解。他大胆用色，其笔下画的肖像、人体、风景、静物，均构图饱满，色彩艳丽，而且坚实沉稳，使观者感到心情激荡、心旷神怡，能让人充分领略人与自然的和谐与交融。欣赏他的作品，简直就是一种艺术享受。

画，本应是抒情；笔触，本就是特殊的音符，是艺术家美的心灵轨迹。林老师的作品，采用写实的手法，色调明快亮丽，画面欢畅而恬静，简单而通俗，绘画语言丰富而含蓄。每幅写生画都很有画意，引人入胜。其笔下的人物追求的是“雅俗共赏”。因而人是美美的，景物也是美美的，美得出奇，美得不媚不俗，美得不“火”不“生”，美得令人赏心悦目、心灵净化。

他的画是一种激情，更是一首首田园诗、一曲曲色彩交响曲……让你忘情，令你陶醉，使你着迷。

细细品味着林先生的作品，不论是他笔下那香水盈盈的南国小溪，泛着青春

林明琛 / Z 小姐肖像 / 2007 年

魅力的南国少女，还是那艳艳灿灿的静物，所有的作品都寄托着作者对生命的礼赞，洋溢着他对美的激情。红、橙、黄、绿、青、蓝、紫，那一笔笔的原色在他的手下焕发出美的魅力，这魅力是朴实的、瑰丽的、真诚的，是情与景的交融，是激情的喷发、生命的流淌……

林明琛，（1941— ），出生于香港。油画家、色彩学家。曾任广州美术学院教授、中国书画艺术委员会艺术委员、中国民族艺术家协会副会长、香港油画研究会荣誉会长。主要作品有《毛泽东同志 1959 年回韶山》《毛泽东和我们在一起》《再饮一杯韶山水》等，已出版《艺用色彩学》《林明琛油画》《林明琛油画选》《林明琛油画作品选》等专著。

陈永正：文心·文笔·文雅

书法史上，凡是留得声名者，无不是人品、书品兼优者。书法以线条之美，打动人心，美妙线条出自于手，源自于心。超妙之迹，出于超妙之心。因此，文心和诗情是书法创作达到高深境界之法宝。我们从陈永正教授之书法作品中，窥见其文心与文笔之美妙、清逸。

学者修养，铸就了他的书法作品的劲健美、洒脱美、典雅美、清丽美、飘逸美。其诗家、书家的技法训练与文化修养密不可分。陈教授从小生活在书山墨海之中，师从岭南书法名家李天马，诗词书法双壁岭南名宿朱庸斋、李曲斋，中山大学名师容庚、商承祚……打下扎实的诗词、书法基础。其学问、书法就像河流一样，河床越厚水平越高。而他的为人却十分低调，如其书法般含蓄内敛，似谦谦君子。曾经身兼中国书协副主席的陈永正、广东省书协主席，他给自己定下规矩，对上门讨墨宝者有三规：其一，凡做善事者，有求必应；凡书协要求者，必应；凡友人有求者，必应；而对上门求购者，拒之。求购者只有到省书协登记交费，所得款项如数捐给希望学校。他帮过的贫困学生不知有多少，连他自己也数不清。而他自己却过着朴实的日子，至今住在单位的旧房里，书房也挤。南方日报有记者曾这样描写过：“一方砚台，一沓笺纸、几筒毛笔，一只书案，占据了书房五分之二。”令人敬佩，实乃诗家风格、学人风范。

人品，乃中华传统文化之精髓。中国向来就有“做事先做人”的要求，书法界也一直有“以人品为本”“书法即心法”“心正则笔正”的说法。潘天寿也说：“品格高，落墨自超。”因此，我们赏读陈教授的一幅幅书法作品，那清刚秀逸、温文尔雅、韵趣天成，分明是其心之逸发，文在胸中，随手而出，气韵天成。

陈教授真、草、隶、篆各体皆能。张桂光教授称赞其书法作品：“甲骨之峭拔、金文之醇厚，盟书之灵动，颇得篆法三味；隶书扬弃习见之石刻剥落状，重在自然，多从秦汉简帛中化出；章草取汉简体势而掺北碑用笔，典雅中见清劲；小楷以钟繇为主，而转折运方入圆，收笔用章草法，平添几许劲刚劲灵动，处处流露出锐意创新的意识。”张教授认为陈永正教授写得最有特色的是行草，我同意此观点。陈永正笔下的行书率性为之，任性处之，学识修养、浪漫情怀、浑然可见。还有他的小楷，更是字字珠玑，书卷之气自然流露于字里行间。或许是学问修养使然，陈教授善于通过气运用笔，将人文气转化为线条形质，以线条形质之美折射人心与人性的气质之美，最终达到文心文笔和诗情有机结合的高深境界。

陈永正
书法
2008 年

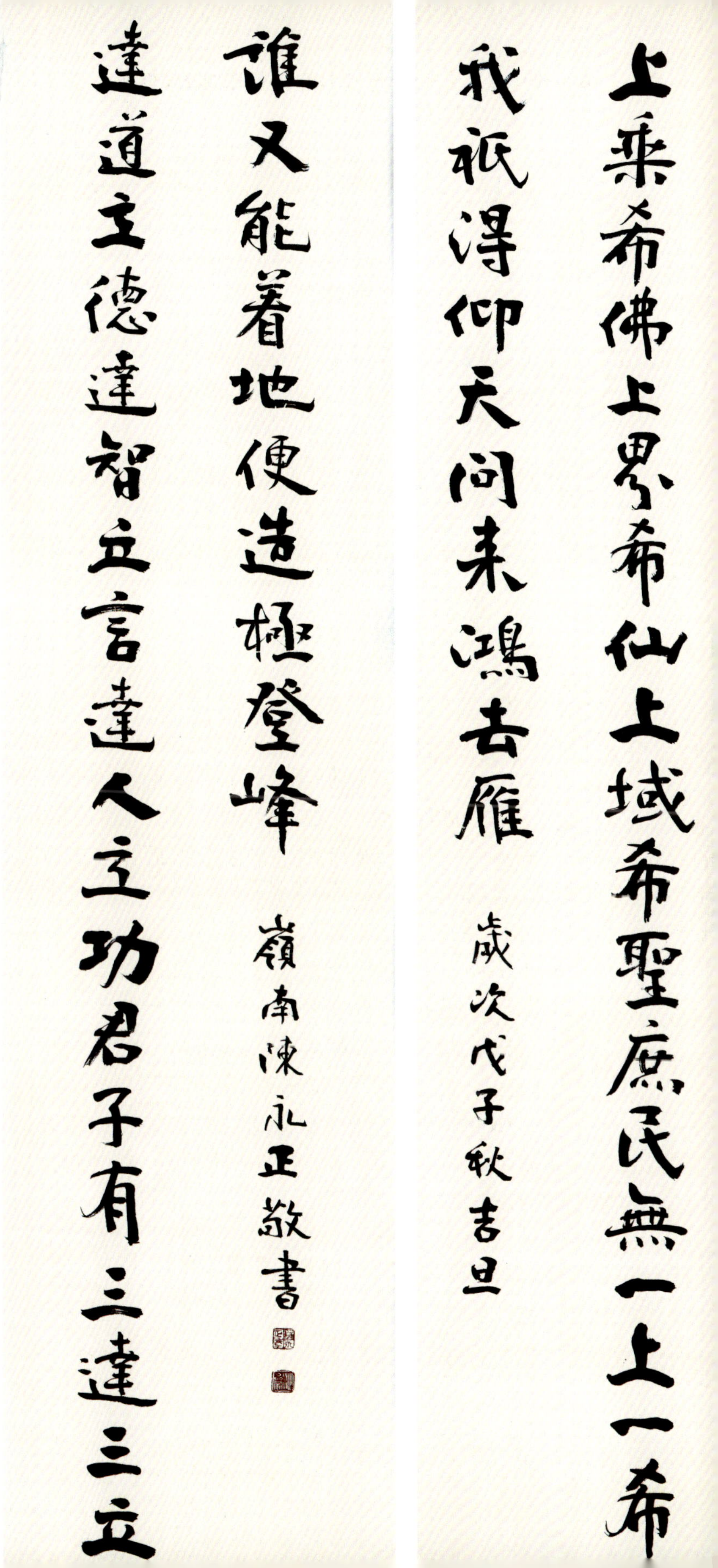

陈永正，(1941—)，字止水，学者、诗人、书法家。广东茂名人。现为中山大学中国古文献研究所研究员、中文系博士生导师、中山大学—香港中文大学华南文献研究中心主任。从事中国古文字学、书法、方术、道教等方面的研究，写有古文字学论文《释复》《西周春秋铜器铭文中的连结词》《西周春秋铜器铭文中的语气词》《上古语法史上划时代的标志——春秋载书》。撰写《岭南书法史》，主编《书艺》。还从事诗歌和书法的创作，曾兼任中国书法家协会副主席，现为广东省书法家协会名誉主席、广东中华诗词学会副会长。出版有新诗集《诗情如水》、旧体诗词集《沚斋诗词钞》和《陈永正书法选》《陈永正手录诗文选》等。

刘书民：北派风骨　南国气韵

“笔开西岳，纸铺南粤”，这是人们对山水画家、广州美术学院教授刘书民之美誉。

“北派风骨，南派气韵”，这是人们对其画风的褒奖。

刘书民祖籍洛阳，毕业于西安美术学院国画系，受教于郑乃光、刘文西、何海霞、罗铭等名师，尔后又在河南工作。故乡的风，故乡的土，故乡的云，乃至故乡的树树木木、花花草草，都是他创作的素材。他曾先后赴黄河、太行山、大别山等地写生、体验，创作了一批批具有北派风骨的山山水水。其作品浑朴、豪放、雄壮，有着“长安画派”的厚重。值得一提的是，刘书民大胆借鉴了西方现代油画与版画艺术的优点，讲究色调的丰富变化，用色不多却能收到不同的色调效果。如《湘西即一景》中的数点石黄，《长城秋色》中浓浓的朱红，《原问雨后》中淡淡的黄褐，以及《江城》中的银青，都由于浓重的墨色和劲健的笔法而呈现出不同的色调美，增强了情境的表现力。这种意境和情感多半是豪放和雄壮的。作品《暮韵》中的黑水与白云的强烈对比；《山村云幻》中虬结肆恣的笔墨；《雾里烟村》中铺天盖地使人“如坠五里雾中”的烟云，均显出一种北方风景的雄奇淋漓之美。也许，这正是刘氏山水的个性之所在。

浸淫于北派山水中的刘书民，又考入广州美术学院国画系研究生班，深得岭南画派大师黎雄才、陈金章的指导，又吸收了岭南画派艺术之精髓。南北的结合，东西的交融，使其作品雄奇厚重中不失清润，清润中又充满了雄奇厚重。如《粤西山乡》《雁归图》《江暮雨》《秋阳・秋月》等作品均表现了一种以北方血脉与南方气韵合二为一的音律化、空间感的意境，且构图独特。虽用色不多，却得到不同色调的效果，用笔流畅，墨色淋漓，画面的肌理性强，富于现代情趣。他的《静谷》等作品，注重墨色的透明度，追求一种平和的调子，在构成上充分利用宣纸与墨色的互渗性，表现出水色、光影的自然性，与《秋野》一样也强调重重叠叠的点、线、面的结合，从而形成立体效果。

总之，刘书民在南、北画派的融合中，形成了自己的艺术风格，构成了一个天风猎猎、海山苍苍、元气淋漓、氤氲多变的艺术世界。

刘书民
豫西秋趣
2007 年

刘书民，(1942—)，河南洛阳人。曾任广州美术学院国画系教授、硕士研究生导师，中国美术家协会会员，广东省文史馆馆员，广东省文史馆画院副院长，中国画学研究协会常务理事。山水画风格兼容南北，有北派风骨和南派气韵。出版有《刘书民山水画集》，合作出版《红旗渠画集》《大别山写生集》等。

马流洲：马家山水　气势夺人

一

对马流洲稍微有点了解的人，一定会对他气势磅礴的中国传统水墨山水画印象深刻。雄伟壮丽的高山、曲折奔腾的流水、浓郁苍劲的树木，构成了一幅幅中国美丽山河的缩影。其中最为壮观的，莫过于挂于北京人民大会堂的巨幅山水画《锦绣山河》。《锦绣山河》是马老师创作的最大的一幅山水画，长16米，宽2.8米。画面利用了山势高低落差，表现出云南金沙江水从高处倾泻而出的动态美。

据马老师回忆，2009年是北京人民大会堂建堂50周年，大会堂管理局决定，对名家艺术长廊里的部分旧画进行更换，以迎接中华人民共和国六十周年华诞。一个偶然的契机，马老师悬挂在钓鱼台六号楼宴会厅的山水画作《云山无际，碧水长流》被有关负责人看到。于是，2008年3月，马老师应邀为人民大会堂艺术长廊作画。接到邀请后，马老师在家中翻看了大量外出的写生稿，共创作了七幅分别以张家界、泰山、黄山、黄河等著名景点为题材的小幅山水草稿，其中，“金沙江虎跳峡”这个在大会堂展品中从未出现过的题材被大会堂管理局一眼相中，于是，马老师以此为基础创作出全新的山水巨作《锦绣山河》。

山水画创作大体追求两种：一种是流水潺潺式的静美，另一种则是以磅礴的气势去感动观众的动态美。对性格豪爽的马老师而言，小桥流水式的表现手法显然与他的性格不太符合，大山大水的豪情才能将他性格中的不屈与韧性展现出来。谈及山水画中的“气势”，马老师认为，“气”是一种感觉，在画面的留空留白中产生；“势”则是凭借画中的造型凝结而成，简单点说就是看画家下笔、运笔的力度和速度，干脆、利落、毫不迟疑地一气呵成，就能造出一定的“势”，精雕慢琢的细功夫就难以形成强烈的“势”。《锦绣山河》中金沙江的水从高处飞泻直下，撞击在虎跳峡上化成水花，再次汇聚成一条大河奔腾向东。除了利落的笔法，画面的统一也能碰撞出强烈的气势。马流洲的老师关山月大师曾批评过他的一些作品变化太多，变化很重要，但是在同一幅画面中不能太多，需要做一些艺术上的取舍与加工。所以我们在其画面中，看见的元素会比较少，但是能在整齐中产生一种庞大的气势……

除了这条奔流的金沙江，在马家山水中，经常都会看见水的存在，有时只有

马流洲 / 水拍云崖 / 年份不详

一条水系，有时甚至会有两三条同时出现在画面中。“水是我比较习惯表达的一种事物，它能在曲折中展现出倔强的美。”20世纪80年代，马老师曾经到过张家界写生，某天画毕坐在树上休息，发现山涧的小溪在不断流动，随即用笔记录下大量水的纹路以及高低错落的灵动瞬间，回去后加上自己的情感与经历，创作出了马流洲式的“水”。在马老师看来，山和水是不能分开的两种元素，水被山脉封锁的时候是静止的，一旦找到出口，便会夺路而出，展现出它的不懈努力。水的精神就如同人生一般，人一辈子会经历不少高潮和低谷，无论是喜是悲都要从容地走出去，学会在曲折中找到自己的路，过分沉溺于过去的辉煌或者失意，就永远无法前行。

二

站在画家马流洲的山水画前，展目欣赏，那豪壮森然的气势，夺人心魄；那气象万千、纵横恣肆的笔墨，恰似奔腾不息的波涛，令人心潮澎湃，思绪万千。马流洲擅作大山大水，以气势恢弘、笔墨洒脱见长，讲求笔与墨、黑与色相融，巧妙使用黑白、虚实的对比，营造“尺幅千里”的空灵之境，如其近作《水拍云崖》《春润三洲》《风正好扬帆》《春》……

力度、气魄、境界，这正是马家山水的基本格调。他的山水画是写景、抒情、写意的综合，比如《高原自有清流来》《云山图》《云岭回壑》，尤其是近作《悟空》，画家借景抒情，在创作中融入“悟空”这一形象，达到景中有物、物中有景、情景交融的艺术境界，更达到一种“空即是景，景即是空”的最高境界。

的确，马家山水画是对大自然和大时代的激情感应、想象构思、笔墨综合的产物，他所描绘的祖国山河具有雄伟壮丽的崇高美，是对我们这个大时代的真实描绘，令观者常常为之振奋、为之感染。

他的艺术思维是开放的，表现在他的画作中就是重意精法，既有线的交织，又有块和面的对比；重皴法，不为古法所囿，而自创纵横散笔之迹表现丰富的山石结构。作者尤善于用水，浓淡干湿，使笔墨变化无穷，更钟情于流泉飞瀑的描绘，给画面带来似有音响的节奏和活力。马流洲不但画了山的雄浑与伟岸，还画出了山的险峻与凝重，更画出了水的灵气与鲜活。山与水的完美统一，令观者与作者一样对祖国的大好河山产生无限热爱的情怀。

在追求雄浑劲健的气度之外，我们可以看出，马家山水也有秀润灵动的一面，尤其是对“水”的冲、涉、滴、漏、翻滚、涌动、波澜起伏等的刻画更是活灵活现，惟妙惟肖。在探索“气势雄远”与“神韵幽闲”的结合方面，在新作《九寨沟瀑布》24米长卷中可见端倪。作者在水从源头流向大江的过程中，着意刻画多群瀑布及沿途的景物，相互衬托。这种踏实而深入的描绘，升华了传统的山水世界，展现出马家山水笔墨张扬的生命力与独特鲜明的艺术风貌。这也许就是马家山水的魅力之所在。

三

久闻同乡马流洲画山水而扬名，这次二度拜访马老师，与上次仅仅相隔一年，可他的山水新作变化之大却令人惊叹不已——酣畅淋漓，气如长虹，这是我赏读马老师山水画的突出感受。

说实在的，早期的马家山水的确没有多少令我兴奋，尚嫌粗糙些。这次一睹马老师在广州艺博院举办的个展，真令我兴奋、激昂，这是马老师创作的一批高水准的山水画。那苍苍茫茫、酣畅淋漓之大山大水，那苍虬葱茏的古松小树，那浑茫的远山和湍急的飞瀑……在画家的笔下，奔腾起舞，壮丽多姿，构成了一部集浑厚、雄奇、峻秀、清新为一体的交响乐。

读马家山水，总被它那挥洒自如、笔墨豪放而形成的气势美、节奏美、意蕴美所触动。

其气势美，表现在壮丽画面和满目流瀑上，犹如脱缰的万马奔腾，势不可挡，同时又跃动着顽强不息的生命力。如《玉龙雪山》画面宏大，不但可看，还可入境。《春润青山》中，画家笔下的山被赋予了春的生命。在作品创作中，画家不仅从宏观上把握全局，以高远的视角展现流水的动势与冲力，还产生了迎面扑来之感。而微观至具体细节的安排和笔墨的运用，艺术形象夸张而又真实，新奇而又自然，粗中有细，充实耐看。

看得出，画家笔下的山水之气势美绝非仅在外表，而是画家的气质、胆识、修养、才情乃至性格的综合体现与升华。其节奏与意蕴之美，则是画家深入生活、与时俱进的表现。画家深得流水的韵律感与节奏美，乃至其画重在意蕴的抒情。因此，画家笔下的水是具有丰富与广泛内涵的画家致力于通过山魂水韵的描绘，去容纳大千世界与沧海人生。

在马家山水中，几乎山山有瀑布，处处有流泉，那波涛翻滚的海洋，那宁静柔美的平湖，那潺潺细流的小溪，那神秘莫测的深潭，那荒野静谧的池塘，那氤氲华润的云雾……可谓异彩纷呈，各尽其妙。

读马家山水，繁简、轻重、虚实，着色勾线处理得当，具体而独到，笔的轻重、虚实、强弱、浓淡、干湿恰如其分。因此，马家山水总能做到意到笔到，笔至情至，跌宕起伏，酣畅淋漓气如虹，具有较强的感染力，让读者的精神为之兴奋，情操得到陶冶。

总之，读马老师新作，耳目为之一新。他师古不泥古，能与时俱进、创造性地运用中国画传统的泼彩、泼墨法，并融入西方现代绘画的艺术手法，形成自己独特的风格。尤其是他大胆运用大面积的黑白对比，使画面气势磅礴、意境深远，因而以其独特的气韵和风彩活跃于当今画坛，令人惊叹！令人瞩目！

马流洲，(1942—)，广东汕头人。著名画家，曾毕业于广州美术学院。现为广东省美术家协会理事。从事中国山水画创作数十年。先后在国内外举办过十几次大型画展。作品已流传到德国、美国、墨西哥、澳大利亚、葡萄牙、日本、泰国、新加坡等国家和以及中国香港、台湾地区。

周彦生：北有何家英　南有周彦生

今天的周彦生，已大名鼎鼎，自成体系。其笔下的工笔花鸟清秀明丽、富贵高雅，颇具自己的鲜明个性，深受时人热捧。其作品《国色天香图》，曾在拍卖会上以120万成交，《莲花红荷图》也以126万成交，《春风得意冠群芳》在2011年以每平尺25万元，总价690万元成交。画价一路看涨。

摆在面前的一幅幅激动人心的花鸟画，给人们送来的是一片温馨、一片光亮、一片陶醉，让人心灵上得到净化、情感上得到宣泄、精神上得到慰藉。这大概是他的作品的情感力量所在。

他笔下的花草飞禽，无论巨屏还是条幅，无不荡漾着温馨的丝丝情意，同时具有一种威慑。熟悉他的人都知道，他的经历并不像他的作品一样祥和、宁静，但他用笔营造出对美的向往，对幸福的祈祷。这都与他的长期探索与耕耘有关，他从小就喜欢中国画，也画过山水，只不过他对花鸟情有独钟，于是就发誓要在传统工笔画领域上努力创作。经过数十年苦苦求索、钻研，他终于有所成就。

周彦生在艺术上，崇尚赵佶、任伯年、于非闇，四十年如一日，潜心研究传统工笔花鸟，并在深入生活的基础上进行大量的创作。他大胆吸收油画的颜色、雕塑的整体感及版画大块墨白对比关系，并融入日本画的颜色与意境，同时追求画的清隽典雅、色彩明快、气势宏大、画面壮观。他画的《清风皓月》，一轮满月照耀下，芦花的四周闪着朦胧的光晕，深黑的芦叶加强了景色的力度，可谓“明察秋毫”，一丝不苟，而又能气度宏伟，形象阔大。《春风得意》与《清风皓月》题材不同，却同样具有恢弘的画面。作者表现的既非庭园中萧疏的竹枝，更非文人们案头的清供，而是耸天立地、密密层层，在和煦的春日下迎风摇曳的竹林。还有，那淡紫的藤花，如瀑布一般流泻而下的《阳春》；耀眼的红叶丛中，透露出银灰色枝干的《秋之歌》；宝蓝色的树叶衬托出雪白的荆花的《岭南三月》……有人形容看了他的画，就像夏天骑自行车和吃冰淇淋般的痛快。从这些作品中，不仅可以看出画家坚实的功力、良好的修养，还可以感觉到画家刚正的气质。他所创作的花鸟画，大多已超越了“小品”的局限了。

真善美，可以说是周彦生创作的主旋律。他认为，真，就是创作感情要真，美术应该是美的艺术，给人以美感、快感，让观者在美中得到启迪、思考。表现美，关键是用好颜色，颜色要大胆地用，用好了就不俗气，就是一种美。岭南艺术

周彦生 / 荷花 / 年份不详

大师关山月生前观看周彦生的画展后，感慨万分，称周彦生的画很雅。这也许对中国画大胆使用颜色有所启迪。难怪有人说，在中国工笔画坛中流传有：“北有何家英，南有周彦生”。

周彦生，（1942— ），河南漯河人。曾任广州美术学院教授、硕士研究生导师，中国美术家协会会员，中国当代工笔画学会理事，广东美术家协会理事，广东省文史馆馆员。2002 年被评选为广东当代中国画十大名家。作品曾在全国第六、第七、第八、第九届展中获奖。艺术上，崇尚赵佶、任伯年和于非闇，四十年来如一日潜心研究传统工笔花鸟画，笔下的花鸟画兼收传统笔墨，同时借鉴外来艺术，并在深入生活的基础上进行大量的创作。

周彦生 / 花鸟扇画 / 年份不详

周彦生 / 天香夜染衣 / 2001 年

蔡文星：王者之风　智者之威

王者，乃博大、威严、霸者气也。

风者，乃气度、胸襟、精神是也。

观蔡先生其人，有霸者之气、王者之风。其人言语不多，却磊磊落落。与其交流，如同师友，亲切无拘。听其教诲，俨然长者，话锋语气，威严可敬，令听者心服……

其作品有雕塑、书法、水彩画等。蔡先生还写得一手好文章，据说当年他还是国内一家权威刊物的评论员。

先说雕塑，作品有《曹操·观沧海》《老子·出关》《兵神孙武》《苏东坡·倚杖听江声》《郑观应·盛世危言》《立马定中原》《广州建城》等。尤其是作品《曹操·观沧海》，总给观者一股霸者之气、王者之风。建安十二年（207 年），曹操以汉大将军身份北征乌桓，途经河北滦河渤海口的石碣山。面对澹澹沧海，曹操踌躇满志，襟怀尽露，歌之咏之。作者准确、娴熟地刻画出了曹操这一历史人物的王者之风：深邃的目光、高耸的鼻隼、飘拂的络腮美髯、昂扬豪迈的身姿、威严的气度。我们仿佛在那烟云滚滚的历史洪流中，真切地感受到曹操那种满腹韬略、志在问鼎的伟人胸怀。细细想来，这似乎有着作者的烙印，在我们的交往中，大腹便便的蔡先生，常常拍拍自己的大肚皮，将"满腹经纶"戏称为"满腹坏水"。

《老子·出关》，是蔡先生的又一力作。作者擅长把历史融入人物中，淋漓尽致地表现老子这位思想家的深邃一面：青牛背上，老子隆额深眼，神情深邃沉重，双掌交叠于小腹前，蹙眉深思。那提蹄前瞻的青牛，仿佛重现了两千多年前夕阳西照函谷关的一幕：老子骑着青牛，在那漠漠茫茫的天地中，悠悠而去……

再说蔡先生的书法，可用"任情恣性"为之概括。字如其人，这与其心胸开阔、人生潇洒有关。古代大书法家蔡邕曾说："书者，散也。欲书先散怀抱，任情恣性，然后书之。"许钦松先生也认为蔡文星的书法体现出"自古贵在天生"的传统书画艺术真谛。乔平则评道："随心适意，贵在天然。"依我看，这也是蔡先生的性格与艺术合而为一之境界了。他的书法，豪放之风，随处可见，肆意之情，出神入化。行书如行云流水，一气呵成，潇洒自如，气韵生动，线条如刀刻，坚韧不拔，力透纸背，势如破竹。

又说蔡先生的水彩。作品《远望平沙》《渔舟》《清晨》《一泓秋水》《太湖烟

蔡文星 / 老子 · 出关 / 年份不详

蔡文星，（1942— ），广东澄海人。1966年广州美术学院雕塑系毕业后在海内外从事过多种工作。曾任上海工艺美术学校雕塑教研组组长，广东省工艺美术总公司副总经理，广东省工艺美术协会常务副主席兼秘书长，广东省工艺美术评审委员会主任，广东省工艺美术珍品鉴定委员会主任，中国工艺美术学会玩具专业委员会副主任，中国玩具协会副秘书长。1993至2002年任广州雕塑院副院长、院长。擅长历史人物雕塑。有大型城雕《广州建城》《南油之光》《青年孙中山》《友谊之光》《金连环》《新花》《腾飞》《王阳明像》《康复女神》《扬帆》《与时俱进》《旗峰组雕》《郑观应》等二十余座建于广东省各地。

波》《港湾》等，均不到一平尺大，作者擅长以小见大，以小小的一山一景、一草一木，刻画出辽阔无边、一望无际的天涯。可见作者胸中有诗，胸中有画。面对这一幅幅淡雅沉静、开阔简约的水彩画，心中豁然开朗，这不是人间的世外桃源吗？

“他的水彩写生作品，不拘泥于形体而着力寻找简括的淡雅意境，带着沉静的氛围而透露着生机”，罗宗海先生是这样评说蔡文星的水彩作品的。林墉说：“蔡文星的水彩画，独偏文静，不在厚实上做文章，只在遥迢处听声音！他的水彩画，时

蔡文星 / 龙舟水 / 2016年

有淡笔抹去，也时有思前想后。他的水彩画之所以令人细看，正因其无狂无锐沉山水。”文艺评论家钱磊博士则认为，蔡文星的水彩画，视野开阔，淡然简约，在清明之中略显苍茫，特别是他对水的处理，平缓如镜，寥寥几笔却有生动的涟漪泛起……

郭莽园：文人画之闯王

想起十多年前，我到汕头采访郭莽园。他身材高大，相貌堂堂，颇有大侠的范儿。他作画时，提笔随意，用笔简约，寥寥数笔，画意深远，耐人寻味……当时我斗胆建言，议其上省城发展。如此高品位之画作，藏在潮汕无人识。如今，郭莽园这位体制外的画家，在羊城已闯出了一条艺术的大道。著名评论家陈传席教授有此称赞："莽园者，真画家之闯王也。"

性格率真的郭莽园曾言："文人画的画不一定是文人画。"他认为，中国画总的审美原则是气韵生动。文人画首先是画，在绘画技术过关的前提下，是文人或是有文人情怀的画家创作的，既有气韵又有意味的中国画作品才叫文人画。有的人学高八斗，修养又高，但就是很难将这种文气与才气通过笔墨反映到画面中去。一个画家，会写小说，会写诗歌，但不一定是文人画家，画面中也可能缺乏充沛的文气。他又说，艺术是"炖"出来的，不是"炒"出来的。从郭先生身上表现出来的胆识与才识（诗、书、画、印俱佳），我们窥见了一位文人画家的深邃与博大。

甫见郭先生，他热情好客，高瘦爽朗，眼睛带着艺术家的迷朦光彩，叫人一睹其风采，便知其乃艺术界之高人。不信？请听林墉所言："莽园人，有傲气。莽园画，有奇气。与莽园交谈，有趣味。莽园书法有自家风格。"

读郭莽园之画，最深的感受乃其笔墨简练老到，且格调高雅，生拙而不鲁莽，大气磊落。不少作品虽寥寥数笔，却大气磅礴，具有强烈的冲击力和感染力，还让人读之回味无穷。他的笔墨、章法注重结构变化，很有现代感，总能给人以笔墨新、章法新、意境新之启迪与享受。

有趣又大气且耐人寻味，又是我读郭先生作品之感受。先生的笔墨高古苍劲，作品题材广泛，技法修养全面，且构图别致奇特，运用简练之笔墨，塑造了一幅幅妙趣横生的画面。如《阿福偷酒》《一树梅花一放翁》《门前一阵山清秀》……这些作品给人的感觉就很大气，色和墨的关系也处理得很好、有新意，看似随意，实乃经意之作，经得起推敲，耐人寻味。从作品中能看出其受八大、石涛、吴昌硕以及林风眠之影响。笔墨的简与繁、形神的似与不似和造境的虚与实，这些在中国画上属高难度技法，郭先生却能处理得很好。他的画大写意居多，且粗中有细，有深度，就像八大的作品一样，有味儿，耐看。

总之，读莽园画，不可沉于写生，宜从趣味看去，则天地宽宽，一奇再奇，

郭莽园 / 阿福偷酒 / 1994 年

未知者以为怪，深知者以为趣。读莽园之画，宜书画并看，书趣画趣都在其中，互有相映，相得益彰。于是，郭莽园被行内人士誉为“新文人画家”，诗、书、画、印均有极高之造诣。其画风苍莽激越，超逸简远，有豪宕之气，于有法和无法之间，得文人画之真谛。其书法则融铸北碑南帖，雄奇清健，脱俗而个性凸现，篆刻简朴、明快，能于平整中见奇气。

郭莽园，(1942—)，广东汕头人。曾受业于陈半醒、赵一鲁、梁留生诸耆宿。广东华人书法院名誉院长、现为广东省人民政府文史研究馆馆员、西泠印社社员、中国手指画研究会顾问、广州画院艺术顾问。

吴静山：雄浑古朴　淋漓酣畅

在中国画坛，谈起潘天寿大师的画，评论家常用“霸悍”二字。而作为潘先生得意门生的吴静山，也深得其师精髓。静山画风霸悍雄浑，苍莽淋漓，构图雄伟，气势磅礴，笔锋凌厉，墨色凝重。每当我们伫立其画前，宛若看泰山，观沧海，自己都变得渺小。

静山画画善用长锋且落笔很重、很肯定。因此他笔下之大山、悬岩、古松、飞瀑，其势逼人惊险。如手卷《醉墨斋读书图》《丹霞山纪游图》，画中山峦叠翠，烟云浮动，草木葱茏，屋舍隐现，一派苍莽雄浑、秀逸灵动之气象。其用笔重且善取繁中之简，删拔大要，如绵里裹针，似柔实刚，寓雄健于含蓄；用墨则积淡为浓，层层皴擦烘染以求清浑，有“淡而厚，实而清”之境界。其画风或简淡，或缜密，或苍浑，或清逸，或古雅，或沉雄，颇具深厚功底。如其作品《天子山印象》，近景淋漓苍茫、浑厚华滋，远景雾气迷蒙、山峦重叠。又如《华山胜概》之作，作者落笔老硬苍劲、大气磅礴，写出华山真骨，而峭拔陡绝之势、磊落变化之妙，令人叹绝！

值得一提的是，静山之画，既承古，又融今铸西，既源于自然，而又走出自然。他虽遍临历代名家之佳作，既得南派之丰润秀雅，更获北派之壮阔雄奇，又足迹遍及大江南北、长城内外、欧美异域，但总是追求创新，窥其近作《美国大峡谷朝阳》《加拿大洛基山纪游》便可见一斑。作者运用中国画的手法与笔墨，融入西方的色彩与基调，描写的欧美风光色彩瑰丽夺目，而又不失中国画特有的古朴耐看之精神。看！那皑皑千里的积雪、苍苍茫茫的秀色、铮淙交响的飞瀑流泉，构成诗一样的异国奇观，就连欧美人士观赏之后也赞叹不已。

静山笔下的花鸟画，巨石、秃鹫、雄鹰、荷花、古梅，都有雄风豪迈之气魄。

其笔墨之老辣，一看便知受潘天寿先生的影响深刻，并上溯林良、徐渭、八大山人、虚谷、齐白石等大写意的文人画倾向。他喜画雄鹰、八哥、雀鸟、劲松、莲花、梅、兰、菊、竹、鱼等，画法少了文人画的纤弱妩媚，多了笔酣墨畅，纵横奇肆，淋漓泼辣，天趣横生。那些苍松、巨石，鹰鹫的睥睨雄姿，黑黑团团的八哥、翠鸟，无论构图、笔法、设色都深具潘先生瑰伟雄奇、质朴生棘的画风。静山尤其对小鸟的飞、鸣、饮、啄观察细致入微，其笔下各种小鸟栩栩如生，清新脱俗，形神兼备，有笔有墨，工写俱佳。如《鸣春》《春意闹》《果熟来禽》等，作品中的麻雀，着墨淋漓酣畅，格调高雅，活灵活现，真是天趣横溢、生机勃勃。《野趣》中大块大块的荷叶，与细密的水草上下映带，实中见虚，产生强烈对比。中间大片浓淡变化的墨色衬出一朵盛开的荷花，在右上角空阔处，一只翠鸟伫立在岩石上，与荷花遥相呼应，从而使翠鸟不显孤立，反倒顾盼生姿，越感繁茂辽阔、生机勃勃。

静山多才多艺，对山水、花鸟、人物乃至书法，均有一定造诣，书法遍临历代碑帖，其书画兼攻，相得益彰。观其画，霸悍雄浑，淋漓酣畅；观其书，刚柔兼备，古雅脱俗，能放能收，尤其他的隶书、行草、小楷，颇见功底。此所谓画中见书，书中见画者。

纵观吴静山的作品，无论是山水、花鸟，巨制小品，都可以看出他注重传统兼顾南北画派之长，且融会贯通，推新创新，不落俗套，这种探索与创新精神与岭南画派是一脉相承的，也是对岭南画派的弘扬与发展。

吴静山 / 醉墨斋读书图（局部）/ 2003年

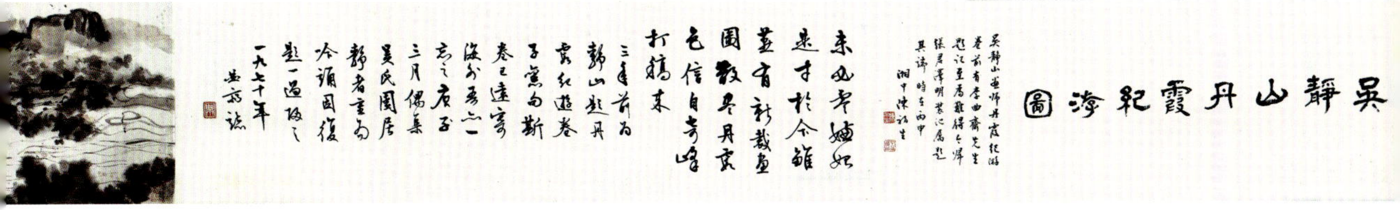

吴静山 / 丹霞纪游图（手卷）/ 2016 年

吴静山 / 丹霞纪游图（局部）

吴静山，（1943— ），广东顺德人。国画家、书法家。1962 年秋考入浙江美术学院，为院长潘天寿、陆俨少、沙孟海等先生所赏识。他的山水画有浓厚的生活基础，蕴蓄无尽，浑厚华滋，冲和静穆，元气淋漓，以高度的激情为时代讴歌、赋彩。他的花鸟画在潘天寿的基础上，上溯扬州八家、八大山人、林良、徐渭、宋人等的文人画倾向，下笔沉雄阔大，精彩简练，能工能写，并以书法入画，自成 格。书法学历代名家之隶、楷、行、草各体，形成自己古雅、朴茂、雄豪的面貌。潘天寿戏言说：“广东出二山：苏仁山、吴静山。”

李醒韬：小桥流水与大气磅礴

水艇、瓦檐、茅寮、渔网、灯笼、村舍、海边、榕下……构成一幅幅南国田园风景图。

泼墨、泼彩、洒彩、浓色、淡墨交互渗化，凝聚成一幅幅铿锵优美的山水画。

前者，乃李醒韬为人所熟悉的"山水画"，已成为他创作的符号。他钟情于刻画水乡屋檐的瓦角、瓦脊、瓦片，宛若乐谱中的层层音符，鸣奏出一首首田园山乡的诗乐，令人如痴如醉，思绪万千。那故乡的河，那故乡的桥，那故乡的屋……在画家竖直横平的现代构图以及其金石味的线条中，形成了自己独具的艺术风格—"有水无山"，屋舍俨然。怪乎，著名画家梁照堂说："醒韬的水乡中国画，当属山水画之列，但少有大山大岭，可谓'有水无山'的山水画，这恰成了其特色。"

后者，乃李醒韬又一探索之硕果，在广州等地展出后，引起同行的关注与赞叹！画家大胆探索，大胆泼墨，大胆改写过去多有水少有山，乃至有水无山的山水画局面，把北方浑厚、雄奇、苍劲的大山搬到其南国山水中来，并加以放大，将抽象与具象结合，虚与实结合，这大概是李醒韬的艺术新突破。从他的《南山杏林春雨》《雪原银海》《秋谷深处有人家》《家在云雾烟雨中》《风雨同舟》等作品中，既看出了画家大胆而熟练地以水墨情怀写出别有风情的景致，又窥见画家把夕阳色彩融入国画中的意趣，同时运用了水墨画中少用的灿烂烁动重彩，使画作产生了朦朦胧胧的美感。他这种新的探索，是从"写景"到"写境"，从"赋色"到"富色"的一种提升。因此，行家称他这种着力于音韵之情、诗意与水墨交融之意境的山水画，是其水乡、山乡、田乡国画的新的升华。

然而，近期的李醒韬，却如醉如痴地投入花鸟世界里，画风的转变让李醒韬似乎找到了创作的激情与兴奋点，那一幅幅潇洒淋漓、苍劲有力、大气磅礴的花鸟作品，那一幅幅造型精妙传神、笔简意丰之花鸟画作，叫人观之有味，思之有趣。作品水墨适度，用笔恣肆潇洒，气势雄浑，突破了一般的写意画法，不愧为大家手笔。

花鸟画不仅表现了花鸟的美，同时也反映了作者的精神世界，使情、景融为一体。也许，这正是以创作"小桥流水人家"的南国水乡而闻名的李醒韬选择主攻花鸟画的内在实质。"小桥流水人家"之诗情画意，看起来似乎禁锢了画家的创作激情，和其作品的冲击力与生命力。于是，他一改过去的写实转而抒情，改变过去的水乡生活的真实观照而转到超然通达的情感抒发。记得有位艺术家对我说过：

李醒韬 / 潭江水暖 / 1999 年

“画家在创作上一定要有霸气。”我在李醒韬的作品中找到了这种霸气。画家笔下的芭蕉、石榴、荔枝等岭南佳果，其泼彩赋墨及线条的律动，都是那么的痛快淋漓、自由自然，画中点缀的几只黄鹂、麻雀、小鸟立于枝头，总给人一种清新、美妙、畅怀的诗情感受。尤其是对芭蕉的淋漓泼写与大胆细致的刻画，宛若《黄河大合唱》般激越，令人叹为观止。

读李醒韬之花鸟，不难发现，画家的大胆用笔、用墨、用色是构筑在传统基础上的，并从西方艺术中吸收有益营养，因此，画家的花鸟之作在技法上选择了传统水墨的独特语言，重笔墨的苍辣古拙，重墨法、破墨的淋漓之气。在构图上，则取法西方绘画乃至现代构成的意识与方法；在色彩上，尤其是在他的油画、水彩中更把西方更把西方更把西方那鲜明灿烂又微妙和谐的色彩运用到花鸟中国画上来。如紫藤、石榴、杜鹃花等，都跳跃着一种如宝石般沉实的色彩之美，从而使其创作的花鸟画形成了自己的独特风格。

有行家认为，李醒韬之花鸟作品将民族传统文化的艺术语言、造型特点与西方古典和现代艺术构成形式、色彩关系等融为一体，把西方的理性和东方的灵性巧妙结合起来，从而营造出花鸟画之新格调与新意境。我们从其《荔香图》《绿阴絮语》《金果满园》《秋实图》《葫芦春色醉》《南枝夜来先破蕊》等作品中，看到画家在追求色彩上的变化与创新，其撒金、撒银、撒色，变化万千，气势宏伟，用笔苍辣，刚劲有力。

在画中，那纵横驰骋、难以捉摸的笔触，那力透纸背的线条，那简洁明快的构图和画面强烈的气氛，正显示出他博大的胸怀与豪放的性格。

在画中，那流淌着的华光墨韵，那生机勃勃、丰厚沉甸的绿叶红实，展示出艺术家在其花鸟世界里，融入了传统与现代，注入了奔腾激越的时代脉搏，创造了在抽象中表现具象，在必然中发现偶然，工中见写，泼中见工，缓中有急的梦幻般神奇的艺术境界。其新作《南枝夜来先破蕊》《荔香图》，墨与色、浓与淡、枯与湿寥寥数笔，形成鲜明对比，倍增其韵味，真是墨好线辣，足以玩味，实乃霸气、大气也！

李醒韬
苗家金秋
年份不详

李醒韬，(1943—)，广东开平人。国家一级美术师。曾任广州画院副院长、中国美术家协会会员、广东省美术家协会理事、广州市美术家协会常务副主席、华南文艺职业学院副院长。作品以乡情风貌为主。多次获全国性美术作品一、二等奖，表彰奖及铜奖，广东省美术作品银奖、优秀奖，获广州市近四十年优秀作品一等奖，广州首届文学艺术红棉奖，第四届广州市文艺奖一等奖。二十多次入选全国性美术作品展，部分作品为中国美术馆、广东美术馆等纪念馆、博物馆收藏。数百件作品及论文发表在全国和港、澳、台地区以及国外多种报纸杂志上。作品在新加坡、马来西亚、日本、韩国、澳大利亚、美国、加拿大等国家以及中国台湾地区展出。

许固令：人生如画　画如人生

嗜“脸谱画”成癖的许固令，以其广博而深厚的文化素养，超脱的艺术情怀，以中国民间传统戏剧“脸谱画”为素材，创作了一幅幅、妙趣横生的“脸谱画”。如今，“脸谱画”已成了他的品牌。

许固令乃海外华人艺术家。20世纪70年代他在广州美术馆和广州博物馆任职，1980年移居海外，1989年起作为职业画家游艺于东南亚、日本、美国、加拿大、澳大利亚等地，他的“脸谱画”深受海内外收藏家的喜爱与欢迎。许固令自幼受家学濡染，迷恋中国戏剧，尤其是脸谱艺术。因此，他笔下的脸谱作品，无论忠与奸、正与邪、贵与贱、美与丑，都刻画得淋漓尽致、惟妙惟肖，令观者浮想联翩，回味无穷。也许由于受脸谱所具备的民族的、朴素的、浓烈的形式美及丰富内涵的感召，许固令对脸谱艺术情有独钟，他淋漓尽致地发挥其在民族戏剧的脸谱艺术上的浪漫和幽默，追求着一种只有他自己才感受到的，由脸谱而来又超越了脸谱本身特定内涵的神韵。

对此，有人认为，许固令的脸谱是他在对中国绘画中的笔墨技巧和西洋画的色彩技巧，乃至现代装饰画综合技巧的娴熟驾驭下，给“脸谱”赋予更广泛、深沉、新颖的意义。也有人认为，许固令别具一格的脸谱艺术，彩墨交融、饱满浓郁，在简练的笔墨中包含了深刻的文学与历史内涵，造型夸张、色彩强烈而充满幽默感。我非常喜欢许固令的作品，既有传神的姿态，又可诱发观赏者的遐想，从有限的画面领悟到无限的内涵，有感性形象的呈现，又含哲理的启迪。

更有外国行家认为，许固令的脸谱画，不是舞台上脸谱的再现，而是把“脸谱”当作一种创作材料，融汇了他对中国文化和中国人的性格的理解，再以现代艺术手法表现出来。为此，他常常为看一场精彩的京剧表演专程乘飞机往返。他对艺术的执着追求，成就了他的艺术高峰。许固令的脸谱画，画出了中国文化的深沉和活泼。他凭着直觉和本能，任意挥洒笔墨，在色、墨、线的相互交错中，在偶然机遇的刺激中，找到了自己的满足感与表现方式，形成了自己别具一格的脸谱艺术。

“不随鼓乡传千里，只识戏剧即人生。”这是许固令少年时期朴素的人生观。“人生如画，画如人生”，又是许固令现在的人生信条。虽然，他在美术院校接受过严格的写实训练，但这并不影响他对艺术抽象美的大胆追求与探索，其大胆淋漓的笔墨和瑰丽的色块描绘了一幅幅脸谱，表达了他对世态人情的理解和把握。不羁的

许固令 / 白蛇传 / 2007 年

想象力和幽默的性格使他不断突破脸谱的既定内涵，常年漂泊的旅居生活一次次激发了他的创作灵感，深厚的文化底蕴成就了他的艺术爆发力。因此，其脸谱艺术深受海内外人士厚爱。日本收藏家寺内郁夫称许固令的作品："风格独特、泼辣大度，具有强大的艺术爆发力，诚为可贵。"美国圣约翰大学白哲认为，许固令在超越传统的努力中寻找属于自己的艺术语言，独特而鲜明。因此有理由认为："许固令在当代水墨画坛上确立自己位置的实践是卓有成效的。"

许固令，（1943— ），广东汕尾人。海外华人书画家。现为广东省人民政府文史研究馆香港特聘馆员、广州画院名誉画师。1980 年移居海外，先后定居香港、台北、悉尼等地。喜欢自由游历，曾去过 30 多个国家和地区。举办个人画展 20 多次，出版个人画集 20 多册。《月亮代表我的心》获法兰克福中国现代水墨展荣誉奖。《八卦脸》获韩国国际现代水墨邀请赛优秀作品奖。《荷塘印象》获年度全日本收藏家联盟金奖。

程家焕：岭南牡丹一枝花

《闲情偶记》："是花皆有正面，有反面，有侧面，正面宜向阳，此种花通义也。然他种犹能委屈，独牡丹不肯通融，处以南面即生，俾之他向则死，此其肮脏不回之本性，人主不能屈之，谁能屈之？"

据《镜花缘》记载，一次武则天因酒醉在冬天下诏令百花全部开放，没想到"时至众花多开，唯牡丹不从"。武则天一怒之下，将所有牡丹贬至洛阳，因此洛阳成为牡丹之乡，有"洛阳牡丹甲天下"之说。

牡丹，一曰"国色"，取其花色艳丽，冠绝群华之姿，出自李正封的《咏牡丹》；一曰"富贵花"，取其富丽堂皇之态，故牡丹也是雍容华贵与繁华昌盛的象征。

牡丹在国人的心目中有着举足轻重的地位，周敦颐的《爱莲说》也提到，"自李唐来，世人盛爱牡丹"。牡丹是盛世之花，从古到今，表现牡丹的名画作不胜枚举：小写意花鸟画家王雪涛、自称牡丹庵主的王少非等画家都将牡丹这个素材表现到了极致。

程家焕是地道的广东人，家住西关，接受着岭南文化的滋润，他却选择了牡丹这种北方的花卉作为主要的创作素材，并能在海内外的文化土壤中占据一片沃土，顽强地不断盛开。

家焕画牡丹，在岭南可谓家喻户晓，其用水用墨用色较为写意，造型较为写实，既有传统的笔墨底蕴，又合乎现代人的审美要求，色、光、态、韵，相映成辉，雅俗共赏，自成一格。常言道："早知不入世人眼，买点胭脂画牡丹。"可见，几百年来，这个世界还是个"俗"人的世界。

程家焕以画牡丹闻名海内外，花鸟作品更具时代特色。其画风受其师陈子毅影响，其书风受当代吴子复、沈尹默两大名家影响，作品遒劲古雅、端严劲秀。

程家焕的画室跟很多人的不一样，除了必备的笔墨纸砚，几乎所有的壁柜里都放满了他收藏的陶瓷公仔，自成一道独特的"程式风景"。

"画花卉就该反映一些积极的时代精神，让别人在欣赏你的画的同时感受……"在程家焕看来，现在的中国就是一片欣欣向荣的景象，人民幸福，国家富强，而牡丹作为一个载体，被他运用到画面上并加以"程式化"，于是我们在他的牡丹画中，看到了欣欣向荣的牡丹花，也看到了日新月异的祖国新变化。

程家焕 / 牡丹 / 年份不详

程家焕，（1943— ），广东南海和顺人。书画家。现为广州市文史研究馆馆员、广州东方书画艺术研究会会长、广东省收藏家协会名誉副主席、广州市收藏家协会副主席、中国牡丹书画院名誉院长，历任广州市第九届、十届政协委员，民进广州市市委委员。近年来他以擅长画牡丹闻名海内外。出版有《程家焕画选》《程家焕书法集》《程家焕扇面书画选》等，画家简介入编《中国当代名人辞典》《国际现代书画篆刻家辞典》《世界美术家辞典》。

主要作品：《牡丹富贵图》《瑞气图》《秋艳》《吐翠图》等。

邓子敬：海韵·海情·海魂

邓子敬说，他这辈子就与大海结缘，画一辈子海了。天之涯，海之角，倾注了他对大海的爱。他将笔下的礁石、浪花、沙滩、小艇、归帆、海鸥……组合成一幅幅力作。邓子敬说，他在追寻海之韵、海之碧，营造一个属于自己的精神家园。

面对那浩瀚无垠的大海，他说："大海对我的恩有多厚，我对大海的情就有多深。"他曾不止一次默默地对着大海呼唤："我爱你，是你给了我生命的智慧与创作的源泉！"

于是，这位从海南到广州美术学院求学并获得硕士学位的画家，常常拿起手中的笔，画着心中的海。他大胆采用全景式构图，并把北派的厚重感与岭南派的优美糅为一体，形成了独具个性风格的山水画。他在古人惯用的"米点皴""披麻皴"的基础上，探索出自己独创的"沙点皴"，巧妙地运用光学原理，灵活地使用黑、白、灰三色，创造出变幻莫测的天色、海色，给观者无限的想象。他笔下的《海湾椰涌》《岩深石叠》《鸥声潮讯》《海涛折岸》等，多采用全景式构图，气势博大恢弘，成功地表现了中国南海的浩瀚无垠，四时景观和山体礁岩的沉雄凝重，透出一种扣人心弦、动人心魄的艺术魅力。这些得益于他生于海边又常常深入海岛采风写生的经历。自从离开海岛来到广州，他每年总要去看看大海，听听海韵，激发创作的欲望，且每次都能如愿以偿，满载而归。

1986年，他跟随老师关山月到西沙写生，关老对他说过："动才有画。"这话至今还在邓子敬耳边回响。邓子敬深知，"学我者生，像我者死"的道理。因此，在表现手法上，邓子敬坚持走"师法自然"之路，不囿于何家何派，超然独立于南北画派之外。他认为，在绘画的历史中，要形成自己的绘画语言谈何容易，这或许是画家一生一世的追求，但从自然中悟出点道道来，总还是可以的。这是做一个画家的关键，人云亦云，没有个性，画一辈子画也难有出息。深入生活，细心观察，勤于思考，才能终有所发现。海中的山石，身上伤痕累累，像是被鞭打过似的，这是海水长期冲刷的结果，它让人感到厚重沧桑，而且形成了一种力。因此，他把这种厚重、这种沧桑、这种力、这种忍辱负重感在他的作品中表达出来，这不正是我们中华民族的写照吗？邓子敬终于找到了创作的源泉，于是，他的作品《海涛拍岸》《岩深石叠》《江峡清流汇大海》《雄奇独秀南海湾》接二连三问世，并参加了全国性、国际性美术大展。

邓子敬 / 清风 / 2001 年

早年的邓子敬还是一位出色的版画家、雕塑家。他的版画《胶林晨曲》在全国举办的多次展览中获奖；雕塑《阳光下》入选联合国美展。

值得一提的是，他历时十年于近期完成巨作《雄关镇海图》（高 180 厘米，长 1136 厘米），整幅作品高古秀润、雄强劲拙，追求大空间相应的大形象，上溯千年海上丝绸之路，下穷气势磅礴的万里海疆，呈现出中华文化海纳百川之包容。

说实在的，在我采访过的众多的画家朋友中，以海南岛的山山水水为题材的画作，邓子敬是最多、最真切、最传神、最具地方特色和最具鲜明个人风格的。他是一位实实在在的实力“海派”画家。

雨林巨古枕

邓子敬 / 雨林亘古枕海图（手卷）/ 2016 年

邓子敬 / 雨林亘古枕海图（局部）

邓子敬，（1943— ），海南人。现为广东画院画家、一级美术师、中国美术家协会会员、中国版协会员、广东省美术家协会理事。擅长中国画、版画。作品曾多次参加全国性美术展览。已出版《邓子敬画集》《邓子敬美术作品选》《邓子敬黎族风情系列》《邓子敬访塞浦路斯速写选》《椰风海韵——中国山水画选》等画集。其传略被编入《中国美术家名人录》《中国当代书画名家名人大辞典》。

代表作：《喧闹的胶林》《阳光下》《胶林晨曲》《幽谷饮鹿》《椰林湖畔》《椰香》《雄奇独秀南海湾》等。

刘斯奋：中国当代文人画代表

关于创作

2014年阳春三月，北京中国美术馆，一个主题为“贯通融会——刘斯奋书画诗文”的艺术展，在这里拉开帷幕，并引起一场轰动。

在岭南艺术界，有一位全才，他就是曾任广东省委宣传部副部长、广东省文联主席、广东画院院长的刘斯奋，一位著名当代文人画家、书法家、小说家、诗人、理论家，同时也是一位卓有成就的学者。在当今岭南艺术界，他堪称全才。

他，没有师从哪位名家，靠的是自己的禀赋、学识、实践、观察与探索，以及自己的勤奋拼搏。最近，记者趁他在北京中国美术馆举办个人画展之际，与他进行了零距离的对话。

“您刚刚在中国美术馆办新展，今后是否会花更多时间去关注广东画坛的发展及文人画的研究与创作？”记者提出。

刘斯奋说：“是的，我过去主业是搞行政，其实，我早在少年时就迷上了画画，且乐此不疲，可是后来考上中山大学，读中文，再后来，命运之神阴差阳错地将我推上了从政之途。虽然我一直不停地写写画画，却连一天的‘专业人士’也没当过，只能在业余状态下进行。后来我当广东画院院长，我想有两个原因，其一，我省提出建设文化大省，那么美术在广东也是一个大项，全省从事创作的画家，无论在数量还是质量上，都居全国前列，因此，发展美术是个重点，整合好这方面的资源事关重大。而画院作为美术创作的专门机构，承担着很重要的作用，所以需要有工作经验、懂行又精于行政管理的同志担任院长。我从事文艺领导工作已10年，一直与文艺家打交道，积累了一些经验。其二，我自身对美术情有独钟，近些年来，我一直在从事现代文人画的创作与实践，并逐渐形成自己的面貌，得到多方面的帮助与好评。既然身在其位，也得谋其政，我会努力抓好画院自身的建设发展，为推进全省美术事业的发展，为我省建设文化大省尽一份力。”

“您的小说《白门柳》获全国长篇小说最高奖——第四届茅盾文学奖，如今又被搬上银幕，这已奠定了您在中国文坛的地位。您又陆续出版了几部学术著作、诗文、散文，其中文化论文《朝阳文化，巨人精神与盛世传统》获广东社科研究一等奖。您如今又倾情于现代文人画创作，您是如何评价您的艺术成就的？”

刘斯奋
书法
年份不详

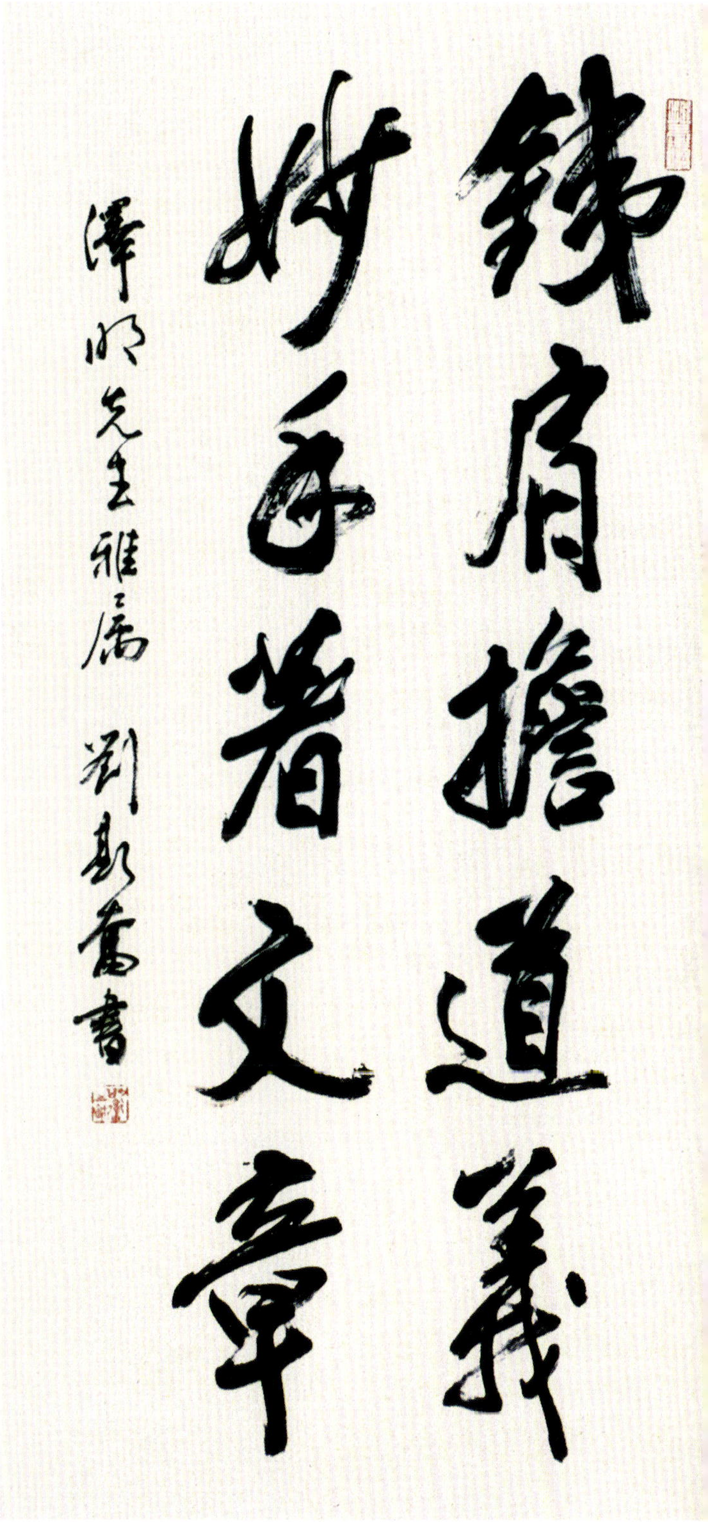

刘斯奋，（1944— ），广东中山人。1967 年毕业于中山大学中文系。历任广东省委宣传部副部长、广东省文联第四、五、六届主席、广东画院院长、中国作家协会会员、中国美术家协会会员、中国书法家协会会员、一级作家、享受国务院政府特殊津贴。作品《白门柳》获第四届茅盾文学奖、人物画作品《都市窗口》，入选第十届全国美展。《新权利女性》《车站流行色》入选文化部全国画院优秀作品展，山水画作品《万岳朝宗》《藏春坞》被北京人民大会堂收藏，另出版学术著作《陈寅恪晚年诗文及其他》《苏曼殊诗笺注》《黄节诗选》等被授予广东省第二届文艺终身成就奖。中国当代文人画代表，擅长中国画，书法。

刘斯奋说:“自己评价自己的艺术成就，这叫‘王婆卖瓜，自卖自夸’。只能说，我这些年来涉猎较广，除了做好本职行政工作之外，喜欢写小说、画画、搞点书法，对学术理论也有兴趣。这些年拿了一些成果，至于怎么样，得由专家读者去评价。但无论干什么，我都很投入，尽自己的努力，全力以赴把它做好。我的作品在数量上并不比别人多，但质量上还是能够拿得出的，起码不会令人笑话，这点自己是用真诚的态度对待的，不敢像混混，可聊以自慰。历史小说《白门柳》，我花了16年才完成，从37岁写到53岁，得了个奖，影响自然大了。我选择了历史小说，因为我觉得现实题材不是自己的长处，我的生活经历、生活环境不够复杂，生活的接触面也不够广，在这方面比不上其他作家。写历史小说多少可以避开这种短处。而从另一方面来说，历史小说要求作者具有一定的学术研究基础，能够较熟练地掌握和运用古代语言，对传统文化有较深入的理解。这些方面我相对有点优势，驾驭起来比较得心应手。无论做什么事情，我都注重认清自己的长处和短处，扬长避短，以达到事半功倍之效果。”或许这就是刘斯奋的精明与成功之经验。如今，他创作的《白门柳》对历史的忠实程度，连历史学家也难挑出毛病，其人物语言、性格、思想乃至风土人情都符合历史的记载，这相当不容易。

“您如何看待中国文人画的发展？它的前途怎么样？”

刘斯奋认为，中国文人画最早萌生在唐宋，到元、明、清真正兴旺起来，其作者绝大多数是熟谙传统文化的饱学之士，能诗善文，学有专长，然后出入画坛，其作风则由重描摹（学院派画风）转向重挥写，由重形似转向重神似，由重客体表现转向重主体抒发，由重技巧审美转向重文化审美。文人画的出现，使中国画的面目为之一新，引领数百年之风骚。

当提及现代文人画与传统文人画的区别时，刘斯奋说:“文人画‘四要素’是不会过时的，我的画是承接中国文人画的脉络，注入时代审美，去探索、去表现新的有时代精神的题材。否则，只能是处于重复临摹状态。就人物服饰而言，从外表看，古代人物是宽袍大袖，而现代人衣服是短线条紧身的，这怎么用古代的大写意去表现呢？去描写人物的神似呢？用‘四要素’去表现新的题材，这是我们新文人画面临的挑战，否则就不可能推动新文人画的发展。我的现代人物画之所以引起画坛的关注，因为这种笔墨的转换的突破，大家认为不容易。我对文人画的目标和追

求是尝试将大写意人物画从古代题材向现代题材推进。谁跨过这个门槛达到成熟，谁就能够在中国美术史上留下一笔。我意识到这一点，并朝着这一目标努力。也许这无助于名与利的获得，但能激发我的艺术冲动，进而获得一种创造的满足，这就是最大的收获。”

“艺术这东西确实跟作者的人格魅力与文化涵养有密切关系，但不同的人、不同的艺术家是不同的。艺术家强调个性、激情。没有个性，没有感情的作品，那是不可能感动人的，也不可能有它真正的价值。精神生产与物质生产不一样，物质生产例如制造一辆汽车，设计出来后可以成千上万地生产，以满足人们的需要，但是艺术不行，作品如果千人一面，谁去看呢？没有激情与个性就不是艺术，但艺术不是偏激的、狭隘的个人主义。心胸宽阔，对事物不持偏激态度，与人为善，对人真诚，有强烈的同情心与爱心，这自然反映在艺术创作上。包括文化素养也是，画家画画，画到一定程度画素养，素养实际是通过自身的学习、吸收，通过对古代及现代文化的综合感受，形成自己一种独特的审美观、趣味观。有了高的素养，眼界就高了，画的格调也自然会高。这正是画如其人了。”刘斯奋说。

当谈及如何处理好文学创作、书画艺术创作与行政领导工作及家庭之间的关系时，刘斯奋说：“有区别又有联系。一个人活在世界上，不可能绝对自主，命运安排你做什么，那是身不由己的。就像我从来没有想过当行政领导，结果当上了。我觉得事物之间有相互联系，要善于去运用，善于去利用事物之间的联系就能打开一种新的路子、新的眼界。比如，我当了领导，虽然在文学艺术上花的时间少了，这似乎是一种损失，但另一方面，从事这种行政工作，使眼界开阔了，因为接触许多各种各样的人，当然会倾听他们的意见，眼界要开阔，心胸也要开阔，有全局观念，这就形成了一种精神境界，在创作上也会显示出来，这是整天闭门造车的状态下所不易达到的。其实事物都是有利有弊的，不要光看一面之得失。我的业余时间都用在创作上。家里的事情都交给太太了，这些年来，她为我付出了很多，我为工作和艺术创作也付出了很多，但我们相互理解、相互支持，才有我今天的一点成果。”

然而在写作人的眼里，刘斯奋是从政的；在绘画人的眼里，刘斯奋也是从政的；而在从政的同事眼中，他又是写作和画画的。刘斯奋调侃说：“成了专业人士，

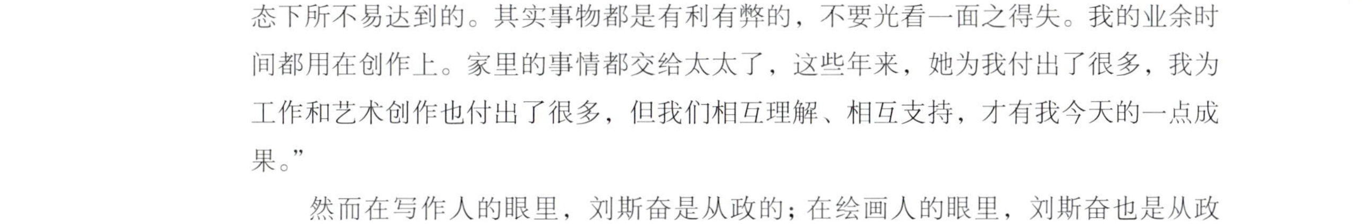

刘斯奋 / 人物画手卷 / 2016 年

可就绝对没有这种潇洒了，到时候，恐怕不管是否写得出、画得出，都是要硬着头皮去写、去画，否则就会被认为是占着茅坑不拉屎。而且你是写作的就只能一辈子写作，你是画画的就只能一辈子画画，你是搞学术的就只能一辈子搞学术。嫁鸡随鸡，嫁狗随狗，从一而终，否则就是不务正业。更要命的是一旦动笔，就得时时考虑着是否保持了‘专业水准’，时时打听着同行圈子里刮什么风下什么雨，什么东西最时髦最吃香，生怕落了伍掉了价。”呜呼哀哉！当个“专业人士”也并非好玩的。

令人钦佩、敬重与惊叹的是，一直处于业余状态的刘斯奋以其良好的文化素养，深厚的文学底蕴，勤奋而善于思考的独创精神，不但在文学创作领域上获得大丰收，摘取全国文学最高奖，他还大胆地将中国现代文人画推向一个新的领域，成为一位声名鹊起的中国现代文人画的代表。

关于文人画

斯者，这也。奋者，奋发，奋斗也。人如其名，名如其人。刘斯奋没师从哪派，靠的是自己的奋发图强。

他认为不随名师的好处就是可以自由、潇洒地尽情发挥，同时非科班出身的他，对画的构图也多了一份与众不同的思维。

采访过程中，他一再强调中国文人画应走继承、发展、创新之路，同时，注重向传统学习，吸收西方优秀的东西。

刘斯奋的独特身份使其习画有很多优点，可“思接千载，视通万里”，比起单纯绘画的人更为自由、洒脱、纵情。古之东坡、文长、八大，他们都是挥写自己对人生、艺术的体会。刘斯奋的画承继着文人画的精神气韵，眼光却从传统文人画的山水花鸟竹木主调转向人物。而他的新文人画，其笔墨仍然是恣肆放纵，情调依旧散淡自得。文人画的发展，在每个时期都有其自己的特点。对于他来说，继承和发展文人画是他的职责。文人自有文人的风度、文人的气质、文人的品格，如同啖蔗嚼榄，咀之有味，渐入佳境。他擅画人物，用现代的线条去勾画人物的形象、心灵，惟妙惟肖，体态多姿，饶有新意。《钟馗》是外形很丑的、驱鬼避邪的英雄，但刘斯奋笔下的钟馗，是位很文人化的人物，外形丑，内心美。他的形象是复杂的，既是神又是人，既悍烈又很有文化。《街上》画的新潮女人身着黑色露脐装，这是新的题材、新的课题，但由于刘斯奋从文化的角度入手，取神似而舍形似，从而使“新人物”亦散发“古香”。诸如，“吃饱了”“家务问题”“女工的假日”“作品发表了”等画作，都是画家从文化的角度切入生活，小道具的点缀安排也极具文人气息。

与一般画家不同，刘斯奋对绘画情有独钟，但是他另辟蹊径，不喜欢沿着现有的河道走。因此，他以独到的眼光与独特的艺术风格备受行内瞩目，同时给画坛带来了亮丽清新的风气。他对线条、色彩的准确感觉和把握，更得力于他的天分，他的学养，他的思想、气度和胆识，得力于他的文化内涵。更有专家认为，他的画散发着一种独特的书卷气：俊朗、儒雅、飘逸、清爽，展露出了文化人的丰富底蕴。他的文化艺术根基，或许多少受其父亲—刘逸生老先生之影响。刘老是位能诗善文、博古通今的著名学者、诗人，其《唐诗小札》影响了一代代人。

读刘斯奋的画，乃文雅之艺术享受。画面人物风趣，个性强烈，栩栩如生。

他的作品融入书法、诗章、文学，可视、可读，更可思而度之。欣赏者，实乎，虚乎，艺术境界之美形成乎。

梁培龙：童心·童趣

著名作家秦牧曾说："专门画儿童画的画家不多，梁培龙就是近年来颇受人瞩目的一位。"多少年过去了，不知如今的梁培龙与他的儿童画怎么样了？记者近日敲开了他的家门。

初见面，这位身材不高，但面目很慈和的画家，忙着让位倒茶。稍聊片刻，他便领我进其不算大却井井有条的画室，我的采访就这样开始。

"你为何选择儿童题材画的创作，而且一画就是几十年？"面对我的提问，梁培龙说："其实，自己最早不是画儿童题材作品，而是画些宣传画，色彩很浓很浓的，后来——那是1972年他画了一幅《奶奶我也去》入选当年省市美展，引起了广东画坛的注目，并被调入广东人民出版社《红小兵》杂志任美术编辑，从此改变了自己的命运，走上儿童题材的创作道路。儿童画给了自己艺术生命，因此对它厚爱有加，至今已足足干了30个年头。"

"说实话，我曾试图放弃画儿童画，因为儿童题材难登大雅之堂，毕竟是'小儿科'。后来，我觉得为儿童画画的人毕竟少，自己又似乎是这块料，也挺喜欢的。画儿童画，需要有一颗真善美的心灵，同时要有一颗童心，才能去启发他们的童趣。我具备这种条件与素质。于是，路子选对了，我就坚持不懈地去追求。下班了，到码头画素描，到幼儿园画速写，饮早茶时也不忘带上速写本……日复日，月复月，年复年。我也一次又一次地尝到了甜头，作品曾在意大利、捷克斯洛伐克、泰国、日本、美国、澳大利亚、加拿大、新加坡、韩国等国家展出，曾23次获奖。《小刺猬盖房子》被印刷成精装本，选送意大利国际儿童书籍插图展，还入选第六届全国美展。为此，《中国出版年鉴》专门作了介绍，并受到全国儿童画坛的注目。《雄鸡大叔》一书被选送参加'东南亚国际画展'，又在第一届幼儿图书评奖中获优秀绘画三等奖，从此确定了个人的艺术风格。"他说。

国画《捉蜻蜓》在上海"双杯"全国书画邀请赛中获特等奖，《对弈》在第四届海内外中国书画大赛中再获金奖。后来，他创作的100幅儿童题材作品分别在北京、广州展出，首开全国儿童画家、儿童题材画的个人展览，成了中国儿童画领域南派的代表。

"你是如何营造一个天性率朴的欢乐儿童天地的？"

梁培龙说："儿童是天真、无邪、可爱的，同时又是喜欢观察，善于想象的，

梁培龙 / 对弈 / 年份不详

但如何在笔墨上体现出来，我经过无数次的探索与实践，发现可以将看电影时看到的虚出虚入的重叠镜头，运用到儿童读物创作中去。这样，我可以把不同时空的概念在同一画面里表现出来，达到联想目的。我还发现，很淡的墨最能体现变化，最能体现儿童纯洁无瑕的心灵，乃至透明稚嫩的肌肤，即淡墨写童心。于是，有意识地追求国画淡墨单纯的色调，着意在淡墨上做功夫，并不断探索寻求自己的路。我把素描表达暗部过渡的方法运用到国画中去，使其墨韵在素描关系上贯成一体，并着意追求外部轮廓线的整体感，用破墨法为之，还吸收岭南派的撞水撞粉法，力求使画面产生水溶溶的效果，以表达水分与墨韵。在不断的写生、速写训练后，我又吸收了儿童造型方面的美感，结合儿童变形手法融合于国画中。同时，自己必须要有一颗爱心。首先对父母要有爱心，还要细心观察儿童的思想、动作等变化，这些如果不仔细观察是模仿不了的。这样，一个天真活泼、天性素朴的欢乐儿童天地就构筑起来了。”

“你认为画这种儿童题材画能否有大作为？如何在大俗中获得大雅？”

梁培龙：“儿童是国家的未来，世界上许许多多先进的国家，对儿童题材读物的出版无不认真对待，全力以赴，且大受欢迎。我想，随着我国经济实力的不断提高，儿童题材这类作品是大有作为的。这需要我们广大艺术工作者下苦功，提高自己的综合素质。我除了画画，就是看书，看杂文，看散文、看古今中外名著……把书中知识引入画中，让画中有诗，诗中有画，这样，儿童画就不再是‘小儿科’了，就能登上大雅之堂，就有大雅意识了。”

的确，我们看梁培龙的一幅幅小品，一个个胖鼓鼓、大眼睛的小朋友，一头头小动物，并不觉得其乃“小儿科”之作。相反，我们从他编织的一个个小小的世界里，看到了一个充满童心、童趣，且实在而又瑰奇的大世界！

梁培龙 / 红蜻蜓绿蜻蜓 / 年份不详

梁培龙，(1944—)，广东三水人。中国美术家协会会员、广东省美协理事、广东省美术家协会少儿美术艺委会副主任。专业职称美术编审。出版有《梁培龙画册》《梁培龙水墨儿童画选》《童年的梦——梁培龙画集》《儿时的歌——梁培龙水墨画集》等。曾受聘为广州画院画家、南京画院特聘画家，并被列为新中国成立以来中国十家著名儿童题材画家之一。

伍启中：把美丽人物长留人间

从美术编辑记者，到广东画院专业画家、副院长，伍启中在人们印象中，总是平平实实，为人处世格外低调。人如是，画亦然。他早在当美编时，就已大版大版刊载自己的绘画作品，而当上专业画家后，对于登报之类的宣传却似乎不在意了。多少年来，作品获奖是一个接一个，可登报却是愈来愈少了，即使以前刊登的一摞摞报纸，也不知放哪了。

手头拿着一本20世纪90年代的《广东画院画家新作系列》小画册，翻开赏读，只见伍启中笔下的作品亦庄亦谐，融西铸今。他笔下的人物，有庄严凝重的，如20世纪70年代就有油画《东方欲晓》《井冈山的道路》(与陈衍宁合作)、中国画《心潮逐浪高》《世上无难事》《壮心不已》《低头》(与刘仁毅合作)、《喜羊图》《彝族舞蹈》《双清楼——何香凝》等。这些作品都是当时颇有影响的作品，有的入选全国展，有的入选广东省展，有的送国外展出。尤其是国画《浩气长存——孙中山》《康有为》，前者是为纪念孙中山先生诞辰120周年应当时有关领导点题而创作的，作者尝试打破传统人物画模式，以概括性的背景来突出人物。作者通过松树的苍劲、树枝的挺拔、造型的动感处理，表现了一种不屈不挠的风格。人物上着重突出对孙中山的理解，重在气宇的刻画。因此，我们看到作者笔下的孙中山，巍然屹立，站在松树之前，不仅形象逼真，而且气度轩昂。尤其是作者着意刻画孙先生深沉的眼神、肃穆的口形以及紧握手杖的双手，显示了这位民族英雄的高尚品格。该作品入选“中国一百年”的中国画展。另一作品《康有为》，作者重在营造席卷而来的黑压压背景，寓意于革命风暴的来临时康先生敢于冒死上书，力陈变法的气概与不畏强权的决心，突出人物，深化了主题。还有《风雨青纱帐》背景处理大胆、写意、抽象，人物形象逼真、写实，曾得到时任广东省省委书记李长春同志的称赞。《朱德在兰圃》这一作品，作者不去刻画朱德元帅的叱咤风云、威震天下，而是刻画其生活中的慈祥、豁达、乐观的长者形象，同时以兰花为背景且大胆留空，充分体现了一位革命家的开阔襟怀与可亲可敬的形象。这些作品技巧娴熟、手法老到，使得朴实的画面又另具一种魅力与冲击力。

在我们的生活中，那些有艺术成就、有学识者，从不张扬，从不夸夸其谈，总是以平常人之心，真诚地探索艺术，能在平凡的生活中去发现美、感受美的真谛，同时用自己的才华把美呈现在艺术创作之中。伍启中就是这样的人。他的舞蹈人物、唐诗宋词之画作《荷风送清音》《行到水穷处，坐看云起时》《带月荷锄归》《春园寻乐》《亭中一醉翁，意在山水间》《泉声鸣语》《落花人独立，微雨燕双飞》《不是一番寒彻骨，哪得梅花扑鼻香》……这一幅幅作品，是作者在诗中找到的感觉，捕捉到的意境，然后饱蘸笔墨、色彩，一挥而就，墨彩交融，相映成趣，仿佛触手可及。作者善于用油画技法进行中国画创作，尤其是它那美妙和谐的色彩、微妙的肤色、细腻的造型、律动的线条、奔放流畅的笔触、迷人的空间暗示、引人注目的细节描画，以及能启动想象力的精细的描画等等，使观者产生一种情绪、一种联想、一种美的思索。

一句句、一首首美妙的诗词，在他的笔下，变成了一幅幅或抒情，或悠闲，或寄思，或陶醉的美景。而一幅幅美景又变成了一曲曲、一首首静静流淌着的恋曲、田园诗，舒缓地抒发着作者平和、质朴的心绪。欣赏伍启中的这些画，如在吸收着大自然的清新空气，吟哼着一首首动人的乐曲，令人陶醉。偏僻的山村、宁静的山路、清澈的湖水、沁人的白梅……这一切，共同呈现出一种真实质朴而又富有内涵的美，而它们都似乎曾“藏在深闺人未识”。

伍启中以自己独特的感受、精湛的技巧，把对大自然的爱淋漓尽致地融于笔端，倾于画中，表达出艺术的真美。画面明快通俗，既逼真可信，又微妙含蓄，充满诗意。这就是伍启中先生的作品之所以如此感人的力量所在。简而言之，作者笔下的作品有情与景的交融，有创造性的思维，有艺术语言的锤炼，更有形式的探索，它们是那么富于节奏和韵律，使画面具有音乐感，充满魅力！

伍启中 / 泉声鸟语 / 年份不详

伍启中（1944— ），广东新会人。国画家。曾任广东画院副院长、一级美术师，享受国务院特殊津贴专家。主攻中国人物画。作品在20世纪70年代多次参加全国、全省美展，并选送到加拿大、日本、美国、澳大利亚、泰国、新加坡和中国香港、澳门、台湾地区展出。中国画《康有为》获第七届全国美展中国画铜牌奖，中国画《浩气长存——孙中山》获1993年全国首届中国画展览优秀奖。作品为国家收藏。

陈振国：探索女人壮硕健美新画风

关于振国风格

“画出自己的面孔很难”。这是广州美术学院陈振国教授发自肺腑之言，也是他不断探索、追求的指南。读陈振国教授壮硕女人系列作品，我们可以窥见他画法技巧的新变革，有人将其概括为“振国风格”。

近些年，陈教授的作品画幅多从长屏转入方块构图；人物无论是唐代仕女还是瑶山妇女，都从过去的苗条匀称走向丰乳肥臀，壮硕健美。这种画法，也许与现实中的生活美有很大的距离，但生活美不等于艺术美，将人体造型稍作理想提升，或许，这正是陈振国艺术探索的用心所在。如《瑶山母子》系列、《秋思图》《晨》……这些作品通过造型的张力去传达画家的审美判断和情感，与别的画家拉开了距离，从而形成了自己的特色与风格。有行家认为，艺术家到这一步之所以不易，在于其追求的是一种新的自己，一种新的风格，这是画家人生阅历、艺术素养乃至文化底蕴等综合实力的表现，绝对不是时下那些缺基本功而去赶时髦、追求所谓现代感的猎奇之人。不少专家学者称赞其作品乃深厚的传统根基与开放的现代意识相结合的产物，他的作品把视觉强力的量感与清新脱俗的韵致融为一炉，在人物画坛中别具一格。

早在20世纪70年代初，陈教授因其代表作《假葬》和连环画《飞鹰崖》（与人合作）一举成名，从此奠定了他在画坛的重要地位。其后在80年代初的研究生学涯中，其毕业作品《一九七九年的春天》以扎实深厚的人物造型、娴熟的笔墨技巧展现了过去年代的众生相，成为展现深刻变革的中国社会现状的优秀作品。尤其在九十年代后，陈教授的艺术创作无疑已进入成熟期。在《瑶山母子》系列中，他成功地把对社会关怀的表述渗入了更多的个人体验，在笔墨与色彩的创造中呈现了更多的个性意味，洒脱精妙的笔墨与母爱精神的交融，使我们感受到一种博大的爱的升华。其独辟蹊径的内蕴和风貌，在岭南画坛独树一帜，令人刮目相看。

读陈教授的作品，让人感到一种引人思索的壮美。也许，这与他长期受岭南文化滋润，乃至受到其故乡的楚文化影响有关。正如他所说：“我每画一张，都有一些想法，它没有情节，没有具体形象，也没有故事，只表达一种印象和感受……”一种雄壮，一种宽厚，一种博大，一种力量……也许，这正是“振国风

陈振国 / 母与子 / 年份不详

格”的内涵所在和感人之处。

关于书画同源——与陈振国教授对话录

陈振国是广州美术学院原国画系主任，当今著名的人物画家。但还是一位出色的书法家，其传统书法功底不亚于当今书坛名宿，还曾将自己的书法作品出版专集。

他说，书法与绘画是两种平行的视觉艺术。从传统意义上讲，绘画相对是具象的，书法是抽象的。而搞中国画创作的人要在画作上写写字，这是一个约定俗成的传统，是对画家的一种要求。在画坛上，诗书画印皆能的画家不少，如齐白石、吴昌硕等。因此，画家落款题字，字写不好，总有点美中不足。学画与练字是分开学的，不是为了画画而学书法。从某种意义上讲，书法是另一个广阔的天地。但它们又有关系，绘画中抽象因素很重要，通过学习书法更能理解其抽象意义。因此，学好书法意义重大。

传统中国画是用抽象艺术语言构成的一个具象的画面，书法本身就是抽象的，两者都有一个重要的支点——抽象。

从客观上讲，书法写得好，对绘画的笔墨、线条的表现有帮助。

20世纪80年代初，陈教授就开始书法创作。先学柳书后学颜体，弄懂“颜肥柳瘦”，再学学李北海。李北海的书法介于碑帖之间，难懂难学，学的时间最长，后来又学魏碑，小楷也常学，主要学钟繇、王羲之，从不间断。通过前二三十年的练功，开始有自己的体会，就试着创作，至今已有三四十年。

在进行书法创作时，他考虑的是作品的整体性。当然，作为画家，他也会把绘画的趣味带入书法。绘画时，以绘画为主，书法要服从于画，成为画中的一部分；不同的绘画作品，施之以不同的书体，以求达到趣味多变，和谐统一。大概说来，书家字，以追求法度森严，较为正统；画家字，追求的却是趣味、灵性，是一种性情所至与流露；学者字，是一种文化底蕴的呈现，给人以温文尔雅之感。

有什么样的个性，就会创作出什么样艺术风格的书法作品。性静情逸的王羲之决不会写出颜真卿的博大雄浑，而博大雄浑的颜真卿也绝不会写出怀素的颠逸狂放，而颠逸狂放的怀素绝不会写出苏东坡的天真烂漫，而天真烂漫的东坡也决计不会写出米南宫的恣肆跳荡，诸如此类等等。

陈教授认为，对于写字或画画，线条很重要，线条质量高了，作品的质量也会提高。如果说，书法写好了，画就画好了，这就未免太简单了。在绘画中，线条的情趣、情绪，乃至丰富性都是多变的。以书入画，是一条路，但不是唯一的路，仅是一种用笔方法和艺术语言探索的途径之一。

陈振国 / 春眠图 / 2001 年

传统没骨画同样与书法联系，主要是用笔的问题—用笔宽了，就是没骨。

陈教授认为，书法写好了，其在人物画中的线条、节奏跟舞蹈人物的动作造型协调，作品就动了，活了，也就产生了一种魅力。他画舞蹈人物是通过用笔的变化去表现舞蹈人物不动中的动，一幅作品往往把它作为一个整体而非某个个体来表现。舞蹈是瞬间艺术，它有过程、有发展、有高潮。但他画现代舞，只选一个角度，一个片断，或某一感受最深、印象最深刻的东西，然后集中笔墨，千方百计让人物立起来，体现运动中的节律，表现运动中的造型。

陈振国，(1944—　)，湖北人。曾任广州美术学院中国画系主任、教授，广东美协常务理事、广东省政协第八届委员、广东省美术家协会中国画艺委会副主任。擅长中国人物画。作品有《春满瑶山》《一九七九年的春天》《詹天佑》等。

陈永康：岭南“雀仔康”

当今岭南画坛，谁个不知“雀仔康”？

到底“雀仔康”为何方人氏？广州画院专业画家、国家一级美术师陈永康是也。因其花鸟画中爱画麻雀，因其观察麻雀动态之细之专，使其所画麻雀造型之逼真，故有“雀仔康”之美称。久而久之，名扬广州，蜚声国内外。

称陈永康为“雀仔康”名副其实。他为观察鸟的各种各样的动态形状，竟然把家当成“小鸟天堂”，什么鹦鹉、画眉、老鹰足足有14笼之多。他把如此众多的鸟当“模特”，日日画月月画年年画，俨然成了鸟痴。其实，永康小时喜欢跟父亲养鸟，再后来他独自思考，总结并掌握了不同鸟类之不同特征，如喜欢吃鱼吃虾的鸟，脚长，嘴长；喜吃虫的鸟，嘴尖细（画眉鸟）；吃肉的鸟（鹰）爪利嘴带钩；吃粟的鸟嘴短厚等等。尤其是，他总结出了画麻雀的方法，雀身离不开蛋形，再加嘴头翅脚，便成了雀形。简言之，即雀形 = 蛋形 + 嘴 + 头 + 翅 + 脚。他说，画好鸟的形态，关键是要画好鸟的颈部。这是“雀仔康”的看家本领。

画家经过多年的探索，其写意花鸟豪爽、挺劲、秀润、酣畅、怡心。他的花鸟画虽属岭南派范畴，但已不是纯粹的岭南派或少昂派了，而已注入了近代虚谷、任伯年及当代许麟庐、唐云等海派画家及李苦禅、王雪涛等北方诸家技法，丰富了其花鸟画的技巧与内涵，大刀阔斧，淋漓畅丽，能让专家点头，群众叫好。

我们常常有机会观赏陈永康画画，只见画家铺开宣纸，稍微伫思，便利索地举笔挥毫。时而疾笔如雨，时而慢转思顿，起落毛笔之间，栩栩如生的麻雀便在宣纸上扑翅飞舞，再加上几笔小树小草小花，一幅画作便呈现在眼前。或许是由于生活好了，陈永康现在笔下的麻雀也肥美了，他的长卷《雀跃图》一群麻雀欢天喜地的飞舞戏啄着，看得出其身躯壮硕多了，丰润多了……

近年来，他更沉浸于中国画的“破墨法”，墨荷、墨蕉、黑葡萄、墨梅、墨牡丹等，墨与色破渗混糅，浑然天趣，肌理奇美。同时，画家十分重视笔法和墨法上的每一笔，都以流美畅快的行书韵致去“写”画，给人一种畅美舒神之感受，从而使“雀仔康”在岭南越叫越悠扬，越叫越响亮。

陈永康
红梅八哥
2012 年

陈永康 / 雀跃图 / 2011年

陈永康，(1944—)，广东顺德人。广州画院专业画家、国家一级美术师，中国美术家协会会员、广东省美术家协会理事。擅长花鸟画，在岭南画界有“雀仔康”之美誉。他的花鸟画创作秉承了岭南画派的写实风格，融汇海派和西洋画的技法，于平和心境中创造了一份苍润内敛的格调。

陈秋明：勤取旧墨书新风

书如其人，秀雅淡然。笔者常常有机会聆听书法家陈秋明的教诲。拜观其挥书疾笔，故有此之感。他握笔自然，落笔肯定，挥笔直书，成竹在胸，其书线条灵动，丰富多变，笔墨饱满，且遒劲飞舞，秀雅淡然。读之品之，美不胜收。仿佛被一首优美的“广东音乐”所吸引。其灵动的线条美，时而把你带入了《平湖秋月》的旋律中，怡情悦目；时而又把你引进了《雨打芭蕉》的抒情水乡里，秀雅淡然；时而又领你进入《彩云追月》的美轮美奂的仙境中……

笔者有幸见过不同的书法家，了解他们各种习书的故事。谈及习书的理由，也是百般有趣，其中最单纯的莫过于陈秋明老师。在聊天过程中，陈老师直言道，他从小就是喜欢漂亮的字。小时候的他，一看见漂亮的字就喜欢抄下后拿回家慢慢临摹，从生活中能见到的印刷字体，到名人碑帖，在这临摹与书写之间，他就与书法结下了几十年不变的缘分。

学书三要：悟、勤、博

“学书法首先需要悟性，这是天生的。”对于习书，陈老师很看重一个人的悟性：“正如姚明有打篮球的悟性，天生就是吃运动这碗饭。你让他去练习书法，未必能有像篮球一样高的造诣。”

除了悟性，陈老师更看重的是一个“勤”字。提及习书之法，他坦言道：书法的写法在过去的几千年内变化都很少，笔画的下笔方式都是遵循一定的顺序，规律性明显，学习古人的书法就是最正确的途径。陈老师法宗二王，为了领略王羲之书法的运笔、结体以及神韵，他临遍了能收集到的所有王帖。其中，仅仅是一本王羲之的《圣教序》，陈老师就临了十年，从字帖上沾染的斑斑墨迹，就能看出临摹者一点一滴的用心。

说习书难，书法的规律性都很明显，若要说它易，书法却是最没有捷径可言的一门艺术。练习书法是一个需要大量的时间慢慢沉淀的过程。历来习书的人大多大器晚成，书法家必须耐得住寂寞，守得住清静，心怀敬虔，勤奋临帖，才能打好基础。笔者也相信，正是经过多年的基础研习，才使得陈老师打下了坚实的行草书基础。

在漫长的习书过程中，陈老师也意识到独学一家的弊端：“临一家书法，钻研到底，除了学到它的长处，更有可能在不知不觉中将这种书法的弊端也学习进来。”的确如此，当你日复一日的临摹着同一份碑帖，并把整个感情都投入进去的时候，往往无法轻易地辨别这幅书法中细微的短处。在陈老师的书房里，其中一个书柜就放满了各式各样的字帖，只要是好看的，他喜欢的书法，都会反复去临摹，学习笔画的走向，字的结体，在不断的练习中，汲取百家之长而成一家之法，从广博的墨海中逐渐回归到最初的纯粹。

继承传统，才能推陈出新

“法取兰亭存气韵，书随时代见精神”。这句话是陈老师多年以来研习书法的座右铭。它提醒陈老师不断从传统的书法中吸收养分。在他眼中，书法就意味着继承传统。“每种字体的写法就那么几种，《兰亭序》相对复杂些，但也不外乎那几种规律。”在长时间临摹碑帖后，陈老师发现习书并不是一件复杂的事情，只是难在时间这份功夫上。

在陈老师看来，现在不少人追求书法的创新，更多只是一种急功近利的做法，一些受到市场左右的新式书法，不从基础上下苦功夫，只是一味追求形式上的新奇，以求达到快速赚钱的目的，并不是真正的书法。陈老师所认可的创新，是在学会了传统的书写方式后，再逐渐融入个人的特色，写出自己的风格的东西。

在与陈老师的交流中，笔者印象最深刻的一句话就是：“不少人是以名存字，而真正的书法家是以字存名的。”的确，现在为数不少的名人笔墨能在市场上卖得起价钱，正是因为他在某方面领域有着自己的名声，所以他的笔墨便有了市场价值。尽管如此，他们的笔墨也只能称之为“名人书法”。真正的书法家是以字存名，因为写得一手好字，有收藏价值，收藏家才会去留存他的笔墨、记住他的名字。笔者所欣赏的，也正是后者。也正因如此，陈老师书写的巨幅行书作品—乐府诗《木棉花歌》被人民大会堂选中，成为目前唯一一件挂在人民大会堂的广东书法作品。整幅作品长5米、高1米，以行书为主，兼少量草书。据说，作者是酝酿成熟后，凝神静气，泼墨挥之，一气呵成。整幅作品气韵生动，笔精墨妙，有着浓浓的岭南书风特色。

春华秋实，学书就像那春耕，一步步积累下行云流水般的笔韵。对于严谨、认真的陈秋明老师来说，书法之路仍路漫漫兮，期待着他未来不断地上下求索，写出新的境界。

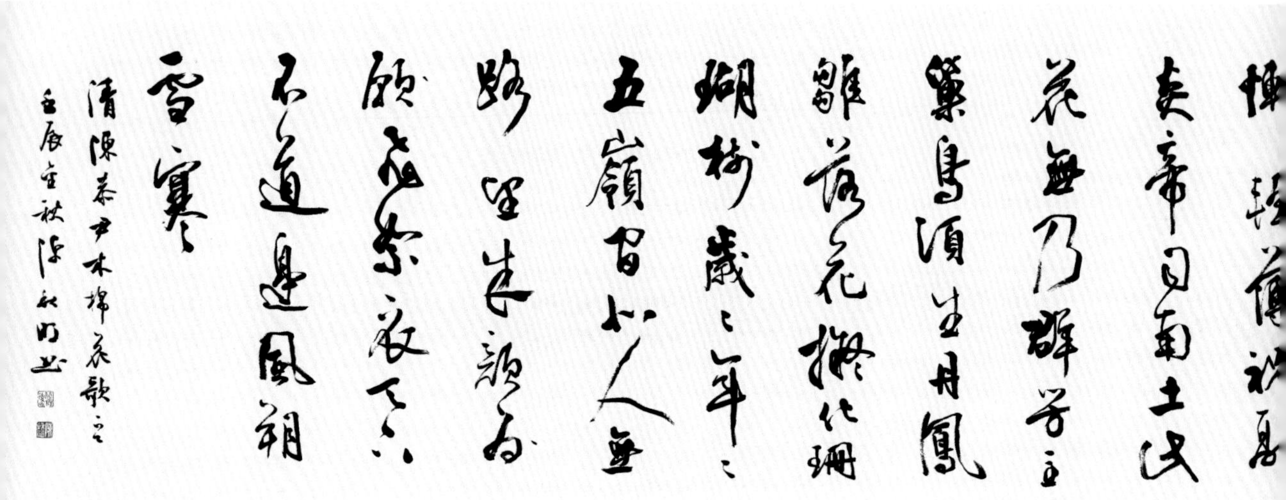

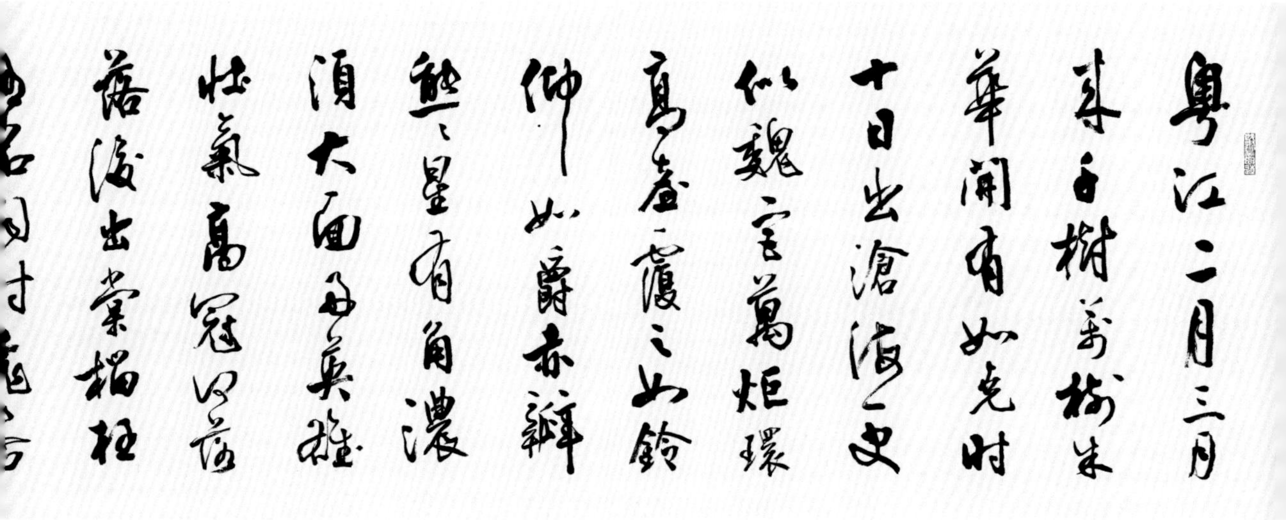

陈秋明 / 书法 / 2012年

陈秋明，(1946—)，广东普宁人。曾任广州市书法协会副主席、广州市海珠博物馆、邓世昌纪念馆副馆长。现系广州市人民政府文史研究馆馆员、中国书法家协会会员。出版作品集有《陈秋明书法集》《陈秋明东坡诗帖》陈秋明书《滕王阁序》《岳阳楼记》《前后赤壁赋》等数十本字帖。作品还被收入《中国当代书法家辞典》《中国当代书法家墨迹》《中国硬笔书法家辞典》等。

林仲伟：一个有画味的画家

有人说："高手在民间。"

我说："民间也有高手。"

有人说："林仲伟是自学成才的业余画家。"

我说："科班出身不一定都成画家。"

有人说："林仲伟的画笔法技法欠缺熟练。"

我说："林仲伟先生的画很有画味。"

画味来自何方？来自他对生活的热爱、追求与感悟。来自他一腔纯真炽热的真情实感。作品有画味，就能引起读者共鸣，就能把读者带入画境中。

今天，定格在2014年5月17日，地点：广东省文联艺术馆。由广东省潮人书画院、广东省文联艺术馆、广州日报书画院联合主办的林仲伟诗书画印艺术展开幕。我作为主办方人员之一，有幸参与并出席林先生艺术研讨会。听之观之，获益殊多，感慨殊多，于是斗胆胡诌一番，纯属一家之言。

纵观古今中外，会画画，能画画，画好画的画家，并非一定要上过高等院校，才能舞弄一番水墨，才能成家立业。齐白石、徐悲鸿、张大千……在国内没读过大学，依然成为一代大师。湖南有个被称为"农民画家"的王憨山、潮汕有位郭莽园……他们也没跨进大学门槛，但他们的作品有情有趣，按时下的话讲，叫"高端大气上档次"。时下有多少科班出身的书画家敢与他们"试比高"？林仲伟先生的画（诗、书、印暂且勿论），尤其有些写生小品，很能捕捉身边熟悉的人与事，且都能以小见大，宛若"生猛海鲜"，"吃"之鲜味十足，回味无穷，思之发人深省，催人乐笑。如《猫雀图》，作者自配诗云："孤飞双天翘，一雀四目送。而不施其职，百业无人敬。"《不求人》，这是作者因工作调动求人烦事之感悟，而诗画慨之："若不求汝，有何用处。汝不求人，人当求汝。"画面有感而发，言简意赅，入木三分。作品《拾支红毛当令箭》，简单明了，笔精墨妙。《大鱼吃小鱼》："大鱼吃小鱼，孰是非与孰非。欲抱不平者，心余力未济。"《笼蟹》："莫矜持，此时横行又直走，不自知，脱得樊笼入人口。"《相煎何太急》："一条茅草值几钱，苦苦相持究可伤，吾劝世人看破了，人间庶可少遭殃。"此外，还有作品《妙处难与君说》《清淡有真味》《种瓜得瓜》等，这些作品，来自生活，又高于生活。简简单单的生活，简简单单的线条，清清的水墨，淡淡的色彩，寄托的是作者浓浓的情，浓浓的意。每幅画，都像一首优美的哲理诗。这是作者高明之处，似乎属于"形而上”的好作品。那些口口声声科班出身的“画家”，那些工工整整，干瘪乏力，靠笔、墨、色、水堆积而成的作品，在技术层面上是形而下的。“形而上者谓之神，形而下者谓之器。”

或许有人认为，林仲伟先生的作品造型尚欠锤炼。但绘画只要能表达出意趣就行了。大家知道，齐白石画牛耕田，看来看去不像牛，但尽管形象不像，牛的意趣却在，并使人感到它还在慢腾腾地往前走；作者尽管没画水，却使人感到田里的水依然很深，这就叫“得意忘形”。

值得一提的是，林仲伟先生诗、书、画、印全面发展，他的作品是画中有诗，诗中有画，而且玩味十足。如《妙处难与君说》，画中之雅士抬头闭目，手指在鼻子前做熏状，小桌子上放着一个小碟，寥寥几笔，精妙传神。可谓笔简到极致，则有趣。林先生笔下的人物极简，又很准，便趣味无穷。此外，作者把书法及诗词巧妙地糅合在画中，达到画中有书（诗），书（诗）中有画之艺术境界。

林仲伟 / 大鱼吃小鱼 / 1992 年

林仲伟，（1946— ），广东潮阳人。现为中华诗词学会、中华楹联学会、广东省书法家系会会员，汕头市书法家协会副主席，潮阳市书法家协会主席。擅长中国画及书法、篆刻、诗词。自幼爱好诗、书、画、音乐等艺术，及长承家传中医学。书法先师承秦咢生先生，后拜师于王学仲、陈大羽先生门下，国画先后拜王奔腾、郑辅宣、刘昌潮、郑餐霞、王学仲、陈大羽诸先生为师。诗词、楹联作品及论文入编《中华诗词学会人名录》《楹联花苑》《诗词集刊》等。

梁照堂：生活艺术　艺术生活

当代中国画坛，有位以金石大写意花鸟画风及大草书法而饮誉中外的艺术家，他就是生活上朴朴实实、工作上痴痴醉醉，人称“金石癖”“书奴”“读书狂”的梁照堂。记者与这位生活艺术化、艺术生活化的国家一级美术师展开了对话。

“现在有一种说法是传统的中国画已经没有出路了，很多人认为齐白石、黄宾虹、吴昌硕已经达到了中国画的最高境界，中国画从顶峰跌落已不可避免，您认为是这样吗？”

梁照堂说：“其实中国画有很厚的底蕴和很宽的开拓力，明末清初已流传中国画从顶峰走向没落的说法，但到后来有了吴昌硕、齐白石等大师开创了金石画风，中国画又有了新的高峰。在我看来，齐、黄、吴三人的画不是到了顶峰尽头，相反，他们仅仅是开了一个金石画风很好的头。我们沿着他们开创的道路走下去，中国画的金石风还大有前景，能走到比他们更高的高峰。我们要继承、开创，并通过一代一代人的努力，使中国画走向更浑厚、更有力度的高峰。”

在谈到自己的作品时，梁照堂谦逊地说，我的画画得不怎么样，主要是我喜欢。小时候就喜欢中国画、书法，也受过诗书画印方面的教育，12岁常常画些花鸟画，后来进了美院附中。青年时期，特别喜欢逆光油画风格，如普拉斯托夫、特卡切夫、莫奈等的作品。我“借”他们的逆光色彩来表现中国或广东的题材，形成自己逆光闪动的油画风格。青中年以后，我又重新进入国学的领域，对国画、书法、篆刻、诗词进行研究与创作，尤其注重金石传统风格的研究与实践。我认为只有金石传统的东西才能真正表现中国画深厚内在的东西。我主张中西绘画要拉开距离，即“中西开璧”，但不反对“中西合璧”。其实，我也是从中、西走过来的，但我侧重并继承齐、黄、吴开创的金石风，主要继承其艺术力度、主张及精神，而非形式、表皮的画法。虽然至今尚未满意，但我会一如既往地走这条道。

“有人说你的作品创作中过分强调用笔用墨的慢、干、重、枯、浓，因而用水少了，故作品变化少了，你又是如何看待的？”对此，梁照堂说：“首先需要指出的是，我在30~40岁时期，十分注重用水，但后来发现中国画的要害在‘笔墨’，而笔墨的要害在‘笔’，所以就特别强化笔的力度、厚度，也特别强调中锋用笔。齐白石说，他的一生对中国画的体会，就是行笔慢。对此我深有体会，深受启发。潘天寿说，国画一定要‘强其骨’。说的也是笔的问题。中国画的笔墨，笔是骨，

梁照堂 / 三八哥石 / 年份不详

梁照堂，（1946— ），广东顺德人。国画家、书法家。现为中国美术家协会会员，中国书法家协会会员，广东省书法家协会理事，广州市美术家协会副主席，广州画院秘书长、理论部主任，广州文史馆馆员，华南理工大学艺术学院兼职教授，广州大学美术学院客座教授，美国华盛顿州中华美术家协会艺术顾问等。曾应邀为天安门城楼、人民大会堂、中南海创作大幅国画及书法。艺术交流出访美国、加拿大、德国、西班牙、法国、意大利、比利时、澳大利亚、荷兰、新西兰、新加坡、马来西亚诸国，并多次在温哥华、纽约等地办个展，其国画书法作为广州市政府赠外国姐妹城市，如法国里昂、加拿大温哥华、美国洛杉矶等市政府及赠如新西兰总督、泰国总理等政要的艺术作品。

墨是肉，骨肉骨肉，缺一不可。但肉是附在骨头上的，骨是核心。所以我更注重骨的作用，即以笔为主，墨为辅，只有笔力到位了，墨才能得到更好的发挥。今后，在保证笔力的前提下，再拓展墨的力度，坚持慢、重、辣、老的风格。”

梁照堂创作的鸽子闻名于世，故有“梁鸽”之称。

他以前所有的动物均画过，后来集中在鸽子，主要是因为，鸽子代表着和平、祥和、纯洁与进步，是人们的向往和追求，于是便把它作为表现中国文化及国学的载体。有人说他的鸽子是创新的，古代从未这样画过。“虽然我的鸽子还没画好，但的确是自己创出来的，它是创新的，同时是继承的。我把古代文人画中画鹰、八哥等禽鸟的画法应用到我的鸽子上来，又加入古代画鹰的力度、鹫鸟的雕塑感，使我的鸽子既有力度，又有古人画八哥等禽鸟的墨分五色的笔法、墨法。甚至我的鸽子的髻也运用了敦煌的色彩，于是，墨鸽已是我把对中国文化的理解的注入，而非仅仅是画鸽子。”

早期画鸽子，梁照堂着重于形似与写实，色彩也多。后来，他经过提炼更注重于鸽子的神似，这当中的“神”包括鸽子的神情与中国文化精神的融合，而且努力强调提炼笔法与墨法更单纯、简朴。

岭南画派大师杨善深先生在国外看到他的画展时，很欣赏他的作品。从此，他们相互认识交往了，2002年在他举办的画展前，年迈的杨先生专程从国外赶来并收他为弟子。

梁照堂说：“杨先生是位很有艺术造诣的老画家，他继承高剑父的苍辣笔墨，这是他们区别于其他岭南画派画家用笔的地方。这点跟我有共同语言，杨先生特别欣赏我的笔墨与书法，每每谈到苍辣笔墨时，我们谈得很投机。我在加拿大办个展时，他来了几次，而且一看就是一两个小时，一幅一幅地看，细细心心地问，使我很感动。2002年7月，我在广州艺博院办个展，他专程从加拿大赶来，他说他已很老了，很多画展去不了，但照堂的画展，一定要去，让我很感动。作为门生，我学了很多，杨先生长期周游列国，眼界开阔，既重视吸收，又重视传统。他跟雕塑家潘鹤是忘年交，国画中又有雕塑的养分。从杨先生身上，我学到了对传统的继承，对生活的热爱，对现代世界艺术的吸收力，又学到了淡泊功名的正直人品。”

后来，梁照堂坚持利用晚上及业余时间义务培养学生，传承和弘扬老师的精神。他说：“我的学生当中，他们也跟很多老师学过，严格上不完全是我的学生，他们当中有些得过全国奖，得省市奖的也不少。我为他们高兴。其中，他们有些人开始的作品很像我，后来也逐渐形成自己的风格。我很少教他们具体画法，主要是教他们审美及艺术规律。近年来的学生，主要教他们国学方面的修养，所以，他们除了懂画画，也懂书法、篆刻、诗词。只有诗、书、画、文一起，他们的作品才能得到提高。前期学生黄唯理、陈铿、廖伟彪、张伟等，他们在国画、油画上取得的成绩，还使我受到影响，是我学习的动力。还有，蔡海威、卜绍基、刘新强、赵健、林琳等，此外，还有在艺大和一些大学的学生，他们对西画及国画的理解，常常影响了我。我从他们中学到不少有益的东西，这并不是一种谦虚的说法。真的是这样，学生常常是我‘再学习’的重要元素。”

这位在书画界颇有成就，在理论方面也独树一帜的书画家，至今依然朴实、谦虚、厚道，依然默默耕耘在艺术道路上。

他说：“画画开头一定要勤，但要画好画一定要思考，把思考写成文章就成了一篇又一篇的理论文章。几年下来，竟也有了几千篇文章，我的太太正在为我出文集而张罗着。虽然写文章花去了我不少时间，但它对我的画画起到指导和促进作用；为了写文章，我翻阅了不少理论著作并常常思考着，因而使我的艺术实践更有后劲，更有深度，让我的艺术创作常常处于亢奋状态。”

诗、书、画、印、文，其实是一个东西，一个画家缺少它，则容易变成一个画匠，梁照堂却拥有全部。艺术上的梁照堂，却是一个大智若愚的智者。但在生活上，他是个低能儿，以致常常闹出笑话，不知有多少次，或去上课，或外出办事，或上友人家……他的裤链开窗了，衣钮扣错了，袜子穿错了……总之，他每次外出，妻子都不放心。而梁照堂说：“我的一生最大的爱好就是看书，关起门画画就是我最大的快乐。人家请我去吃饭，我觉得很累，我是个很内向、不善应酬的人，各方面能力低，陪吃、陪喝、陪说，还要陪笑，对于我来说，是件很累的事，当然同朋友们一起谈艺术，我是很乐意的。”

陈初生：融篆铸隶　古朴典雅

陈初生，是一位学者型书法家，古文字学家。他诸体皆能，尤擅秦隶，书风典雅淳厚，饶有金石气、书卷气。如今，陈教授又醉心音乐，热心古琴艺术。

或喜，或怒，或动，或静……这种情感变化，书法家往往能在书法里表现出来，我在赏读陈教授的书法时就感受到了。其书法中那情景交融的意境，时而像画，时而像音乐，时而像舞蹈，时而像优美的建筑。说像，又都不像。读之思之，又像一个有肉有筋有骨的生命体，在与我促膝交谈，那抽象的点、线、笔画的交织，分明给人以美的享受，美的陶醉。醉了的甲骨文，醉了的金文，醉了的小篆，醉了的秦隶，醉了的行书……汇成了一部“融篆铸隶、古朴典雅”的陈氏书法艺术世界。

陈教授曾经担任过中国书法家协会教育委员会委员、广东省书法家协会副主席、暨南大学艺术中心主任，现是广东省书法家协会顾问，享受国务院特殊津贴专家，广东省政府文史馆书法院院长。

他1946年生于湖南省涟源市偏僻山区的一个农民家庭。山山石石陪伴着他度过了童年，也赋予了他坚毅的性格。后来他就读于武汉大学中文系，毕业后南下广州，教了九年中学。1978年考进了中山大学中文系古文字研究专业，师从著名古文字学家容庚、商承祚教授，专攻甲骨文，兼习书法。可贵的是，陈教授在容庚教授《金文编》的基础上，编纂了一部65万字的《金文常用字典》。全书收录常用金文1000字，每字用楷体并列小篆，录入金文多种字形，且每字都有形、音、义，便于读者观览、查找。该书先后获得了1988年中国社会科学院青年语言学家奖、北方15省市优秀哲学社会科学图书奖、中国新闻出版署首届评书奖。该书一版再版，每告售罄。

陈教授首先是一位学者、古文字学家，因此，他的书法作品是其学养及内涵灌输而成，再由书法作溢出的一种气息，看得透但说不明。每每品读其书法作品，尤其是金文、秦隶，不但线条流畅、灵动、有力，而且流溢出一股浓浓的书卷味。无论鸿篇巨制，还是扇面小页；无论升斗大字，还是蝇头小字，作者都在心平气静、胸有成竹中运笔挥就，做到笔笔肯定，字字有神。

其笔下的金文，笔画匀圆遒劲，结字谨严，布白有度，疏密排叠有章，行气凝练，深得西周晚期金文风韵。

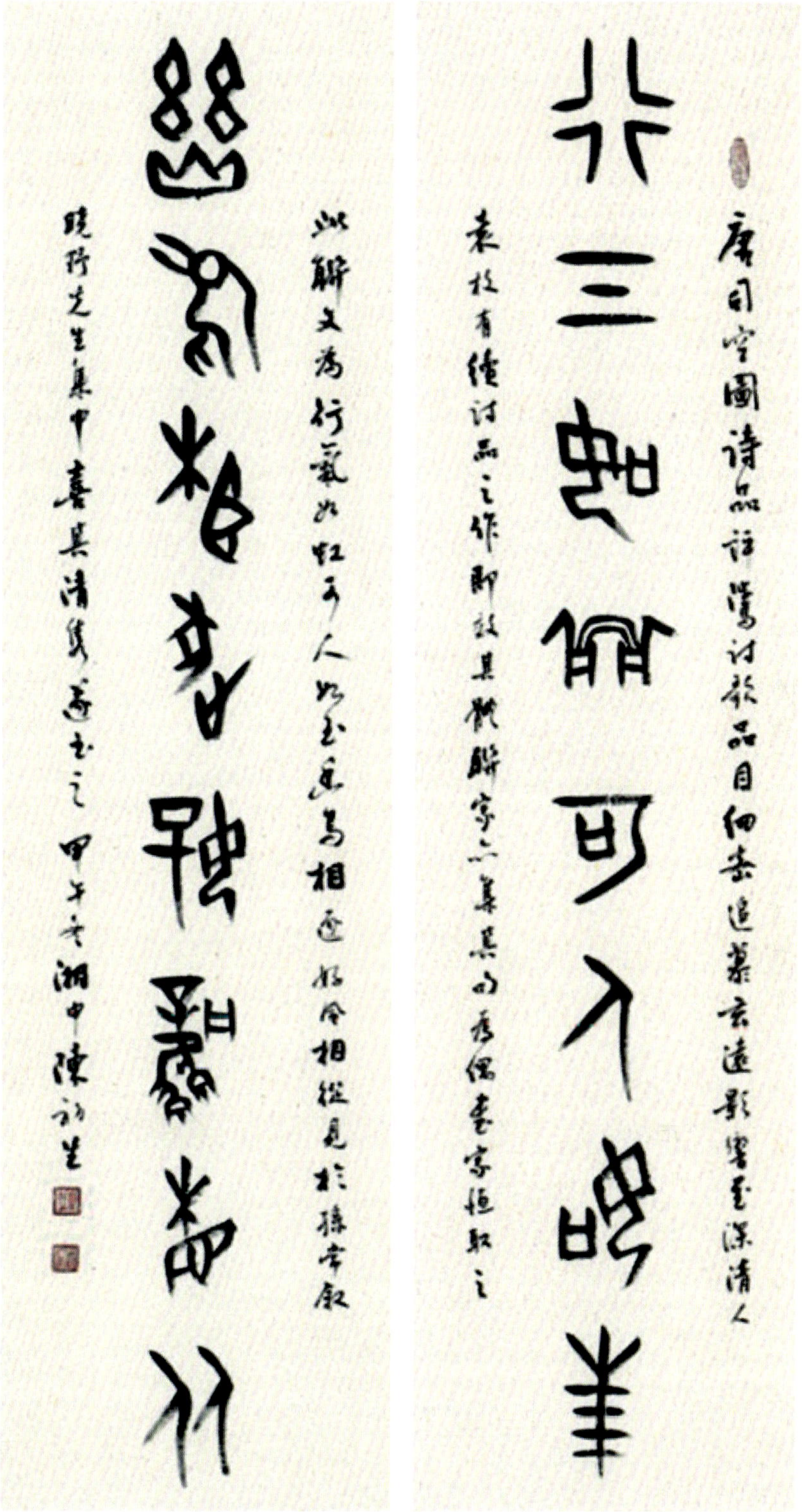

陈初生
书法对联
2014年

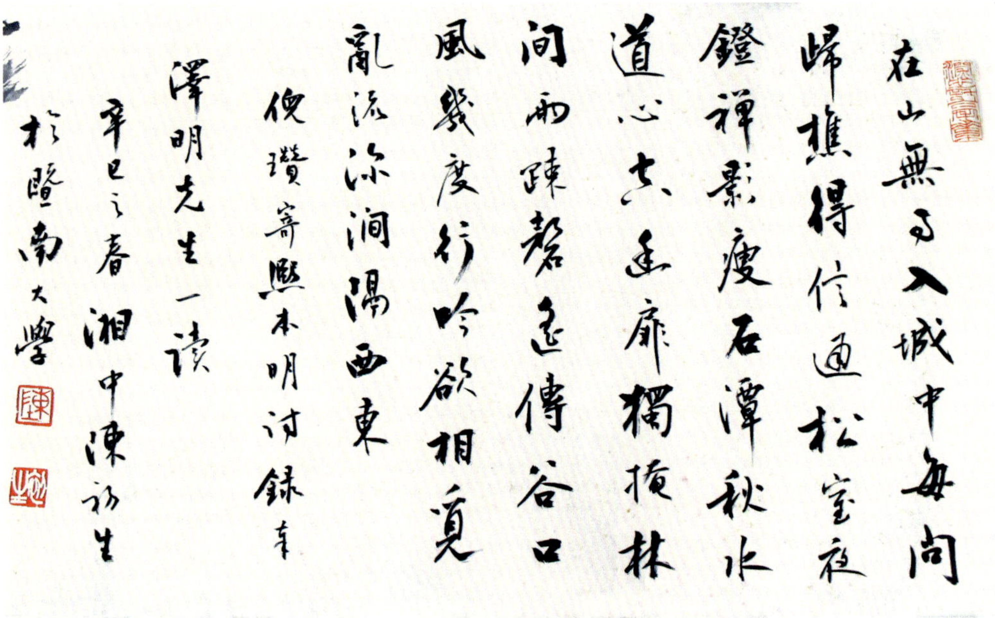

陈初生 / 书法 / 2001 年

“康宁不取金樽酒，务艺唯怀宝鼎文”，是陈教授集西周毛公鼎铭文而成的，笔法精严，结体劲瘦，行气流畅磅礴，是其得意之作，深得行内专家首肯。

其所临战国时期中山国的青铜器铭文，劲瘦舒展，刚中有柔，腕力沉稳。写于 1996 年的篆书“每向彝，铭追古事，时于简策看遗文”及“处事方知顺逆，教人不弃贤愚”，更是每笔每画，劲瘦有力，流光溢彩，神气飞扬。

其笔下的石鼓文书法，笔势圆中带方，朴素之中透出一些闲逸之气。如创作于 2001 年的作品“处于深渊游鱼乃乐，树之好柳鸣禽其来”，线条极富弹性，浓淡干湿，巨细收纵，变化无穷。

不得不提的是，陈教授笔下的小行书，也是字字珠玑，句句经典，学者情怀洋溢于尺幅之外，结晶于学问之中，传承着对艺术的感悟之美。这种美，是一种具象的美，一种流出人心之美，一种充满文化气息之美！

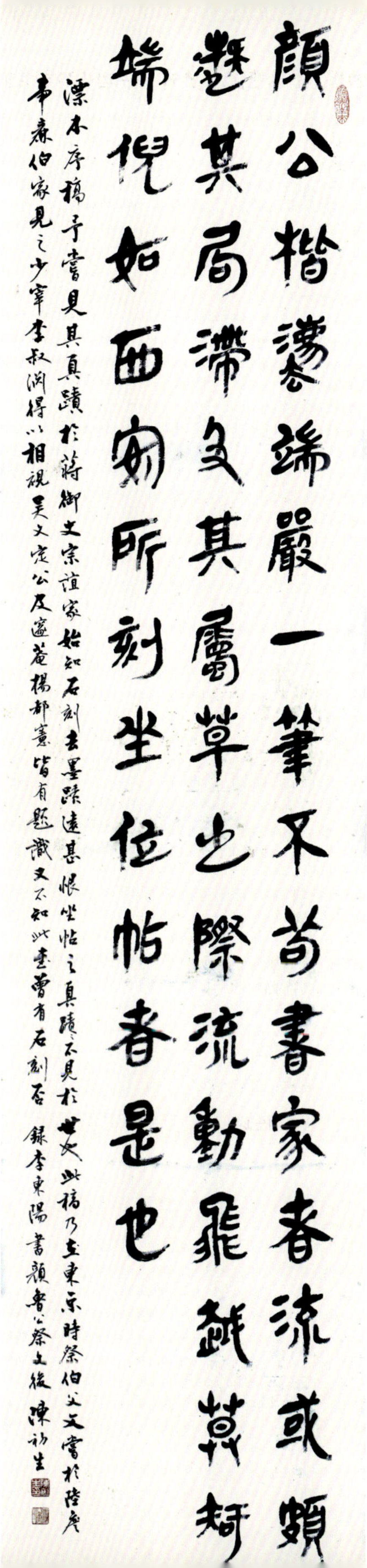

陈初生
书法
年份不详

陈初生，（1946— ），湖南涟源人。著名书法家、古文字学家。师从容庚、商承祚教授。1992年创建暨南大学艺术中心，担任主任，并任书法硕士研究生导师。享受国务院特殊津贴的专家。曾任广东省书法家协会副主席。现为中国书法家协会教育委员会副主任，兼任广东省人民政府文史研究馆书法院院长。曾获中国社会科学院青年语言学家奖、广东省鲁迅文艺奖书法奖，2000年被中国书法家协会授予“德艺双馨”称号。

张桂光：学人书风 醇雅清新

2015年11月7日，在北京首都博物馆，由中国书协、广东省文联主办的“以古求新·抒写心源—张桂光书法作品展”隆重举行。展出有100余幅作品，这是张桂光担任广东省书法家协会主席以来最大一次展览。之前，专心做学问搞课题带博士生的张桂光教授，在2014年办了“自书诗文作品展”“春华秋实”两个个展，可以说是他上京的热身阶段。这也是他几十年书法艺术的一次阶段性总结。“自书诗文”的展览旨在对传统的深度概括和对“自书诗文作品展”的文人传统的继承方面作些探索，而“春华秋实”旨在配合“岭南大讲坛”文化论坛的讲座，展示书法为社会生活服务的功能，为适应家居与办公场所的布置，展出了不少小品，内容方面则较多地选择了古今格言、佛学偈语及广大群众喜闻乐见的古今诗文，看得出张教授做事风格的严谨性和规划性。这种做事风格成就了他的事业。

早在1964年，年仅15岁的他，其书法作品就已入选省展，是当时广东省最年轻的参展者，可见他的书法功底深厚。早年的张桂光还拜师于“西关二斋”的岭南名宿朱庸斋、李曲斋门下，师从庸老学习诗词，师从曲老学习书法，打下了扎实的古文功底和书法根基。张教授习书领域较广，楷书、行书、草书、章草、汉隶、简帛文、金文、甲骨文一应俱全，且钻研颇深，诸体当中尤以金文、行草、小楷最精。其小楷出自钟、王，醇雅古朴、刚健清新、流美自然。张教授曾就读中山大学，出自名师容庚、商承祚门下。二老学问好，书法也好，在文学、书法、篆刻、考古等方面成就卓著，时至今日，桃李满天下。每每提及恩师，他总是敬重有加。

张教授的书法作品总给人以醇雅古朴、刚健清新之感，其金文颇受容、商二老影响，线条平稳有力、雄健劲利，具有浓郁的金石刀刻韵味。其楷书和行书有魏晋遗风，端庄挺秀、笔力挺健、秀丽宜人、自然和谐，给人以赏心悦目的美感。中国书法家协会原副主席陈永正教授称赞说：“桂光金文学养深湛，可敬；行草潇洒灵动，可爱；楷书严谨精微，如对端人正士，要皆功力与书卷之气并风，雅俗所共赏。”

王贵忱认为，张桂光做人做学问最大的特点就是“正”。其书法作品“正”，重规范、讲规矩。此其一也。其二乃求学做人的路“正”。因此，他笔下的作品纯正清新。尤其以小楷最佳，小楷甚得晋唐遗韵，也深得其师朱庸斋真传。典雅浑厚，文气十足。

张桂光
书法对联
2009 年

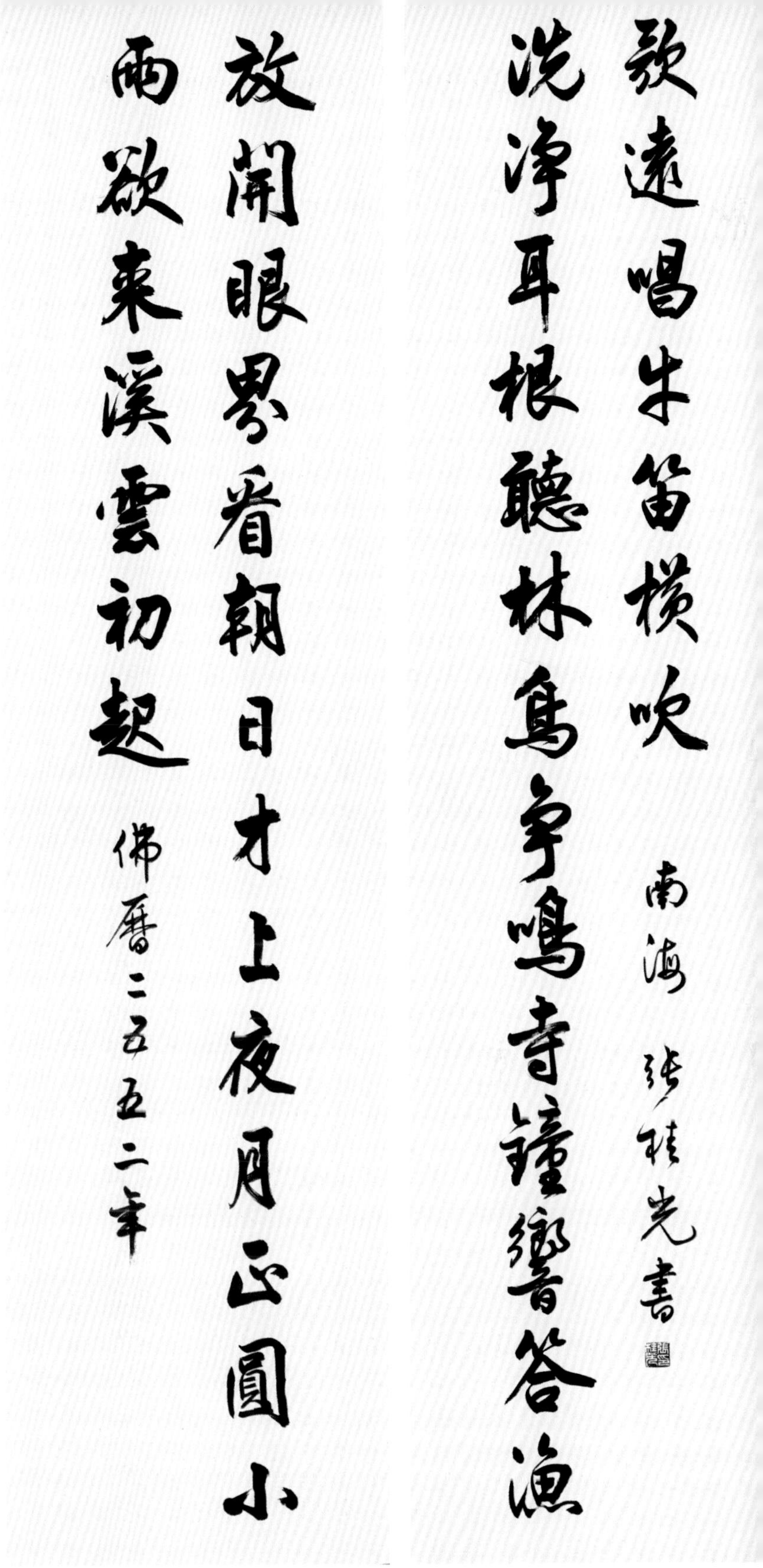

张桂光，（1948— ），广东南海人。书法家、学者。现为华南师范大学文学院教授、汉语言文字专业博士研究导师召集人。广东省文史馆馆员、中国古文字研究会理事、中国书法家协会理事、中国书协篆书专业委员会副主任、广东省书法家协会主席。已出版书法方面的专著有《张桂光书法集》《广东省书法家作品系列——张桂光书法集》《书法教程》，主编《三笔字书写教学与训练》，与人合著有《香港人学汉字》。大楷取法颜、柳，小楷出自钟、王，力求醇雅古朴；隶书柔和碑简，结体朴茂。

陈永锵：当代杰出花鸟画家

一

霸气就是霸气，平民就是平民，风马牛不相及。但是，我在这里要介绍的主人公陈永锵，人称锵哥，就是两者兼而有之。看一看，锵哥画画，霸气又霸道，然而锵哥为人，乃乐善好施一介平民。

锵哥之霸气，正如潘天寿大师所主张的“一味霸悍”。这在其画中可见。锵哥说：“画家画画要有霸气，在画面上应做暴君，否则难成大器。”因此，锵哥画画，霸气十足：其笔下之鲤鱼，活蹦乱跳，横冲直撞，霸气得很；其笔下之红棉，苍劲有力，既霸气又大气。有人说，别人卖红棉是一棵棵卖，而锵哥卖红棉是一段段、一堆堆、一片片卖，你看多霸气。其所画之向日葵，枝壮叶茂花灿烂，挺胸阔步朝太阳，锵哥说，这葵儿之性格似我也，无论风吹雨打太阳晒，都巍然屹立，永不低头。锵哥画牛，看似厚道老实，实则牛脾气十足；锵哥画鸡，无论公鸡母鸡小鸡，个个有性格，昂首引吭。

锵哥之平民气，早也尽人皆知。在广东艺术界，锵哥的名气不算小，但他生活不拘小节，总是随随便便、和和气气的。据说，有些酒家宾馆请他做艺术顾问，只要是锵哥签了名，管吃管住不用钱。他的故乡广东南海西樵，政府有条不成文的规定，锵哥是当地土生土长的文化名人，是家乡的名片，要是锵哥来了，任住任吃，只签名不付款。可锵哥从不打扰他们，总是悄悄找便宜的“大排档”吃些粗茶淡饭了事；锵哥贪杯好酒，喝的是地地道道、便便宜宜的故乡酒—九江双蒸。酒后的锵哥，更是活脱脱像个小顽童，时而轻歌曼舞，时而活蹦乱跳，像条“鲤鱼锵”，令人抱腹狂笑。他说自己生性多情，是个凡夫俗子，钟情着人间烟火里的许多朴素美，眷念着平凡生活中的一切。

也许，这就是锵哥在“返璞归真”中充实自己的生存底气，在坦然中活得有滋有味。

艺术上的“出格”与生活中的“出格”，使锵哥成了是是非非之人，不理解者有之，加“莫须有”罪名者有之。锵哥似乎成了“四面楚歌，腹背受敌”之人。但是，或许是艺术上的霸气成就了他胸宽如海，从容以待，宠辱皆忘，把酒临风，一笑了之的个性；或许是对艺术的追求及所取得的成就，令他无暇顾及或泰然处之。

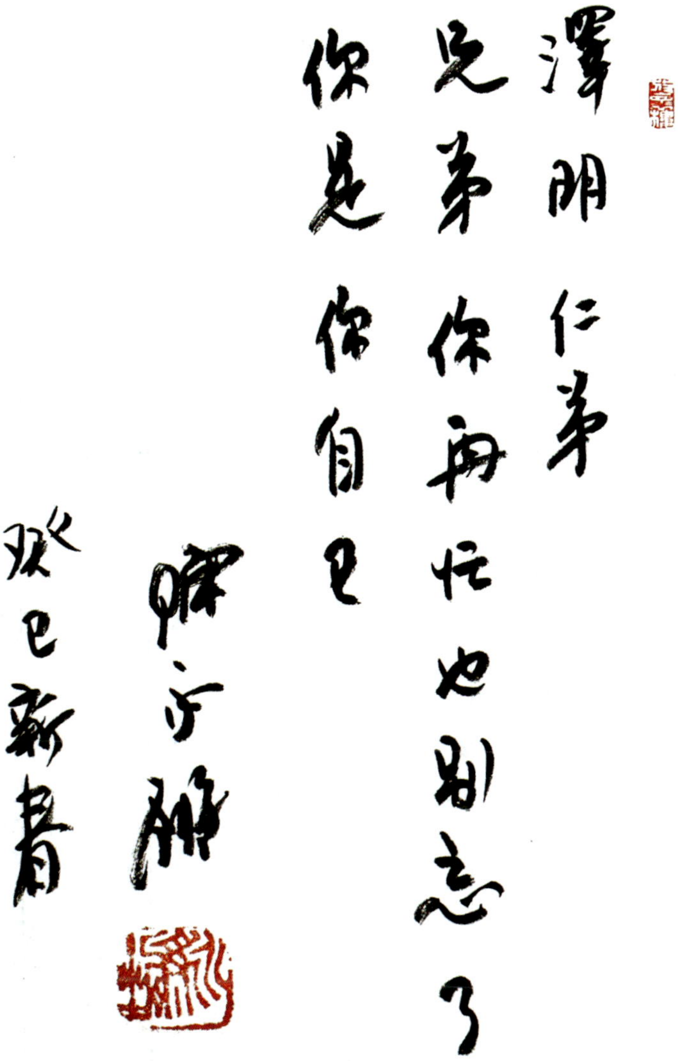

陈永锵
书法
2013年

时下，一批又一批作品的面世，一场又一场展览的揭开，作为“广州名片”，走南闯北，来回巡展，风风光光。这些，总能让锵哥在得与失的人生旅途中找到自己的归宿，也总能让锵哥豪迈而自信地说：“理解也好，不理解也罢，随他去吧！”

“日子要一口一口地过，画要一笔一笔地画。我画的画连起来就是我的人生经历。至于别人怎么看、怎么想、怎么评论，那是别人的权力，我管不着。我能管的，充其量是管好自己，‘好自为之’，恐怕这就是我毕生的追求了。”

这就是率直、爽快、敢爱、敢恨、敢做、敢说的锵哥。

这就是一个立体了的锵哥！

这就是一个活生生的锵哥！

这就是一个平民化的锵哥！

二

锵哥平易随和，谈笑风生，爽朗豪放，幽默乐天，颇得人缘。

锵哥，真令人敬而佩之。说真的，只要有锵哥在，无论何时何地都谈笑风生，不必拘束，笑语绕梁，有时还让人抱腹狂笑，尤其是喝了酒的锵哥，更是可爱极了！他时而翩翩起舞（他跳的“天鹅舞”被友人戏称“烧鹅舞”），时而放开嗓子高唱一曲，时而情不自禁，扮鬼扮马……好一个活生生的锵哥，好一个活脱脱的锵哥！真令人羡慕不已！

笔者近日有幸拜会锵哥，忙得不亦乐乎的锵哥，正在家中剪发，他说实在太忙，连去理发店的时间都没有。的确也是，不一会儿，又有一大帮人马“杀”来了，有男有女也有老外，顿时气氛浓烈，热闹异常。这回锵哥似遇久别重逢的知己，又跳又唱起来了！锵哥高唱《我的太阳》与《我是公社小社员》，边唱边跳，惟妙惟肖，活脱脱老顽童一个。后来，从其夫人那得知，酒后的锵哥，狂态如此！想象力如此！

说实在，我喜欢酒后的锵哥，无拘无束，毫无架子。这是真的锵哥，一个刚直、开朗、豪放、坦荡、充满激情的艺术家。我想，也正因他这种惊人的坦诚，才使他的艺术得到了一次又一次升华。

人无激情，画焉能感人？！看其画真让人们感受到生命、人生和大自然的博大精深。他那一幅幅洋溢着生机、耐人寻味的乡土情怀作品，感染着观者，激励着人们。尤其是他那一幅《鱼跃图》更令观者兴奋不已，惊叹绝妙。那水墨灵动、墨分五色、笔墨娴熟与出神入化的鱼儿们，让锵哥戴上“鲩鱼锵”之桂冠，并扬名海内外。

值得一提的是，锵哥如此执着、热情、集中、投入，他扎根故乡西樵农屋，面壁写生，花心血创作了一批批乡土情怀花鸟画。他以传统的“工笔”和“写意”的完美结合，在岭南为人们所瞩目，引得画坛刮起了一股“陈永锵旋风”。

锵哥的成功，我想，这是得益于他深厚的文化底蕴与综合素养，并大胆采用了独特的技法。他的作品取景出其不意，近乎摄影的截景和特写；线条、布局和色调汲取了装饰艺术的简化和强化的手法；运笔着墨多呈方折刚健之势，虚实疏密、节奏张弛得当；等等。这些艺术特点，构成了一幅幅构图饱满、意气风发、沉雄激越的“交响乐”般的艺术篇章，从而开创了岭南乃至中国的一个花鸟画新格局。看来，中国美协主席刘大为所言极是，“陈永锵是具有代表性的我国当代杰出花鸟画家，像他这样的通才，在当今的中国画家中是不多见的”。

每当站在锵哥的画作前，总有一种激情，一种亢奋，总被他那色彩浓烈、饱满的构图，勃勃生机且大气磅礴的艺术所感染和震撼。看他的《凤尾鸡冠》《葵花》《红木棉》《雄南疆》……有的一团团，一簇簇，红似火；有的大块大块的浓墨，充满了动感，充满了雄伟与壮丽。“太阳，点燃了原野，生命在快乐中焚烧”，这是锵哥在《凤尾鸡冠》上的题诗。在他的笔下，凡是有生命的东西都可以展示出美丽的一面，这也展示了他对自然、对生命的热爱与尊重。

他的作品《硕果》《篱下》《冬原》《盛夏》和他自寿的《给自己的花》，均深深蕴涵着乡土情怀。从其作品中，我们看得出锵哥受梵高、虚谷、八大山人、潘天寿、弘一法师、杨善深的影响，尤其颇多从黄宾虹的浓重繁复之笔墨中化出，可见其创作活力的丰满和华润。他的画，内本性情，外达名理，纯情一片。对此，业内人士评价：陈永锵的画热烈、饱满，却完全跳出了古人的范畴；完全现代的，连题跋也是白话散文，感叹号、句号、问号一点也不含糊都给用上了。陈永锵的画有血、有肉、有生命，人见人爱，进而引人共鸣，升华了联想，使人感到了力量。

说实话，艺术创造不易，能独辟蹊径更为不易。锵哥的开放大度，雄强恣肆，有如清风忽起，令人精神为之一振。更为难得的是，从锵哥天机流溢的笔墨中，我们不仅看到他一种独特的艺术气质，也看到一种不可多得的大家风范。

说实在，本想更深入地了解锵哥，了解他的生活，了解他的画，了解他的书法和诗歌……可是，他委实太忙了，我不忍心再多占其宝贵时光，只好作罢。告别锵哥后，耳中仿佛还能听到屋里传出一阵欢愉畅快的笑声。我眼前立现，锵哥那无拘无束、自由自在的狂舞狂歌。

狂态如此！想象力如此！

想起与锵哥一次次的接触，总觉得他一没有任何矫饰，你不时会觉得你面对的是一个天真烂漫的孩童与自己对耍、嬉戏，转而感到有位情窦初开的少女用秋波向你敬酒，忽而以为是挚友与你卧床夜话，灯火平生蓦然间又见一位慈眉善目的智者向你走近，娓娓倾吐宇宙间的真知……

陈永锵 / 岭南三月木棉雄 / 2005 年

陈永锵，（1948— ），广东广州人。当代杰出花鸟画家。曾任广州画院院长、岭南画派纪念馆馆长，享受国务院特殊津贴的优秀专家。获“优秀人民艺术家”称号。现为中国美术家协会理事、广东省美术家协会副主席，一级美术师。出版《中国当代名画家集——陈永锵》画册。作品入编《中国当代美术全集》。

林德才：笔下春意盎然

色彩，多了，容易入俗；少了，又容易单调。

色彩，在花鸟画中，如此重要，又如此难以把握，着实令许许多多的艺术家为之费尽心机，苦苦寻求，苦苦探索。

花鸟画家林德才就是其中一位。但幸运的他，终于找到了自己的色彩世界。他潇洒自如地给每幅画赋予不同的调子，绚丽、丰采、华贵、灿烂……这一幅幅华而又实、艳而不俗的花鸟画，神采飞扬，美丽之极，令人读之爱不释手，恨不得即刻占为己有。

细细品味其花鸟之作，幅幅件件甜而不俗，甘而有味，读之，回味无穷，寓意深远。真令人赞叹，这是一个热情奔放、朝气蓬勃、充满生命力的艺术世界，这是一个多么神奇的田园景观。

这些，都得益于林德才那高超的艺术驾驭能力与扎实的基本功，乃至丰富的实践经验。在色彩渲染上，他不避红绿，不避南方温顺可爱的甜，相反，他经过对草绿、粉绿、石绿等色彩的渲染、提炼、选择，层次便出来了，这些红红艳艳的东西，既象征着生命，又不落俗套。看其作品《丽日金风》，他笔下的向日葵叶，肌理处理细致的叶面，在斑驳的纵横线条中，既看到了灿烂绚丽的花朵，又看到了向日葵的沧桑，这无疑深化了画面的意境。

他笔下的南瓜、霸王花、翠竹、树木……似一个个绝妙的音符，在可视的空间里，恰到好处地凝聚出一曲曲生活的主旋律，呈现出一个春意盎然、诚挚动情且令人神往遐思的花鸟世界。著名国画家林墉说得好，林德才的花鸟画，有的是欣欣生气、勃勃生机、向上朝气，这是他审美的主流。就技法而言，他采取的是勾勒法，从线的运用中则得力于宋法。生宣上的层层晕染和填染，使他的勾线得到更微妙的发挥。在当今，总把生宣拿来晕化墨破笔毫的风气下，这种古法的张扬倒是真的别有韵致。其线的组织，不求通灵闲逸，求的是严密方正。其线的造型，不求丑的猎奇，求的是美丽完整；其用色，用得很细致，在随类赋彩中着力于调子的营造。因而，其作品显得厚重而有朝气。

近读其新作，比以前更加主题化，其田园题材写得更风采、灿烂、细腻、华贵。看其力作《惊艳》，作者抓住瞬间之发现，刻画出生机勃勃的霸王花，不畏严寒酷热和悬崖峭壁，坚强地生长着。盛开着的朵朵白花和充满沧桑感的身躯，对比

林德才 / 捕食图 / 2002 年

强烈，表现出霸王花的倔强性格和崇高的思想品质。《硕果图》是他反映田园花鸟画的又一力作。画中以茂密斑驳的色彩和丰满的构图，描绘出亚热带的乡情土风，让读者感受到回归大自然的冲动。橘黄的丰硕果实和蓝黑色的叶块，鲜明地衬托出空间的层面；逗人喜爱的小鸟，分布有序地穿插在画面当中，使作品显示出密不透风，静中有动，勃发生机，让人感到其画所具有的丰厚、真实、细腻、华贵的艺术风格。

林德才画花鸟画，常常以饱满而热烈的构图，把所刻画的动物、植物作近距离、大特写去表达，当中有主有次，有色彩配搭，在缤纷的色彩中讲求色调和谐，很少出现大红大绿的俗套。如其作品《丰硕图》《新绿》《春光月夜》等。我看，也许这正是林德才花鸟世界之神韵所在。

有人说林德才是广东“田园画派”的中坚代表之一，而我钦佩的是他持之以恒、锲而不舍的拼搏精神。他的工笔花鸟独具灵气，格外怡情动人。据说，林德才爱上花鸟画主题创作，是在 1998 年去海南岛写生时。站在太阳下的林德才，发现大自然原来是如此的神奇变幻、绚丽多姿，这种阳光下的诱惑令林德才激情满怀，

让他恋情于花鸟世界。于是，他大胆尝试，利用彩色胶卷底片的色彩反差，即绿色调子的椰林在底片显示为红色调子，创作了《热风》，表现了海南岛改革开放热潮的欣欣向荣。该作品获广东省美展优秀奖。此后，他接二连三地在全国、全省各类美术展览中获奖。

熟悉他的人都说，林德才的展览，定会引起惊讶、震撼、痴迷、骚动……因为，人们从其色彩世界中，能感受到大自然与人类融洽的气息，感受到绿色世界的威慑力和震撼力，感受到田园泥土芬香为都市“石屎森林”带来的清新气息……

这一串串的感觉，宛如一串串亮丽的音符，汇聚成一个充满诗情画意、充满真善美的林德才的色彩世界！

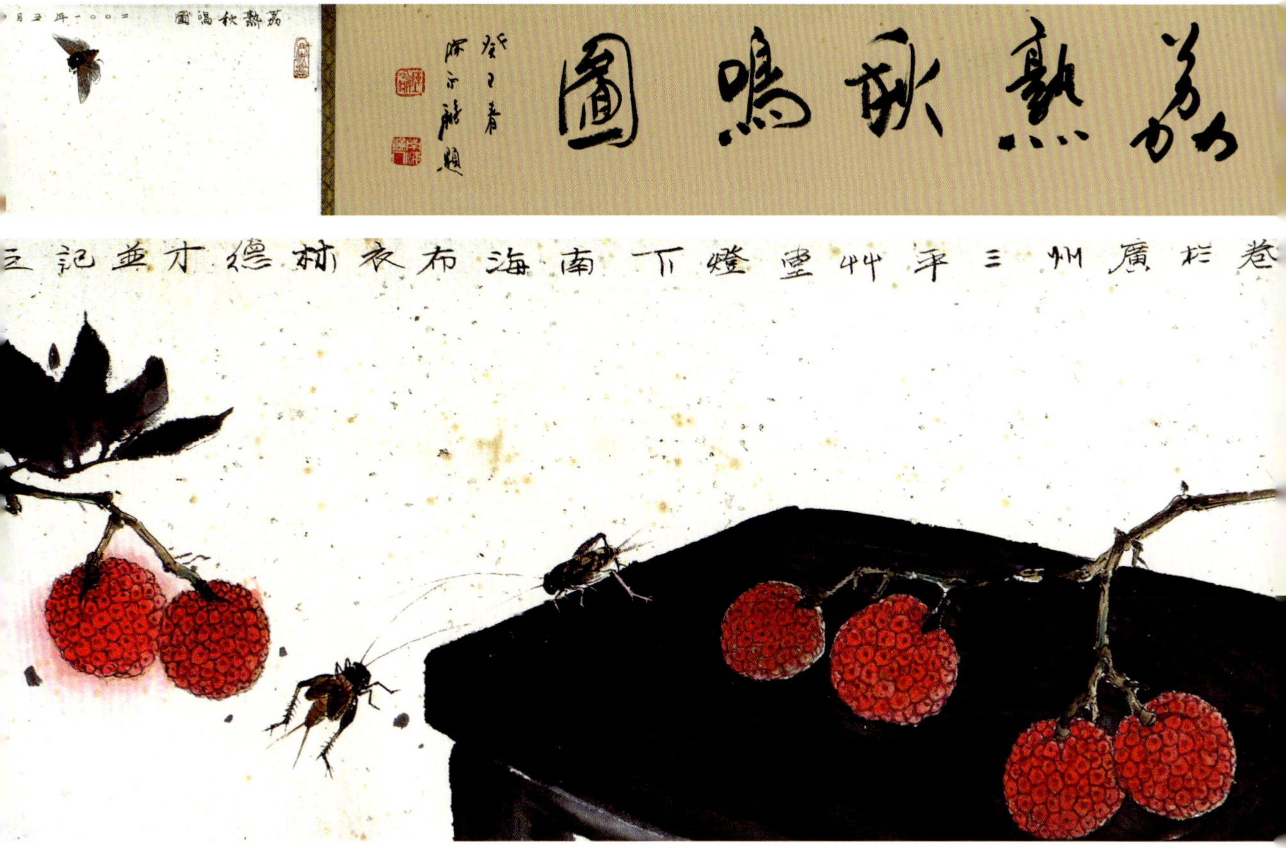

林德才 / 荔熟秋鸣图 / 2002 年

林德才，(1948—)，广东南海人。现为广东省工艺美术大师、广州市文史研究馆馆员、中国工艺美术学会会员、广东省美术家协会会员、广州市美术家协会常务理事。中国画家，擅长中国画工艺画。中国画《喜讯到农家》1988 年获全国中华杯中国画大赛二等奖，《春泥》1991 年获全国的四季画展银奖，《秋塘》1993 年获首届全国中国画展览三等奖。

任桂森：笔“默”水乡总有情

画“最南方”的水乡风情

俗话说，“一方水土养一方人”。以自己身边最熟悉的风土入画，显然是画家在创作时一个常见的选择。任桂森笔下画得最多的，正是岭南人最熟悉的水乡。

但是水如同血脉般贯穿了整个中国的每一寸土地，长江、黄河流域就孕育出了许多流派的山水画家，若以水乡这个常见的题材入画，一不小心就会落入常规的画法，缺乏特色。

“画画需要学习，向书本学习，向前人学习，向大自然学习。”任老师在观察时发现了北方的水与南方的不同：珠三角的水特别的润，水系密集，各条水脉错落有致，泥土性很重。而任老师创作时就抓出了这点，并巧妙地将北方的笔墨融入到南方的水乡画中。

“画东西需要变形，水乡除了搭配必要的茅屋，南方还有蕉树、桑基鱼塘；北方有鸡，但没有水乡的鸭子。”在任老师的水乡风情画中，我们总能通过水，看到那些依存着水而存在的事物。这些水不需要雄伟的高山去衬托它的磅礴气势，水边生机盎然的蕉叶、简单几笔勾勒出的水鸭，还有亲水的木制吊脚楼，让人不禁去追忆，这些在时间长河中逐渐缩小乃至于消失不见的情景，它们在任老师笔下留下来了，成为历史，成为这座岭南城市沧海桑田的最好见证。

我拿起什么都能画，你看我的名片，后面画了不少的速写，有意识地锻炼自己忆写

任老师选择了土生土长的水乡作为入画的元素，一次两次的野外速写对于形成成熟的个人风格来说，显然是不够的。而现在居住环境的改变，想要还原水乡的灵动，单凭对旧时的回忆也是不完全的，任老师为此常常回到那些现存的水乡中，让自己的画笔记住水乡的味道，承载起水乡的历史。

“画画的人都知道，速写是收集素材最方便、最有效的方法，但现在很多人最常用的是相机。”与其他画家不同，比起现场写生，任老师更喜欢“默写”，将外出写生时看过的景色逐一默写出来，借以锻炼自己的观察能力、表现能力和概括能力。

在任老师画室中，珍藏了七十多本速写本，拉开画案的抽屉，里面有大大小

任桂森
家乡无处不书
年份不详

小近两三千张名片，反面的空白处全都被任老师随手勾出了一张张别致的速写，有水乡画的简笔构图，有人物肖像素描，有的名片组合起来甚至能构成一个简单的小故事。

据任老师描述，他走到哪就画到哪，随手总会带上几张小卡片，一有新的构图灵感，就会马上画下来，即便是外出喝早茶，也能画上一两幅，这种习惯一直保持至今。由于创作时间有限，这几千张精致的速写构图并没能逐一变成一幅幅完整的大画呈现在众人的面前，实在可惜。但从这卡片的数量及线条的节奏，我们不难窥见，这位低调的画家那份跃然于方寸之间的勤奋和才情。它不仅承载着一幅幅田园风光和意趣人物小品，还有一份岭南独有的记忆。

任桂森，(1948—)，广东广州人。现为广东省美术家协会会员，广州市美术家协会山水画艺委会委员，广州市海珠区文联副主席，广州中国画学会副会长，广州市海珠区政协诗书画联谊会会长，广州市美术家协会第一、二届秘书长。曾师从刘书民教授。擅长苍莽磅礴的大山大水及乡间田园风光和意趣人物小品，风格清新秀润，情境交融，别具一格。自20世纪80年代初始，作品在广州、哈尔滨、北京、丹东、海南、香港、澳门、台湾等地区以及美国、马来西亚、法国、日本等国家展出。

卢延光：人从善　画即雅

认识卢延光似乎是一种缘分，与卢延光说说笑笑更是一种缘分。

因为有了这缘分，我与他的谈话就轻松、自由、洒脱多了，整个晚上我们都在说说笑笑中度过。我几乎很少做笔记，只用脑在记，用心在记，用投入的眼神与默契的动作在记……

他从“佛”到“道”，从“真、善、美”到“假、恶、丑”，从天南地北到古今中外，谈得很投入，我听得也很尽兴。谈画的，少了，虽少却精到、概括，令人兴奋。谈“佛”的，多了，但主旨只是“善”，因而，终归少了，正如“真、善、美”一样，善就是美，美就是善，但“真”就不一定是善，其最终归宿乃为“善”。“除了善良的，我不知道世界上还有什么东西。”与人为善，一切以善为好，成了卢延光为人处世的哲学。

因为有了“善”，功、名、利少了，为别人、为大众谋福利多了。

因为有了“善”，人脱尘了，世俗庸俗的东西少了，积德行善的东西多了，对吃的穿的要求淡了，画画的风格也就淡雅了。

因为有了“善”，画中少了“火气”，多了古典。

因为有了“善”，他当了十多年馆长，建了九座“庙”—关山月、黎雄才、赖少其、杨善深、杨之光等艺术馆。

卢延光，是善的使者，美的传播者。

卢延光，是一位全才的艺术家，画插图、画连环画、画人物、画山水，画中充满平平淡淡、厚厚实实的美。

他说，画家要给人美的东西，必须自己要先美起来。一个大师级的画家，要有文化，更要有人格。他说，这是他当了十多年广州美术馆馆长悟出的道理。他还悟出了自己对中国画的看法—离开传统的东西，是“大”不起来的。哪怕是小鸡小鸟、大山大石，都离不开传统。于是，他沉浸于传统山水画，浸淫于“元四家”的山山水水，在当中吸取营养，探索属于自己的个性语言。他认为，宋代山水画虽成熟丰满，但像只快被宰割的肥美的羔羊，或许此时的画家们生活得太舒适、太安逸、太悠闲了，总缺乏元代山水画的那种精神性的独立、人格的张扬。我想，这大概是卢延光热爱“元四家”山水画的原因吧。

众所周知，卢延光有颗善良、慈爱的心，他乐施好道，不杀生，生活朴实平

卢延光
白云只在山
2008 年

淡，穿着得简简单单、朴朴素素。据他太太说，他身上所穿的还是结婚时的衣服。他的画风与其人既有相似又有不同。画中追求简单、淡雅是其人品体现。观其画却是密密麻麻、重重叠叠、繁繁复复，笔精墨妙，境界幽深。还有那笔线的曲曲折折、往往复复，墨色的浓浓淡淡、虚虚实实，写景写情写意，形成了卢家山水新古典主义。

言谈中，他推崇的是一种风格、一种信仰。在他的眼中，画家的作品与人品应该是统一的，有了这统一就有了一种让人推崇的风格，像“元四家”的黄公望、倪瓒、王蒙、吴镇，人品艺品俱佳，成为后人学习的楷模。从“明四家”到“清四僧”，都深受元代山水画的影响，甚至近代的“四王”也是如此。卢延光的新古典主义山水也从元代山水画来。可见元代山水画的魅力，可见卢延光的新古典主义山水的魅力。

卢延光认为，信仰的力量是伟大的。有了信仰，就有了力量，就有了奋发向上的“坐标”，就有了宽阔的胸襟和气度。现在艺术家队伍中出现信仰滑坡、急功近利等情况，问题就出在缺乏信仰。纵观艺坛大师级人物，他们都能脱尘超俗，与世俗保持距离。他说自己虽不是“超人”，有时还因自己心直性急而往往好心办坏事，但宗旨总想多做好事，多做善事，积点德，修炼好。

时下，这位曾任广州市美协主席的“善人”，要做的善事可真多，他肩上的担子依然不轻，好多人看着他，望着他。但他有信心，路一步一步走，事一件一件做，总会好起来的。因为他是个闲不住的人，按时下的话说，他是个“三严三实”的人，做人做事从艺都从严从实。看来，广州要建设文化大市，多些卢延光这样的人该多好呀。因为，他胸中总是装着“普罗大众”，总是想着多做点好事、善事。

人的境界高了，画就好了。

听一听，看一看，卢延光其人，人们常常为其人格魅力而折服。

读一读，品一品，卢延光其画，如老衲打坐诵经，常常透着一股淡淡雅雅、朴朴素素、简简约约、飘飘逸逸的气息。

也许，这就是卢延光的新古典主义山水所要追求的空灵，有了这追求，画中就有“禅”味了！

卢延光
静气
2011 年

卢延光，(1948—)，广东开平人。曾任广州美术馆馆长、广州艺术博物院院长、广州市文史研究馆副馆长、广州市美术家协会主席、广东省美术家协会副主席、广州市政协常委，国家一级美术师，享受国务院特殊津贴的专家。擅长人物画、山水画。出版有《一百帝王图》等系列画集五本及个人其他画集十多本。

吴佰如：追求朦胧美

“艺术需要缺陷，缺陷就是朦胧，有缺陷才有朦胧美，这是我的追求。”旅美中国人物画家吴佰如如是说。

百闻不如一观。近读佰如先生人物画作，深为其作品痛快淋漓之朦胧美所折服。先生大胆且准确的人体泼墨，细腻入微的表情刻画，寥寥几笔，惜墨如金，人物跃然于纸上，且极具个性。用他的话说就是，该大胆则大胆，该概括则概括。背景的创作则运用朦胧的手法去烘托、去处理、去表现、去反映、去刻画人物的思想及感情世界，作品中的线条无论长短、滞滑、粗细、转折，都是一气呵成，一步到位，且浑厚、丰富。

尤其是，先生用山水泼墨法去画人物，充分表现出中国画的高境界。如作品《泼墨钟馗》，受到行家的交口称赞，让先生的人物画多了“没描”和“柔情趣水描”两描。“没描”是用环境来烘托渲染出人物的思想，做到人物与景物相吻合，正所谓“借景抒情”“借物言志”，如作品《菊》《月夜》等。“柔情趣水描”则以刻画女性者为佳，一条条、一排排淡淡的线条，似行云流水，流畅舒展，如作品《照水芙蓉》，令人叹为观止。

先生用线和面的构成，画出了东方神韵之美。读先生之作品，可见先生之聪慧和悟性。先生虽属自学成才一类，却学贯中西，精通众多画种，国画、油画、水彩画、书法……样样皆能。他长期旅居海外，思想开放，创作大胆，画年轻人如龙飞凤舞，潇洒自如；画老人如松枝顽石，苍劲老辣。画面笔触多样，中锋、侧锋、逆锋交织运行，线条快慢波折表现自如。先生作画，尤其强调人物的神采和眼神特征，却虚化了不必要的细节，因此，其画画面尚简、重意，体现了先生高超的概括力和表现力，令人读之不累，思之有味，意深而境远。

《论语》曰：“绘事后素”“素以为绚”。先生深谙此道，并为之探求、实践，窥其作品可见一斑。先生纳古今中外为己所用，其作品不仅使人感到有深厚的传统功力，而且融入西画的光影、质感、色彩、空间关系等，因而形成了强烈的视觉冲击力，令不少名家观而赞之。“清超拔俗”（赵少昂语）、“笔墨酣畅，极具韵致……是当今南国极具潜质与影响力的画家”（林墉语）。

先生“以古人为师，以今人为师，以生活为师”“不薄古人爱今人”的做法，的确走出了自己独特的艺术之路。细品其画者无不赞叹其准确的造型透着西画素描

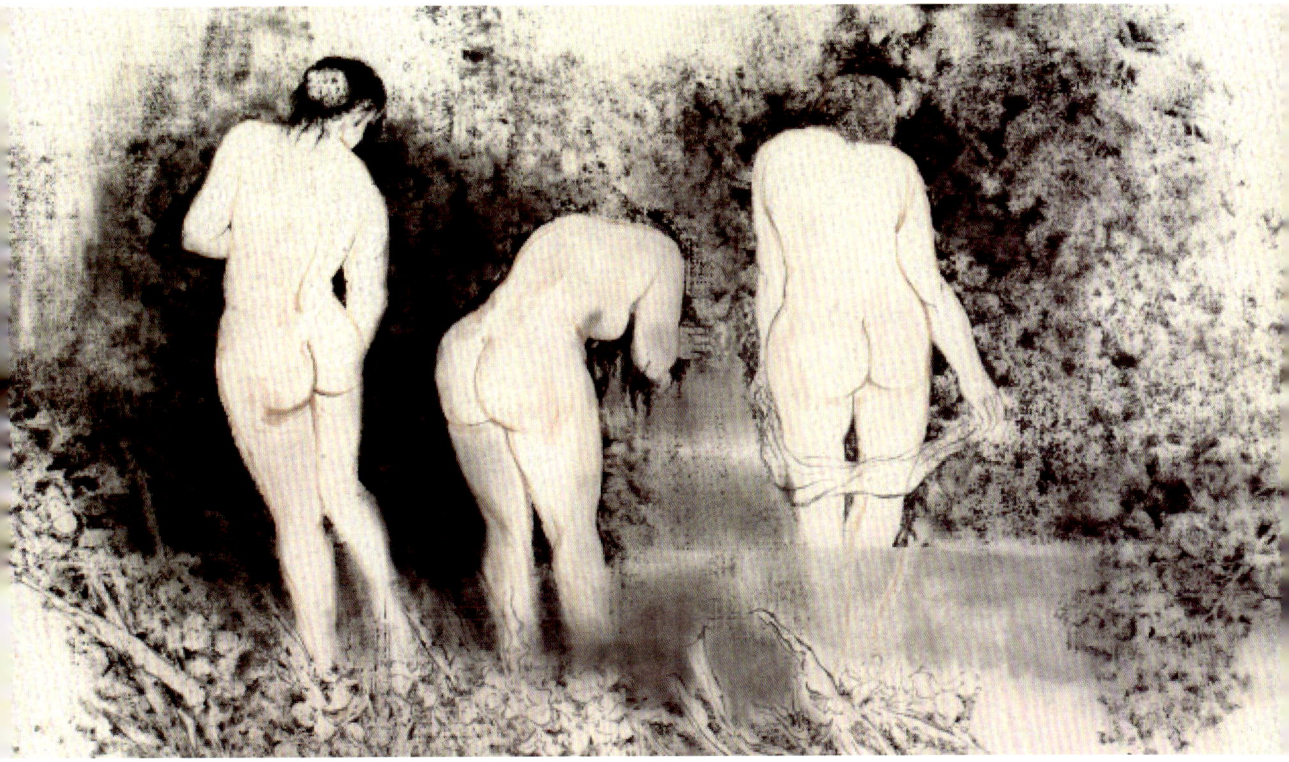

吴佰如 / 沐 / 年份不详

的纯熟的功夫，而结构布局和运笔着色，则纯是中国传统技法。黑、白、浓、淡、干、湿之墨彩和层次变化之浓淡，以至渲染、冲渍，均能显示出新颖且与自然合拍的节奏感，精彩独到之处，颇见氤氲酣畅之大气。可见，先生追求的朦胧美，是一种有思想、有深度、有个性、有现代气息的美。

吴佰如，(1948—)，广东顺德人。现居美国。任美国三藩市国际艺术家协会会长、广东海外联谊会理事、中国中央书画艺术研究院艺委会委员、顺德凤岭书画院名誉院长。擅长中国画，主攻人物。他曾在世界各地举办个展三十余次，多次参加大型美术联展，作品被众多世界著名美术馆、博物馆及各界人士广泛收藏。他走的是一条西法中用、古今相通的绘画道路。

庄小尖：凝重奇郁是“庄山”

久闻庄小尖老师年少时有“绘画神童”之美誉，今有幸访之，并观其即席赐墨，令笔者眼界为之大开。庄老师的利落勾画巧妙安排，纵横挥洒，俨然似经验丰富的战地指挥官，调兵遣将、排兵布局，皆胸有成竹。

翻读庄老师之山水作品集，凝重奇郁的山水，令人深感奇奇的、怪怪的：奇的是，峰回路转，盘绕多变；怪的是，看山又似云，看云又似山（淡墨）。这正如其在题画杂记中所写：“看山是山，画山是山；看山不是山，画山还是山；看山还是山，画山是山不是山，山耶？我耶？山借我而言山，我借山而言我；山是我，我是山……”如此看来，画家之意不在山，而在于借山抒情、借山言志。山是因心而造，境也是由心而造。庄老师用心去营造一座座奇趣妙趣的似山非山，去构筑一条条弯弯曲曲的似水非水。这山，这水，这形，这境，在不似中，产生了一个个联想、一种种哲理。那就是，画家将山水融入了人的精神，将人的精神融入山水之中。也正如白石老人所言：“妙在似与不似之间。”

看得出，这是画家高明与绝妙之处，也是画家深厚的文化底蕴与传统功力的展现。毫无疑问，许多专家学者对庄小尖的作品评价，都离不开奇郁、沉雄、厚实、凝重。但除此之外，笔者认为，大胆使用颜色是他的又一特点。因此，我们读其作品，不仅有凝重的感觉，还有画作因其充分调动颜色而显得层次分明、丰富多彩。

其实，如何大胆使用颜色，是当今画家们为之探索与追求的课题，谁用得好（不落俗套），谁的作品就受人喜欢，谁就能成为大师。当然，这与庄老师所说“有传统就耐看……现代人多浮躁，画也浮躁，能清心寡欲进宋元画中打个来回者，必成大师”并不矛盾，在传统中融入现代的，在黑白中渗进他色，就会产生意想不到的效果。

庄老师的山水画，有一种“雕塑”的力度。黑与白的强烈反差，浓烈的色彩对比，使其作品具有强烈的视觉冲击力。这也许与其所受的教育及长期从事的工作有关。他早年毕业于广州美术学院雕塑系，后被分配到出版社从事书籍装帧设计工作，再后又到广州大学从事教学工作。“庄小尖山水画所特有的简括凝炼的构成趣味、沉厚结实的体积感和气脉流转的空间节奏，直接来源于他在平面设计、雕塑和书法艺术方面获得的良好训练”。（李伟铭语）尤其是，庄小尖受其同乡赖少其先生的艺术品格、修养造诣的熏陶，受其绘画的用笔用墨用色、造型结构、形式趣味、精神内涵、传统意蕴等启悟，以及结合自己的睿智与学识，从而在自己纵横笔墨铸就的江山中，让人读到了凝重厚实、奇郁沉雄、浑厚灿烂……

庄小尖 / 锦里风光春常在 / 2001 年

庄小尖（1949— ），广东普宁人。国画家。现为中国美术家协会会员、广州大学美术与设计学院教授、广东省人民政府文史研究馆馆员。有大型壁画、雕塑作品入选《世界雕塑全集》。作品入选第九、第十届全国美术作品展。作品获“广东美术大展”金奖等多种奖项。已在广东美术馆等地举办画展10次。出版画集多册。作品被国务院办公厅、国务院参事室、中央文史馆、广东美术馆、广州艺术博物院、烟台美术博物馆、马来西亚居銮文物馆等单位收藏。

莫各伯：笔下有奇气

站在莫各伯的作品面前欣赏，似乎在与古人对话，画中诗情画意，或文人墨客，或古代仕女……点、线、块的笔墨精神都与其画作构成相得益彰。挥洒笔墨，淋漓尽致，他的毫管殷勤地带着你在他的境界中徜徉。这是一片艺术的净土，清新明丽，雅逸幽深，令人心旷神怡，流连忘返。

这就是诗人、书法家、画家莫各伯的艺术才情给记者留下的深刻印象。

也许是莫各伯生于人杰地灵的雷州半岛，也许是他天生聪慧的缘故，抑或是他敢喜敢怒的率直性格使然。他中学时诗情洋溢，才华出众，此时的他已把诗词的格律、格式摸得一清二楚。他创作的《诗词写作》一书，曾再版三次，成为全国各地广大诗词爱好者争相抢阅的范本，全国不少诗词培训班以此书为基本教材。后来，他又出版了《墨竹教程》《书法自修指南》《莫各伯·中国画人物》。

诗人多豪情，情酣时一挥而就，笔墨间龙飞凤舞，此为诗人情到浓处的自我审美情感的表现。他每次外出参观，总爱在情酣时即席挥毫。他的书法功底扎实、有个性，得益于他的诗、画底蕴，同时也得益于王学仲、秦咢生、麦华三、李曲斋等名师的指点。他的书法放得开，潇洒自如，没有任何负担。他认为，当前的书法走势是追求变化强烈和豪放抒情。

国画，乃莫各伯主攻的专业，他毕业于广州美术学院，受教于黎雄才、杨之光、刘济荣、陈金章等名家，后又再度到母校研究生班进修。

他的国画又注入了诗的意境、音韵及书法的线条美，同时融入了时代的旋律和现代的表现手法。对此有评论家认为，莫各伯的画有两个极端，即极端的传统和极端的现代的融合。如他的代表作《红土》系列，其构图采用较现代的手法，曾被拍摄成电视专题播出。又如他的《李清照》《心曲》等古典人物题材，却用现代的观念来造型与构图，夸张、现代的线条，一笔一画，即构成人之躯体，这正合李清照词中“人比黄花瘦”的意境。

纵观莫各伯的创作心路，可以这样认为，其作品纯属传统和现代的组合，遒劲温润，笔线墨块构成具象，极尽情趣、谐趣、意趣，此乃笔下奇气也。

莫各伯 / 平湖春暖 / 2006 年

莫各伯，（1950— ），广东雷州人。山水画家、书法家、雕塑家、文艺评论家、诗人。擅长人物画。广东文联艺术馆首任馆长，曾获广东省第四届鲁迅文艺奖、全国人物画家名人奖。出版有《中国画构图》《中国画造型》《莫各伯山水画选》《墨竹教程》《莫各伯诗书画选辑》《莫各伯中国画人物选辑》《莫各伯书法选》《书法自修指南》《诗词写作》《莫各伯诗词选》《百石图谱》（合作）、《实用钢笔字帖》《兰竹石画法大全》《走近莫各伯》《广东省著名老书法家作品系列》等。

方楚雄：岭南传人　花鸟大家

岭南画派第四代传人，方楚雄的花鸟作品人见人爱，颇受追捧，令人瞩目。通俗而言，人很好，画很美。

方楚雄的过人之处就在于肯下功夫，能“海纳百川、兼收并蓄”，吸收了宋画的意境与严谨，吸收了学院派的写实，京派的稳重，海派的清新明丽，岭南派的通俗与贴近生活、雅俗共赏，乃至齐白石的朴实和凝重，使其作品雅而不俗，重而不呆，轻而不浮，因此，其覆盖力宽了，其欣赏天地自然也就大了。

方楚雄的画，平实中透着一股诱人之美，每一幅作品都是人们身边或生活中所熟悉的，乃至息息相关的，那猫，那狗，那鸡，那鹅，那松鼠，那老鼠，那花那草那木……有生命的，无生命的，都能在作者笔下传情达意，总能给人以可爱、可亲之情，也总能给人干净、利落、生动之感。就连那凶猛的老虎，也是那么可亲可爱。

在我看来，作者行笔的平实是一种美，美得有滋有味，美得流畅、温情，美得无俗气、无晦涩、无浮傲、无轻薄、无张狂、无哗众取宠，有的是一种潺潺不断的滋润—滋润着观者的心，滋润着广阔的市场。有市场就有生命，有生命就有深度，有深度就永恒。也许，从方楚雄的作品以及时下的市场走向，可得出此结论。

我们进一步观察思考，会发现作者并非时下赶时髦的画家，去刻意设计一种绘画风格，去追求那种似懂非懂、奇奇怪怪的“个性”，而是轻轻松松、自自然然地在自己的本性中形成自己的绘画风格，让人接受、喜欢。或许，这是一种平实之美所蕴含的力量和魅力。

伟大的作家总是让其作品深入浅出。而方楚雄常常使其作品做到雅俗共赏，而且为之不懈追求。因此，其作品总是“人人眼中有，人人笔下无”，本来平平常常的东西在方楚雄笔下，一花一草、一树一木、一枝一叶都有非常精细的表现和情趣，常常能营造出一种幽雅的意境，能引起读者的共鸣。如《林区所见》的木柴，尽管是干柴枯木一捆一堆，但作者发现了艺术的形式美，其线条的穿插，其深浅变化都是通过中国画的笔墨去表现，富有韵味，富有诗情画意，叫人百品不厌、回味无穷。这也让人明白，艺术不是画到甜俗就不高，齐白石在这方面就是典范。传统的题材要表现得有新意，没人画过的题材要表现得有画意。在方楚雄看来，任何艺术都有规则。中国画经过近千年的历史，虽然每个朝代都不同，但民族精神始终是

方楚雄 / 林区所见 / 1986 年

方楚雄 / 累累枝上宝 / 2000 年

不变的，有规则就有制约，有制约就有难度，有难度才有高度，有高度才能永恒。方家花鸟就在这规则中，追求高度，追求永恒。

“画中国画非一定时日不成气候，造型、构图、笔墨已非易事，意境、格调、风格则更难矣。”工笔画不是越工细越好，把人物的首饰、服装、动物的皮毛画得像照片一样真，技术确实令人惊叹，但透过惊人的手艺更重要的是作品的艺术魅力和作者的艺术见解。

诚如所言，我们找到了方家花鸟源远流长、令人喜爱、令人叹绝的真谛，我们读懂了方楚雄走“兼工带写”之路的宽广和深远。他解决了大写意易出现的空洞和简单，也解决了工笔画中“工”而又硬又板又媚诸问题。因此，其笔下之动物，以“工”求美求活求神，但“工”中又有“意”的大胆和率性，人们也许会发现，方楚雄笔下的动物，无论作为兽中之王的老虎，还是活泼的猴子，都是温温顺顺的，与人类结为伙伴。我看，这正是画人合一，画如其人了。作者将精雕细琢的动物和潇洒淋漓的配景相结合，艺术手法的强烈对比给人视觉上的张力，但又能协调统一，画面的色调也大胆地进行艺术处理，使画面更有力度，更有意味。方楚雄凭其灵性、情性、努力、勤奋、刻苦、执着，在岭南这块文化厚土里打拼，成就颇

方楚雄 / 秋情 / 2002年

丰，其艺途广阔，无可限量也！

人们看来，花鸟画往往分量太轻，缺乏气魄，但方家花鸟画在追求繁密、饱满、充实、入世的同时，追求大容量、大气魄、大气势的全景式花鸟，如《流溪香雪》《山月》《卧龙松》等均是几米以上的鸿篇巨制。尤其是，他赴京创作的《长青》巨作，读罢如亲临其景，令人能在水墨的情结中见到辉煌多彩的精神。

从方楚雄的作品中，我们看到了他最为可贵之处，那就是有一颗平常心且极具恒心、耐心。无论画坛有多少是是非非、曲曲直直、嘈嘈嚷嚷，他总是以平常心做平常事，以其朴实的风格、老练的笔墨、平常的语言叙述着平凡生活中的“家常话”“口头语”，并倾情倾心去刻画。因而，在其作品中常常流露着雅而不俗、甜而不腻的艺术魅力。

“艺术总是比群众走得前一点”。方家花鸟总是在提高受众的艺术品位。正如方楚雄所说：“画要画得与别人不一样，但应是美的，不美谁喜欢？还要有难度，谁画都能达到，也没意思。”“画得好，更要想得好。功力和才情缺一不可。经营之若不经意，大象不雕、平淡天真、清水出芙蓉、天然去雕饰、天人合一乃艺术之最高境界。”听其所言，读其之作，思其所思，其人其画，品位之高，当今岭南有几人？诚如林墉所言："方楚雄作画，能如他快者莫如他精，能如他精者莫如他博，能如他博者莫如他谦，能如他谦者莫如他灵，如是状态堪可酣战！"

赏读方楚雄的画，最直接的感觉莫过于他的画所透出的一股平实的泥土芬芳。在他的画中经常出现的小猫、小狗、小鸡、小鸭、小松鼠，却常常配些小草、小虫、小花这些不起眼的东西，但是经他的笔墨赋予了一种高洁、静雅的审美情趣，让人看到画中所蕴藏的文化意味。方楚雄认为："一个人要有成就，适应面要宽广，基础要扎实。画中的文化内涵，说到底，是在表现画家本人的文化素养的思想境界，这来源于画家自身对人生的深刻感悟和对艺术长期体悟后的厚积薄发。"我认为，方楚雄是属于这类的。因为，他能在甜美的花鸟世界里，营造出清雅的气氛、高雅的格调，使人观之若品当月新茗，读之如饮千年陈酿，越品越有味，越品越深远。

方楚雄，(1950—)，1950年生于广东省汕头市。现为广州美术学院中国画学院教授、硕士研究生导师。中国美术家协会会员、中国画学会常务理事、中央文史研究馆书画院研究员、广东省人民政府文史研究馆馆员，广东省中国画学会副会长，享受国务院特殊津贴的专家。1997年被中国文学艺术界联合会、中国美术家协会评为"97中国画坛百杰"。2004年获中国艺术研究院"黄宾虹奖"及广东省南粤优秀教师奖。2010年荣获广东省精神文明建设先进工作者称号，评为广州美术学院德艺双馨杰出教师，获得广州美术学院教学科研创作突出成果奖。2011年荣获广东省高等学校教学名师奖。

方楚雄 / 宁静的山村 / 2006 年

周国城：江南才子　笔墨情怀

画画画到底，就是看其书法功底，这一道理，画画之人，谁个不知。但是，要真真正正做到，实属不易。而当今岭南画坛，又能有多少人能以书入画，书中见画，画中见书呢？我看，现广州市美术家协会主席周国城就是其中一位佼佼者。

周国城是一位多面手的书画家，他先是攻研书法及篆刻，而后才画画。准确地说，他先是一名书法家（中国书法家协会会员）、篆刻家（当今鼎鼎有名的西泠印社社员）。他遍临历代名碑名帖，尤其浸淫于清代王铎行草，因此，其书法笔力刚健，力透纸背，运笔时龙飞凤舞，潇洒自如，常常令观者神思飞驰，激情满怀。他的大草，笔走龙蛇，书风能放能收，用此狂草手法来写兰，可谓“郁怒情深两擅长”，情性独具。

兰，是中国画一大景观，郑思肖画兰不用土，郑板桥“喜气写兰，怒气写竹”，吴昌硕以篆籀之法写出铁一样的兰叶。而周国城却独辟蹊径，用最能代表中国书法艺术精神的狂草来写兰，凸现出其独特的艺术个性和风格。

因为，他有着深厚而扎实的书法功底，用此功夫入画，着实另有一番景观。其大写意花鸟之作，墨到笔到力到韵到，浓淡华润，相得益彰，极具玩味。在周国城的作品中，梅、兰、菊、竹四君子的创作，更见其书法之优势。画中之花之叶之枝干，浓与淡、干与润、刚与柔，乃至叶子的长短、粗细、疏密，穿插变化，笔笔见功，尤其是画中最见功力的“结顶叶”，叶虽小，却在纸上跳跃、流动，令整幅作品神采飞扬，回味无穷。

走注重传统的创新之路，这是周国城之追求。其作品以传统笔墨为主，用笔刚健，用墨酣畅，充满郁郁勃勃的阳刚之气。我想，这与其性格有关。他为人为艺，实实在在、朴实无华，且平易近人，虽身为广州市美术家协会主席，却常常与年轻的“小字辈”们，或说或笑、或吃或喝、或书或画，随随便便，坦坦荡荡，自自然然。我们常常在其作品中看到这种品格，其画中既有古人中规中矩的一面，又有今人朝气蓬勃的一面。于是，这位来自小桥流水人家的江南才子，寻求着在清清新新、淡淡雅雅的文人画中，移入岭南秀丽而多姿的色彩，使其作品勃勃有生气，形成自己浓艳而不甜俗的风格，同时赋予作品更为旺盛的生命力和更为强烈的个人风格。看来，精明的周国城已超越了江南人所特有的清朗之气，从而完成了笔墨岭南化的过程。倘若其崇拜的吴昌硕、蒲华这两位浙江老乡还在世，他们会为之而高

周国城
芳菲
1999 年

兴的。

综观我国绘画史，历代画兰竹者，其风格大都以清新雅逸为尚，到了近代的吴昌硕、蒲华，才使兰竹在清高中增添了挥洒自如的气质。我们品读周国城的作品，常常有一种“潇洒看一回”和“回味无穷”的感觉，画中那些飘然起舞的枝枝叶叶，鲜鲜活活的花花果果，又令观者品之又品，越品越玩味，越品越丰富，且其有鲜明的韵律感，气韵扑面而来。这种“经得起时间考验”的作品，不仅仅是因为周国城在其作品中注入了笔墨，注入了时间，注入了文化，更是注入了一种与时俱进的艺术情怀和独具眼光。就其笔墨而言，以书法入画之花鸟，取缶翁之气势，融蒲华之氤氲，于清俊中别见浑沦（俞建华语）。就其时间而言，周国城之作品，能让你有多久看多久，因为其笔墨的准备是有充分的时间的，这一时间是他在书法里积累的。中国画的笔墨，在书法里的积累，比之单纯在绘画里的积累，时间维度更加集中与深入，故有专家称其花鸟画为“书法式”作品。就其文化而言，国城君用中国传统文化的大草写兰，由此我们要用“文化”了的眼光去审视“文化”了的作品。同时，作者又将书与画糅为一体，将浙江文化与岭南文化糅合在一起，将传统与现代融为一体。因此，有行家评价其水墨兰竹在“姹紫嫣红的岭南画坛上别具一格”。

就其与时俱进的眼光而言，周国城对中国画发展的看法是：“当我们古典时，我们必须现代；当我们现代之后，我们必须也是古典。”所以，他的书画作品既传统，又有时代精神。同时，他抓住广东建设文化强省这股东风，曾在其领导的画院中倡导一种文化观念，要求每位画家既要进行作品创作，又要开展学术研究，既要出画集，又要出文集，这样才能作为时代的“担当者”。此外，他还画油画，他说他是以油画的工具、方式，用花鸟画的大写意技法来表现油画。或许，这种全能的创作实践，对其诗、书、画、印也是一种相互促进、充实和提高，对其作品的传统笔墨与现代意境结合产生深远意义。

今天，周国城正值壮年，有着旺盛蓬勃的生命力，他笔下的狂草墨兰竹也正勃勃有生机，正所谓“当其下笔快如风，笔未到时气已吞”。

周国城，（1950— ），浙江杭州人。书法家、国画家。曾任《幽默大师》副主编、《今日生活》（原《富春江画报》）主编。1993年从浙江人民美术出版社调入广州书画研究院任副院长、院长。现为中国书法家协会会员，中央文史研究馆书画院研究员，广东省书法家协会副主席，西泠印社理事，广州市美术家协会主席，广州市书法家协会副主席，广州市文史研究馆馆员，广州市第十二、第十三届人大代表。国家一级美术师。喜书行草，写梅兰竹菊和水墨荷花。书法、绘画、篆刻作品多次入选全国、省、市展览与专集。分别在杭州、广州、深圳等地举办个人展览。

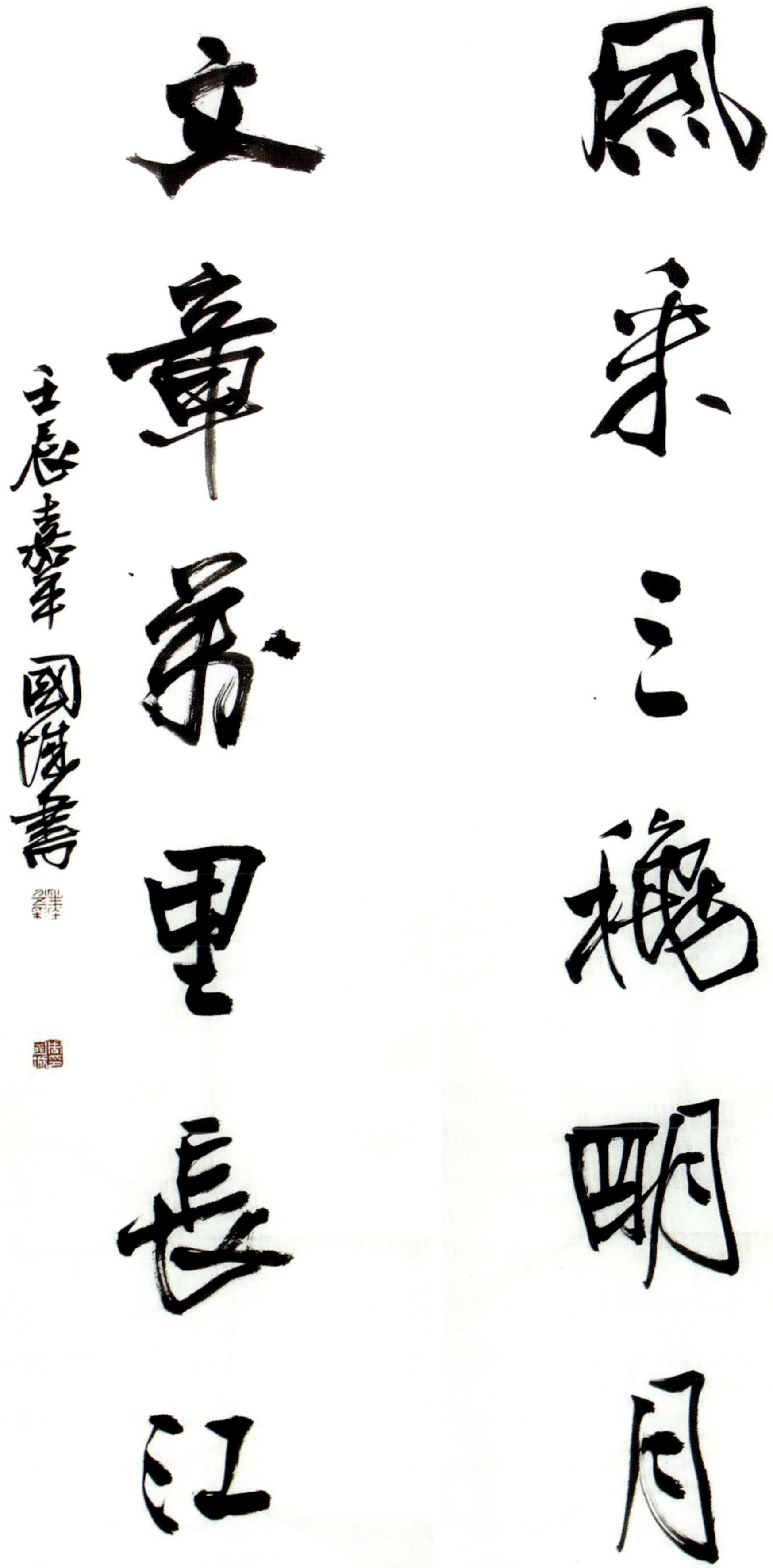

周国城
书法对联
2012 年

徐兆前：糅西铸中　兼容并蓄

纵观当今油画创作，似乎路有两条：其一，纯粹往西方走；其二，纯粹往东方走（中国化）。孰是孰非？著名油画家、广州画院原创作室主任徐兆前认为，走这两条路都应该支持、鼓励，艺术应该是百花齐放的。至于成功与否，关键靠自己的探索与创新。

基于此，徐兆前开始探索将西方油画糅进中华民族文化之内涵，并产生了一种中国艺术而非中国油画。我们从其作品中，可略见一斑。《大花篮》曾以唯一满票获首届广东水彩画展金奖；油画《春嬉》获广东省体育美展一等奖。这两幅作品是徐兆前大胆创新的代表作，他一反传统的减法画法，而采用加法的艺术手法，格外地注重油画语言的推敲经营，在画面上一层一层地加上去，越画越丰富，产生了斑驳的层次感，且不繁琐而变化无穷。对此，有行内人士认为，这是徐兆前的一种创新。

《绿色回忆》，画家采用忆想及超现实的表现手法，运用刮刀一层一层不断往上画，让人看似石林化石，实则枯木逢春，表达了作者这样的主题："保护环境就等于爱护生命"。因而，该作品入选第五届全国水彩粉画展，并获优秀奖。

《修筑虎门炮台》，徐兆前几次赴虎门遗址写生，用了近三年的时间才完成。画家没有直接描写战争场面，在构图的取势中，以形式的冲击力，以人物坚韧顽强的意志力去揭示不可屈服的民族精神，画面语言的提炼取之于形式和造型内涵的特定结合。

徐兆前正是通过他的作品，或人物，或山水，或花卉，唤醒人们内心久别的那片光明，告诉人们生活是美好的。亮丽的色块和厚实的质材构成的画面，既忠于自然，又超越自然。他认为，中国的绘画应该有多种风格的兼容并蓄，可以将多种画种糅合在一起，如国画、油画、水彩画、版画、雕塑，这将是未来的"混血儿"，因此，这些领域他都涉足创作过。他也正在为此而追求、探索、奋斗。

为了探索出一条有中国文化特色的艺术之路，徐兆前也爱上了收藏，收藏邮票、陶瓷、古家具、古钱币、名人信札……为此他常常逛古玩商店、市场，碰到合意的东西就搬回家中，慢慢地回味。他希望从中得到陶冶，吸收营养，引发创作激情。

纵观徐兆前的作品，其人物或风景是一种雅俗共赏的，能给人一种美的享受；

徐兆前 / 涂色的回忆 / 年份不详

其花卉似花非花，却能让花的“灵魂”在画中凸现，且具有极强的立体感、层次感。这种纷繁交错的场景，来自画家将自己置身在特定空间的印象中，去归纳、品味出各种似与不似的艺术形象，从而组成了一幅幅色调各异，却具有饱满张力的构图和现代构成意念的画面，无论从内容、格调及其思想、文化、内涵方面，以及油画形式语言、表现力方面，都较以前有所突破和创新。

徐兆前，(1950—)，广东人。国家一级美术师、中国美术家协会会员。曾任广州军区专业美术创作员，广州画院专业画家兼秘书长。擅长油画、中国画。作品19次入选中国文化部及中国美术家协会举办的全国展览，6次获全国奖。其中粉画《古巷遗韵》获第六届水彩粉画展铜奖。油画《鸣春》获“中国四季”全国美展铜奖。油画《春嬉》获广东省体育美展一等奖。作品《大花篮》获广东省首届水彩画展金奖。发表作品300多件，先后在美国、英国、日本等国家展出。

许钦松：岭南画派的革新者

2013年12月26日，许钦松当选广东省文联新一届主席，加之之前的几个头衔，全国政协委员、全国政协书画室副主任、中国美协副主席、广东省美协主席、广东画院院长。许钦松成了广东文艺界和美术界当之无愧的艺术领袖。有人说，广东美术已进入了许钦松时代。的确是这样，新中国成立至今，在广东美术界，许钦松所担任的职务最多，肩上的担子最重，而行政事务繁重的他，一边筹谋着广东文艺的大发展大繁荣，一边胸怀大山大水，挥洒着自己的笔墨才情，构建了一幅幅浑厚华滋的大山大水画。有一年春节，记者借拜年时机，有幸一睹他正在创作的一幅长5米、宽22米的大山大水画作。那气势磅礴、氤氲葱茏、秀润灵动的岭南山水，那种南方的云、水、雾，北方的辽阔峻岭，有机糅合，构成了许家大山大水的气派。值得一提的是，许钦松主政广东画坛，大力倡导引领广东美术走出去，2012年他带头上京在中国美术馆举办了“吞吐大荒——许钦松画展”，接着又在北京荣宝斋上海中华艺术宫再次举办个展，引起轰动效应。

上海站展览，虽然天公不作美，刮风下雨，但中国美协主席团在刘大为主席的带领下，有过半成员出席，激动的许钦松热泪盈眶。更有人戏称，中国美协领导班子移居上海开会。

力量、厚重、磅礴、气派，构成了一幅幅连绵起伏、壮观千里的许家大山大水。许钦松作画，用笔如斧，挥洒自如，像“刀刻的山水”，这得益于他著名版画家的出身。他擅长站在高处，用大视野抒写大山大水，善于用现代审美观去追求山的真谛、水的灵魂，去思索和创造现代山水的时代精神。

许家山水，给人思考与启迪，给人智慧与力量。许钦松喜爱哲学、文学，尤其擅长版画、国画等的创作。他大量阅读哲学方面的书籍，喜欢探索人生与世态的哲理，所以他的画作，乃哲理与抒情的有机结合。他的画作，色彩艳丽，厚重而不媚俗。他认为国画应大胆使用色彩，因为大自然是多姿多彩的，画家在讲不清不用色彩之缘故时，就没有理由拒绝它。所以，他的山水画中有了版画功底和木刻技巧，融入了水彩、水粉、油画的色彩元素，乃至现代设计的图式结构，增加了作品的厚重感、力量感和丰富性。他笔下的山水，常常以“势”压人，以“大”服人。大气势、大境界、大意象，是许家山水的一贯追求。观许家之山水，可以看到那种大笔渲染所展现的淋漓尽致、墨色共融的艺术效果，看到那气吞山河、群峰苍莽、云层叠涌、气势壮阔的壮丽河山。也许这就是许钦松试用版画改造传统笔墨的见证，也许这就是人们所谈的“杂交”出优势之缘故。

画界中很多人都知道，李可染擅长宣传画、版画、水彩画，新中国成立后又重点攻山水画；林风眠先学西洋画，后画国画又融西洋及民间艺术；赖少其早期专攻版画，后又转入国画……画种的杂交，造就了这些艺术大师。许钦松走的正是这条路。他的过人之处是善于从繁杂的画种与语境中，提炼出自己的绘画语言，并不断地丰富和提高。

他知道，岭南已有“二高一陈”的开宗立派，还有“关黎”一代的各领风骚。要从他们中开新景、立新风，谈何容易。

艺术大师李可染说：“江山可以养浩然之气，浩然之气可以先发正气，使人真诚，浩然之气同时可以孕育美好的气质，生发高尚的情操。”我们看许钦松的山水，无疑，它使人的心胸开阔，使人的心变得纯洁灵秀。还是听听画家自己是怎么说的吧：“一幅好的作品之所以能打动人，不只是以局部线条，而是作品本身总体产生的冲击力和总体的美感。”

窥其作品，可见一斑。《沧海无浅波》画面境界深广、情感豪迈、气势宏伟，表现了画家对祖国山河的执着热爱和深沉的民族自豪感。海浪冲撞石头，飞溅的浪花激越磅礴。浪花飞溅，表现得十分真实，使观画者产生如闻海涛气势、如见海浪澎湃之感，涛画与音乐相结合的传统在这幅画中得到体现。《南粤春晓》以爽朗的笔墨构造出巍巍群山，挥笔如錾，行笔如莲，又以多层色墨积染出雾海云涛；构图平中求奇，实中见虚。整幅作品给人以横空出世、云蒸霞蔚、气象万千的美感。黑与亮、鲜明与含蓄、单纯与丰富、雄壮与秀丽，这些对比的因素在这幅画中得到完美的统一。这一幅幅在大视野中诞生的大山水，是典型的具有“许家风格”的山水。这是我所见、所知、所想，也是画家所说的“风格是画家的生命”之表现，也是作为当今广东画坛领军人物的许钦松对岭南画派的革新与贡献吧！

许钦松 / 南粤春晓 / 2008 年

许钦松，(1952—)，广东澄海人。国家一级美术师。享受国务院特殊津贴的专家。1998 年获“广东省五一劳动奖章”和“跨世纪之星”荣誉称号，2007 年当选“当代岭南文化名人 50 家”。现为全国政协委员，全国政协书画室副主任，中国美术家协会副主席，广东省文联主席，广东省美术家协会主席、广东画院院长，中国艺术研究院研究员、博士生导师，中国国家画院院务委员。2010 年担任广州亚运会开闭幕式艺术顾问。2014 年担任广州亚运会亚残运会博物馆艺术总顾问。

许鸿基：心境释放　舒展极致

自由、率意、个性，是我拜读岭南书法名家、广州市书法家协会主席许鸿基作品的感悟。他虽然是一名官员，却没有丝毫的“官员书法”习气；相反，他每每挥笔疾书，都能举重若轻，总览全局，挥洒自如，豪放跌宕，神采飞扬。

书法是一种最适合表达个人情感，体现作者内心世界的抽象艺术。我们从许主席的作品中，即可看到中规中矩的“颜楷”，方寸之间，主次分明，协调和谐，一撇一捺，一竖一横，铿锵有力，舒展极致，美不胜收，又可见其率性为之的“许书”，字里行间，感情激越，笔走龙蛇，无拘无束，淋漓尽致。可见，许主席为书做人，收放自如，舒展有度，此乃磨砺修炼而成。

学书之径有二；一曰练功夫；二曰做学问。我看，许主席二者兼之。他的书法学颜真卿、何绍基、于右任、《泰山经石峪金刚经》《石门颂》。尤其是对《泰山经石峪金刚经》浸淫之深、之专，令人折服和敬佩。他又受业于中山大学“容（容庚）商（商承祚）二老”。其书艺重视传统，强调情性，融入国学，作品清刚雅逸，风格明显，且“独树一帜”（著名金石书法家钱君匋先生有此评语）。

大书法家蔡邕的《笔论》曰：“书者，散也。欲书先散怀抱，任情恣性，然后书之。”赏读许鸿基之行书《岳阳楼记》，作者潇洒随意，纵怀为之，或笔走龙蛇，一气呵成，绵延连贯；或一笔一顿，如孩子学书一般天真质朴，收放自如，持中稳重。我认为，此非作者心胸开放明畅而不能为之也。

《泰山经石峪金刚经》被誉为“大字鼻祖”“榜书之宗”，刻于泰山经石峪数千平方米的花岗岩溪床，距今有1400多年。许鸿基临习多年，深为其“宽博与空灵”之书风而拜倒，常习渐悟，得个中六味。曰：其一，书体上缩、中涨、下敛，显得饱满，宛若一座座慈眉善目、稳重安静的佛像。其二，点划边置，为书体囊括更多的空间。其三，多结构及线条合成不紧结，使书体显得疏朗。其四，字体内横划短写，形成流动空间。其五，竖划对空间的切割并不平分，使书体灵动而不呆板。其六，尊重文字固有的体能，为书体徐纾容与提供足够空间。这与其说是许主席习书之感悟，不如说是他为书为人为事之写照！欧广勇称其书法“走的是康庄大道”。暨南大学教授陈志平评其书“写得纯正，显得大气、正气、静气，且具有金石气，在继续传统上有成就”。

纵观许鸿基书法创作历程，我认为，他的颜体宽博舒展，行书灵动自然，楷书雍容典雅，隶书金刚经浑雄而带禅意。

许鸿基
书法
2012 年

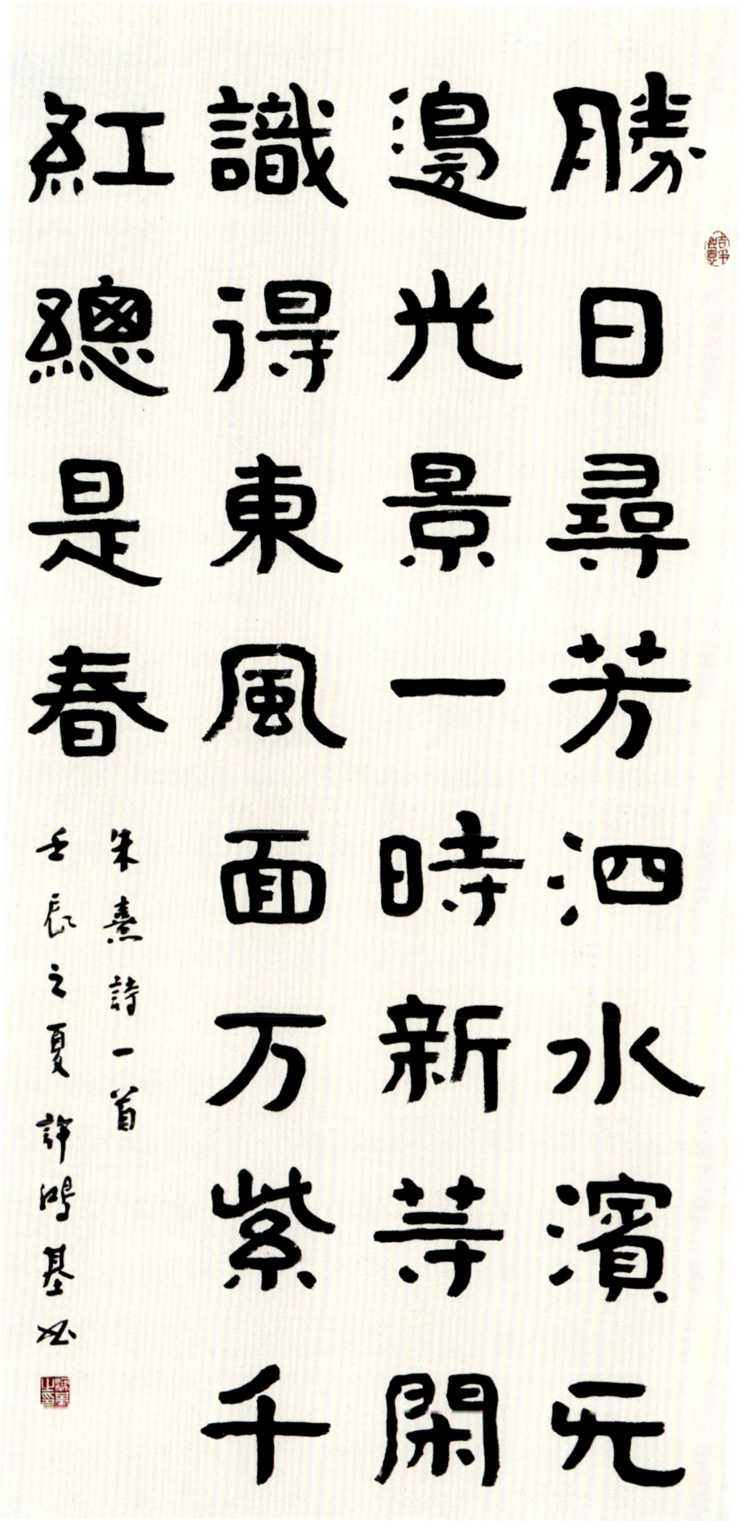

许鸿基，(1952—)，广东普宁人。书法家。现为中国书法家协会理事、第六届中国书协教育工作委员会委员、广东省书法家协会副主席、广州市书法家协会主席。其书法学《泰山经石峪金刚经》《石门颂》、颜真卿、何绍基、于右任等，曾得容庚商承祚等前辈指导，钱君匋评其书法“独树一帜”。出版《许鸿基书法集》《广州书法名家作品选系列——许鸿基作品选》《许鸿基书法展作品集》。

梁如洁：构图饱满　色彩绚丽

爱的呼喊，这是我细读广州美院教授、女画家梁如洁的中国画而得出的主题。或许，这似乎有点以偏概全，但我左思右想，总觉得只有这一个主题，才能准确反映这位娴静、善良而又充满爱心的女画家笔下的一山一水、一花一鸟、一草一木……所孕育与蕴含着的人生哲理。同时，这也是画家用一颗赤诚的爱心去思考、去表达、去述说、去寻找艺术人生的真谛。

感觉、感悟、疑惑、激动与升华，画家梁如洁常常在自然、艺术、人生中演绎出一幅幅令人思之有味有趣而又发人深省的作品。观其作品可知，梁教授崇尚真与美，崇尚大自然，酷爱大自然。据说，这是她在主攻人物画后转攻山水风光、花鸟鱼虫画的原因之一。她的花鸟构图，汲取了日本绘画饱满的装饰趣味，风景画中也时见版画艺术的单纯和力度。在用色上，善于创造多种多样的调子，去抒发自己对大自然的感受、发现与启迪。她的作品《清泉》，黑压压的几乎占据整个画面的坚硬崖石下，一泓涓涓溪流绕过两颗嫩绿的叶芽，喻示着弱小生命不屈不挠、顽强求生的精神与品格，只要有一滴水、一丝空气，就能奋发向上，这蕴含着人生哲理的《清泉》，给人以积极上进的启迪。

读梁如洁的画，哲学的思辨浓之又浓，魅力之巨大催人奋进。她已不是囿于写生来完成对自然的启迪和印象了，于是，她多半是在感受了自然之后再来进行整理、过滤、提炼、加工等再创造。其笔下的一草一木，不再是大自然的一草一木了，而是更深层地对自然现象进行剖析及演绎后便赋予画面以哲学的思辨，使其富有更深刻更丰富的感染力。如《涛声》《新绿》《告别冬季》都是反映这方面的好作品。《涛声》《桑田》均在全国美展中获奖，并被中国美术馆收藏。

面对梁如洁的一幅幅作品，犹如置身于磅礴丰富的交响乐之中，让人看到那凝缩的音浪在将她的艺术人生、创造历程，刚柔相济、浓淡相倚地进行着最生动的演绎。

值得一提的是，梁如洁能在烦躁的时候画宁静的风景以求得内心的平衡，也能在绘画中寄寓她对美好人生的向往和表达她的赤诚爱心。

梁如洁 / 涛声 / 1984年

梁如洁，(1953—)，广东广州人。现为广州美术学院教授、广东省美术家协会理事、中国美术家协会会员。擅长中国画。作品在美国、日本、新加坡、韩国等国家以及中国台湾、香港、澳门等地展出并被收藏。出版有《梁如洁画集》。其作品入选国内外多部大型画册。

孙戈：铁汉与柔情铸就的画家

艺术创作需要时间的沉淀才会逐渐变得深刻，不少画家在创作过程中还能形成一种属于自己的画风实属不易。坦白说，人物画的创作朝写实方向发展得再好，也比不上一张照片的真实，倘若将人物画得过于艺术抽象，又脱离了人这个画面的主体，要达到真实与艺术二者的平衡，这就对想要成为一名优秀的人物画家的艺术家提出了很高的艺术要求。而活跃于中国当代画坛的人物画家孙戈，却有着两种截然不同的成熟画风。

谈起自己的创作，孙戈的想法是：“纯粹搞一样东西，不好看。”20世纪70年代，孙戈曾经在部队里当过兵，在军旅生活期间，创作了不少反映着新兵风貌的人物画作。作品《新兵》里面，12名新入伍的士兵提着自己的绿色棉被，戴上了醒目的帽子，面带笑容迎接着他们全新的部队生活。画面用精致的细节描写，把那个时代的新兵特色一一刻画在纸上，有的新兵用大网袋装了好几本书，还有一名新兵的包裹里还别着一把笛子，那个时代质朴的感觉着实地烙印在画面上。

如果把孙戈的军旅画作归为“铁汉”系列，那惠安女系列的作品，就可以归在“柔情”系列。惠安女的典型特征是花头巾、短上衣、银腰带、大筒裤。她们因其服饰独特，被称为汉族中的异类。“在我们画家看来，表现一个人物最重要的就是他们衣服的特色。”显然，在孙戈这位人物画家看来，惠安女的确是一个不错的创作题材。为了深入了解这群妇女的生活，孙戈多次前往福建实地写生，在他的电脑里至今仍保存着近千张写生时拍下的照片。

“每当我画画时，我就会翻开这些照片看，看着这些照片，仿佛回到过去，置身于这些惠安女的生活中去创作。”孙戈笔下的惠安女保持了勤劳的品质，但是画面的空间不再局限于渔村的渔家生活，我们能看见戴着花头巾的惠安女在一片蕉林中忙于收获的身影，或是在一片碧绿中享受着片刻小憩的愉悦。孙戈将这些真实生活在渔村中的勤劳妇女带到了更加多彩的画中世界，在真实的基础上进行了艺术加工，使得画面在保持了民族特色的前提下，兼顾了艺术的美感。

当然，除了人物的衣着和神态，画面的内容也决定了一幅画作含金量的多少。喜欢观察生活百态的孙戈，还选择创作“移动的生活”都市题材系列。移动的生活，顾名思义就是表达这个通信发达的时代的故事。孙戈在部队的时候，就是一名通信兵，对于信息的传达有自己深刻的了解。“我们现在的生活离不开电话，有的人

孙戈
特警出击
2008 年

说手机绑架了生活，但是它的好与坏并不能够简单地评价。”有了手机，人与人之间的距离被拉近了，我们能够听见远方亲人的耳语，也能了解世界各地的资讯。孙戈的“移动的生活”系列的画中人，以手中的手机为线索，再现了不同时期手机对于不同人群的作用。作者试图通过手机这一特殊的时代产物来表达手机对现代人利与弊的思考。这一系列作品中，有男有女，还有各个民族的人物，他们在不停地玩弄着手机，演绎着各自的喜怒哀乐。

绘画，早已成为孙戈的一种生活方式。生活中的人又常常成为孙戈笔下的惟妙惟肖的人物。在饭桌上，他不知画下了多少人物肖像，闲谈交流的每一个瞬间，又成了孙戈创作的好题材。比如拾荒人读报、阳光女孩放学“拜拜”的手势、脚蹬滑轮车的都市小精灵……我们可以在欣赏画作的同时，揣测作者笔下每个人物鲜活的精神世界和惟妙惟肖的状态。

孙戈
渔讯
2005年

孙戈，(1953—)，哈尔滨人。国家一级美术师。现为中国美术家协会会员、中央文史馆书画院研究员、广东省人民政府文史研究馆馆员、广东省美术家协会理事、广州市政府文史研究馆馆员、广州市美术家协会副主席、广州画院原副院长。曾获全军优秀作品奖、广东省美展优秀作品奖(最高奖)、南粤清风广东省书画展金奖、广州市美展金奖。代表作品有《新兵》《硝烟初散》《风雨木棉红》。

方楚乔：自自然然才是美

人们这么评价，看楚乔兄的画，细处有眼，大处有气，境界之深厚宽远十分难得。观楚乔兄之山水，画是自自然然的、实实在在的，美得厚重、丰富、葱茏，美得沉稳、朴实，美得有个性、有味道。其用色用笔用墨既古朴传统，又不失新潮，其大胆的用笔令人信服，寥寥几笔轮廓，足以概括了山之宽之大之高乃至山之魂。其谋篇布局，令人叹服。一层又一层地渲染，一座又一座地穿插，使山之饱满，山之丰富足矣，山之灵性活矣！尤其是，细细品其山之脚水之源，更显其用心收拾之极，往往出现意想不到之效果，此谓妙笔生花之致也！难怪林墉有此评说：楚乔之山水面貌强烈，能把握住自己的局面，也很生动，正因如此，才有伟铭兄之“文火”一说。广东省文联原主席刘斯奋认为，方楚乔的画，写实为其质，写意为其形。其质实，故具骨相；其形意，故得神韵。难在二者如魂附魄，浑然无间。其运用之妙，全在一心一手！

人如其画，楚乔兄乃谦实、厚道之人也。观其貌，听其言，察其行，为人做事教书画画，实实在在，踏踏实实，恪守自然之法度。还是听听著名史论家李伟铭是怎么说的：“乔兄曾在‘广美’苦学数年，我曾有缘与他朝夕相处，一朝揖手作别，虽同处一城，而音问疏空，在沸沸扬扬的‘美术’名利场中，看不到乔兄踪迹，而暨南大学荷花池畔，却平添一道飘然出尘风景；如花美眷，袅袅娇女，乔兄处荫息影，于平静中烹茶磨墨，废纸三千，均作自家拱璧。如此慢活儿，磨出功夫，不同凡响，也就不奇怪了。”如此看来，楚乔兄摘取全国山水画展优秀奖（1993年）及广东省第三届中国画展金奖（2002年）等多项大奖也就不奇怪了。同为潮人，同为老师，同为艺友，同处一城，伟铭兄慨叹与楚乔兄相见时难，可见楚乔兄为人为艺所追求所恪守的是“自然”二字。人与人的交往自然、随缘，画画追求的也是自自然然，哪怕是过去少人问津，而时下上门求画买画者众，楚乔兄也是自自然然，坦坦荡荡处之。在他看来，为艺为人为事，均贵在自然，自自然然才是美，实实在在才是真！

也许，这是楚乔兄其人其画留给我最深刻的印象。

方楚乔
秋潭净碧
2013 年

方楚乔 / 夏山新雨 / 2013 年

方楚乔，(1953—)，广东汕头人。现为中国美术家协会会员，广东美术创作院画家，广州暨南大学艺术学院教授、美术系主任、硕士生导师，河山画会画家。作品有《春山晴云》《南粤春早》《林壑幽深》《夏山拥翠》《苍岭丹岩》等。出版个人专辑共有八册，举办个人专题画展八次。先后为广东省省委及广东省人大常委会创作大型国画《江南春早》和《南粤锦绣》。

刘佑局：创造一个幻象彩墨世界

“中国画可以这样画？”这是我第一次看到刘佑局的作品时发出的感慨。五彩缤纷、色彩斑斓，构成了刘佑局中国画的主旋律。在他并不太大的画室里，堆满了一箱箱丙烯颜料，那旁摞着的空调及书柜，几乎被色彩包围着。还有一堆堆浑身上下沾满颜色的毛笔，一张张沉甸甸、色彩斑斓的中国画。与其说这些是中国画，不妨说是一幅由色彩堆砌而成的抽象“西洋画”。我们置身其中，宛若进入了刘佑局的色彩世界。

看得出，刘佑局很爱护他的作品，像亲生儿女一样呵护着。因为粗心的师傅裱画时压坏了他的三幅作品，他一直坐立不安，反反复复地唠叨，反反复复地看着已上微信的原作，最后要我无论如何要找师傅抢救它们。

面对着刘佑局一幅幅色彩斑斓的中国画、一幅幅龙飞凤舞的书法作品，面对着那夸张而奔放的线条，那混沌而欢快的色块，分明看到作者在宣纸上恣意狂舞、挥洒，任性地撒欢……随着水墨、丙烯等色彩颜料的流淌，墨与色浪漫地交融，意象的运用，法度的超越，水墨与色彩的深度结合，构成了一幅幅绚丽夺目、水墨飞彩的“新中国画”。看得出，刘佑局是试图以其诗人气质和书法家的功底来将传统中国画与西方绘画进行巧妙的结合，以表达他的思想境界，形成有其特点的想象主义、色彩主义、交融主义，寻找一个物质与精神最佳结合、交融的“精神家园”。

2014年11月13日，刘佑局携32幅幻象绘画作品远渡重洋，来到美国尼克松总统博物馆展出，成为有史以来第一个在此举办个人画展的华人书画家，得到了西方收藏家和艺术家的高度好评。美国著名艺术评论家约翰·莎律斯先生说：“刘佑局作品的画面语言，既不是东方的也不是西方的，而是以人类的大美作为蓝本，表现了当代世界艺术潮流的最新走向。”

思想有差异，艺术无国界。刘佑局美国之展的成功，又激发了他的创作激情和欲望。2015年3月，花甲之年的他，又在北京今日美术馆举办个人画展。他用飞舞的线条、诗意般的激情挥洒水墨（如作品《春早》《山魂》《丝丝入扣》等），用绚丽的色彩来张扬个性（如《草莽柔情》《荷烟印象》《欢乐的浪花》等）。

刘佑局在这些作品中，一直让自己的激情和活力在线条的跳跃飞动和墨色的流淌中升华。

毫无疑问，刘佑局是一位才情横溢的艺术家。我们从他的作品中，可处处看

刘佑局 / 荷烟印象 / 年份不详

到其才情、激情、智慧的融合，看似随意或不经意之作，都构成了一个合情合理的、混沌的、色彩丰富的世界，其宏阔、深邃、墨色交融的世界里，处处闪烁着刘佑局那无拘无束、纵怀恣意、天然练达的个性特征。正是这些难能可贵的艺术性情，造就了其作品自得天趣、空灵洒脱、飘逸脱俗、如梦如幻的彩墨世界。

刘佑局，（1955— ），广东揭西人。现为广东华人书法院院长、中国书画艺术家协会主席、中央数字电视书画频道艺术委员会委员、中国作家协会会员。被中国书法网等评为“2011 年度书坛十大新闻人物”，被世界华人社团联席会议评为“2011 年影响中国文化十大人物”。书法作品获第一届国际书法大展荣誉奖、第一届国际中国书画博览会书法唯一一等奖。先后出任文化部第二届国际书法大展评委会副主任、中国书法家协会第五届全国书法展评委、文化部国际华人诗书画大展总评委等。

陈兆康：布衣闲人　自在画画

以“布衣闲人”写写你如何？面对记者的提问，陈兆康爽快地说，自己就是一介布衣，一介闲人，两袖清风，一支画笔，独往独来，爱画什么就画什么，爱怎么画就怎么画。

“其实，并非我高傲自大，而是我位贱言微，不敢去打扰他人，”他说，“这样也好，能落个清净自在。但是，若碰到坦诚之人，会与他们聊得很开心。若碰到势利小人，我会敬而远之。没办法，我就是性格使然。”兆康兄还常常以文会友，以画交友，看他的画与他交上朋友的，不少；交上知心朋友的，也不少。或许是共同爱好，“同病相怜”，又或许是“知音相遇”，他的每次展览，都得到不少赞誉，结识了许多朋友。与兆康兄熟悉的人都认为，他的画值得一看，人值得一交。

他的画好，好在平淡、朴实，与布衣百姓有“共同语言”，能相通，有共鸣。兆康兄喜欢到民间去写生、去体验，更喜欢用手中笔去表达“布衣们”的喜怒哀乐，去抒发自己的所思所想所感所悟，用自己的真诚去传达生命的愉快和开朗，去赞扬生命的积极意义。哪怕是一草一木、一鸟一虫，都是物化了的“天人合一”，个中都糅进了他的感情。如《青灯赋》《高山流水图》《耕耘不知倦》等作品，有的，他题了长长的“画语”；有的，他仅只言片语。其实，这是作者的怀旧之情、寄托之思、宣泄之感。说白了，就是兆康兄的人生写照。

作品有了感情，就有了思想，也就有了深度。这要靠艺术家多方面的修炼和修养，甚至苦行僧般的磨练。虽然从未进过艺术院校，但却到艺术院校当老师。他甘于寂寞、孤独，带着责任感。到自然、到社会的最底层去写生、感悟，同时把生动的、闪光的东西，通过笔墨表达出来，并赋予其可对话可交流的感情。这样，创作出来的作品就有“群众基础”，百姓就喜欢。百姓喜欢的作品，为何踏遍画廊无觅处？是兆康不爱钱？抑或其他，记者追问兆康。“我是把自己的喜怒哀乐都交给画了，并非金钱所能替代的。因此，金钱上不过分考虑了。”他说。朴实的语言、平民化的风格，已道出了画家鲜明的“金钱观”“艺术观”，乃至“人生观”了。

行文至此，我想，是否“清贫至此，画品自高”？面对一位甘当苦行僧而没有固定收入的画家和一群先富起来的艺术家，我的天平开始出现了倾斜，是去歌颂“苦行僧者”，还是去赞美“先富起来者”？我很难取舍，其实也无法取舍，因为我没有能力去判断两者谁是谁非，谁强谁弱。艺术本身就是一个谜。但是，有一点，就是艺术需要积累，需要时间，需要奉献，需要“苦行僧”的精神。这是不能“计价还价”的，更没有捷径可走的。

“画到熟时便是生”，画画要不断否定自己，不断出新。兆康就是这样去不断追求探索，因此，其作品能“融古铸今”“推陈出新”。他笔下的青铜礼器之作，纹饰丰富多彩，既古拙又充满现代气息，线条流畅，变化无穷。在创作古鼎时，他善于用现代的眼光来审视，着意安排花花草草，伴其左右，使作品既形成了一枯一荣、一轻一重、一刚一柔的强烈对比，又使神秘神圣的古鼎铜器这一中华传统瑰宝充满勃勃生机。同时，作者也暗示着，人们追求美好生活的愿望是永恒的。看来，正是这位自称“布衣闲人”的兆康兄之用心良苦了。

陈兆康
国泰民安佑苍生
2014年

陈兆康，(1955—)，广东广州人。岭南花鸟画家。曾任广州书画专修学院副院长、广州美术家协会理事。作品充满灵动及趣味，色彩典雅，构图独特，布局巧妙，是广东具有代表性的花鸟画家之一。2016年5月应邀赴澳大利亚墨尔本澳华历史博物馆举办个人画展。

苏小华：我思我想画我心

记者第一次见到苏老师是在她的家中，与记者印象中的画家略微不同，苏老师身上散发着一种柔和慈祥的气息，笑起来两个酒窝格外的亲切，连她挂在墙上的未完成的百合花画，也散发着一种温柔、宁静的感觉，让人忍不住地喜欢。

提及选择画画的理由，苏老师说得很简单：10岁的时候，年幼的她陪着16岁的姐姐去花都当知青，见识过务农耕地的苦活儿，说实话并不太喜欢，而当知青是当时学生毕业后的大方向。苏老师笑着“坦白”：“学画画的初衷，就是不想当农民。”

但人总是会慢慢地改变，写久了楷书，偶尔也会产生试试狂草的想法，画画也是。苏老师谈及她的绘画之路也这么说道：“慢慢走着，慢慢地就不甘心只做一般。”1979年，她考入了广州美术学院的国画系，毕业后在广州美术馆工作20年，后来又到了广州画院，从基层一直做到了副院长的位置。

在苏老师的眼中，画家既是一名自由工作者，又是一名孤独行者，身与心都是自由的。对于每个画家来说，都有属于自己的一套思想和工作方法，所以每个画家的作品都有自己独特的画味。

她的作品中最有画味的一张，莫过于创作于2006年的《对话》。《对话》的画面很简单，巨大的画纸里只有两张藤椅，一张圆的，一张长的，两张藤椅相对着摆放在画面当中。

这幅画的创作灵感源自苏老师的母亲。画中的圆形藤椅摆放在苏老师二姐家中，苏老师的母亲习惯了坐长条的藤椅，便让苏老师去大姐家中把那张长条藤椅搬来二姐家。苏老师当时把两张藤椅往客厅一放，大小两张藤椅相对而视，好像准备开始一段私语，它们聊的究竟是大姐家摆放的鲜花，还是偶然闯入二姐家的花猫？这无尽的想象瞬间激发了苏老师的创作灵感。回到家后随即提笔，开始了《对话》的创作。

创作《对话》的时候，正值广州的梅雨天气，非常潮湿，画纸上的颜色久久不干。苏老师从每一条藤开始慢慢画，给藤上了颜色之后，就等这一小块慢慢干透，重新勾线画下一条藤并上色，等颜色干后再重复这个步骤。因为梅雨天的缘故，画在纸上的颜色总要过相当长一段时间才能干透，但慢慢干透的水迹反而成了藤椅独特的纹理。这种运用了撞水撞色的手法画出来的藤质感虽然相似却又完全不同。这“麻烦”的天气带来的却成了无意插柳，柳成荫，产生了一份奇特的效果，也变成了

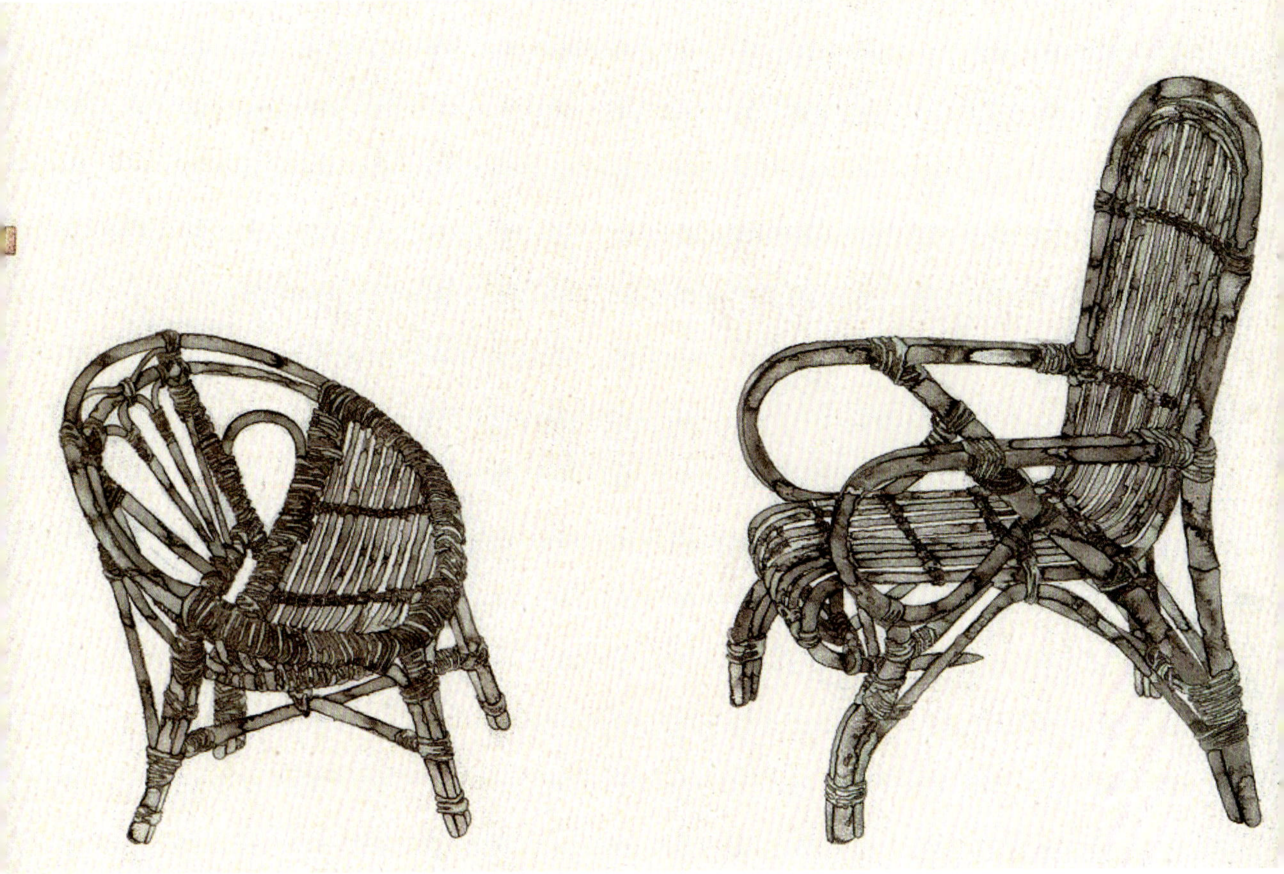

苏小华 / 对话 / 2006年

一份无法复制的美丽。每每提到这次创作，苏老师总是说："只有广州的梅雨天才能画出这样的画，在别的地方可是画不出来的。"

苏老师的这种画法只能在梅雨季节那几天使用，《对话》中两张藤椅的藤数加起来超过几百条，要在这仅有的几天画完，显然不能一一等每条藤干透，必须同时进行几个不同部分的创作，这就需要对画面有一个全局的把握，尤其是在一张这么大的画纸上，没一定的功力，是难以实现的。

除了画法非常独特讲究，画面的意境也不简单。记者第一次观看这幅作品时，觉得整个画面干净整洁，没有一丝多余的东西，很干净。但再结合标题细细品味，就发现了特别的味道。

画面里虽然没有描绘出一人一影，但是，人的气息充满了整个画面。藤椅的作用就是为了给人提供休息、小憩的地方，尽管画面上没有人，但依附在藤椅上那种人的气息还是非常明显。物体是一个固象，但是画面的思想却是可以空灵的。苏老师借用藤椅这种具象，将她所希望的人与人间的对话抽象地表达了出来。

每个人的人生经历不尽相同，爷爷一辈看见藤椅，可能会想起在上面一边摇晃一边看报纸的安静岁月；对于年轻的一辈来说，藤椅更多的是象征着一种老旧的稀缺物，家里已很少有它的踪迹。所以面对着同一幅《对话》，每个人的感悟就会不同，而画面上大片的空白，恰恰给读者留下了更多想象的空间：画外到底是生活着怎样的人，他们与这两张的藤椅的关系又是怎样？与其说是藤椅的对话，不如说应是两张藤椅主人之间的交流、读者与画面的交流。但至于究竟交流什么、如何交流？就有待读者自行去感受。

正如苏老师所说的，现代的画坛有两种表达方式：一种是用抽象的画面去表达一些现实的、具体的感情，比如西方的油画；另一种则是用具体的画面去表达一些抽象的思想，比如苏老师的《对话》。这两种表达方式各有自己的长处。艺术品若是太过抽象，那他们面向的观众就必须具有一定的艺术基础，但如果这幅画是你身边的事物，你能看懂，那么距离读懂画家的想法就更近了一步。

"自然界中的东西已经很美，不需要画家更多地加工。好的画家是一个思想家，只需要用自己的方式将它表达出来，就已经足够了。"的确，我们身边不缺乏美，只是缺少发现美的眼睛。与其苦苦思索着选择什么入画，用什么技法表现，不如像苏老师那样简单一点，直接一些，以我思、我想，画我心。

苏小华
兰氏家族
2010 年

苏小华，(1956—)，广东广州人。原广州画院副院长，现任广州市文史馆馆员、广州市美术家协会副主席、广州画院专业画家、广州市政协书画院副院长。国家一级美术师。擅长中国画，主攻花鸟。作品入选第十一届全国美展、第三届全国中国画展、第十六届亚运会全国中国画展等全国美展并获奖。出版有《苏家五人画集》《山居十七载》《居家的日子》《五年日志》等。

汪晓曙：学人情怀　笔下风流

纵观汪晓曙为人为艺为学的人生，可用“学人情怀，笔下风流”，八字概括之。他为人低调踏实，朴实无华；其为艺则深思熟虑，读其画有“画内有心，画外有音”之感。画者的灵魂融入笔下，透显于画中，故其作品言语丰富，耐人寻味。其为学则兢兢业业、硕果累累，堪称学人风范。

“汪晓曙现在是代表岭南的一位领军人物”（卢延光语）。他是从江西被引进来的专家。目前作为广州大学美术与设计学院的院长、教授、硕士生导师，他不但教研丰硕：享受国务院专家特殊津贴、教育部学位委员、教育部美术专业教学指导委员、广东省学位委员、广州市优秀专家……他出版的著作有《绘画语言研究》、《美术创作学》《绘画创作研究》等六部专著，总200余万字，编写美术教材八册，主编大学美术教材23册。其艺术创作之路也十分宽广，油画、水彩画、中国画、速写、素描、连环画……样样精到。作品或具象或抽象，或叙事或抒情，或象征或隐喻，都深刻表达反映作者创作时的思维、观念、情感、审美趣味和理想追求。这种宽广的创作领域，看得出作者把握艺术手段之多和创作欲望之强，令人赞叹折服。这是一般画家所难以具备，而大师们必备的本领。米开朗基罗说：“只会用一种方式进行表现的所谓画家其实不是真正的艺术家。”米开朗基罗不但是一个伟大的雕塑家，同样是一个伟大的油画家、素描大师、铜版画家，也是一个伟大的建筑大师。中国的徐悲鸿大师的素描、油画、国画、书法都堪称一流，还有张大千、黄宾虹、潘天寿等，他们也是一专多能，融会贯通，终成大师。笔者认为，就目前汪晓曙先生创作画路之广及理论素养之深，乃至其善于思考观察与系统化的创作路径，持之以恒，必成大器。

纵观其艺术创作历程，早在80年代，汪晓曙的名字已家喻户晓，他创作的连环画《林肯》《欧也妮·葛朗台》《古堡》《血与沙》《莫扎特卖艺》《美和上帝》……这些连环画有水彩的、水墨的，也有素描的。作者以大胆、新颖、充满俄罗斯欧洲情调的写意风格，在当时中国画坛令人瞩目。

欣赏其水彩画《努尔哈赤》《雪域初春》《西风烈》《一个世纪始与末的对话》等，可以看出作者用深厚的水彩画功底，鲜明的艺术个性，去讴歌“此时此情此景”，去展现一个恢宏壮阔的历史背景。这种意境、意趣，以及轻快透明，水色淋漓色彩融合，这样的画面，我中有你、你中有我的艺术效果，迷倒了许许多多的观者。

汪晓曙 / 那个女孩 / 年份不详

润泽、透明、高雅的画面表现力及其丰富的精神内涵，彰显了其水彩画艺术领域所达到的新高度。

汪晓曙先生不仅有坚实的写实油画功底，而且有丰富的想象力和创造力。他善于发现和发掘客观物象的美，善于运用油画手段的艺术表现力，传达自己的主观感受。他忠于客观自然，忠于现实生活，同时敏感于现实生活中人们审美观念的变化，并从中吸收营养，去丰富自己的艺术创造。他笔下的《知青组》系列、《舞蹈》系列、《苍穹》系列、《晌午》系列。这些作品意境深幽、形态逼真、朴素真切，总能带给人们一种特殊的亲近和感动。

善于思考、归纳、总结、概括、表现，这些都是作者的优势。他构思近两年的历史主题创作《蒸汽机时代》。从19世纪到20世纪，蒸汽机车成为中国工人阶级的象征和代名词，经历了一个多世纪的风风雨雨。中国工人唱着《我们是新时代的火车头》走进新中国建设行列，到今天中国工人阶级怎么了？作者深深的思考着如何用手中的画去表现。他说，这是一个时代有良知的艺术家的责任和义务。这其实是一个时代的呼声，一个民族的呼声。于是，他的系列作组画《蒸汽机时代》共十幅问世了。之一《太阳穿过云层》，表现19世纪四川的保路运动的场面；之二《第一声笛鸣》，表现李鸿章兴建铁路场面；之三《黎明的曙光》，表现孙中山与铁路工人；之四《日出东方》，表现李大钊在火车头上宣讲的场面；之五《觉醒与呐喊》，表现毛泽东与安源工人大罢工场面；之六《列车英雄》，表现游击队的抗日场面；之七《时代机车》，表现新中国第一列火车问世场面；之八《烈日当空》，表现“文革”时期铁路工人劳动的场面；之九《新建设者》，表现进场的农民工队伍的场面；之十《烈日隐入西山》，通过铜鼓新老工人的对比，表现对蒸汽机时代的思考。欣赏这些油画，总能给人一种静谧之感，又能引人思考。这些油画，画面反映出来的意境，既有沧桑之感，又有雅典之风，像在读一首犀利杂文，又像在吟诵一首抒情的诗歌，折射出中国油画极高的文学性。这些作品又呈现出一种完美和谐的现场氛围，使观者在欣赏的同时，被带入了回归本真、拥抱自然的意境之中。

汪晓曙 / 休憩 / 年份不详

汪晓曙，(1956—)，现为广州大学美术学院院长、教授、研究生导师，广东省美术家协会副主席，中国美术家协会会员，中国美学研究会会员，中国水彩画研究会会员，中国连环画研究会会员，中国艺术教育促进会理事，中国美术教育专业委员会委员，教育部美术教材专家评审委员，广东省美术与设计教育专业委员会常务理事、副会长，广州市美术家协会常务理事、副主席，广州市美育研究会会长，广州市美术教育研究会副会长。享受国务院特殊津贴优秀专家。作品曾入选全国第六、第七、第八、第九届美展，入选全国第三、第四、第五、第六届水彩画大展，入选广东省第七、第八、第九、第十届美展。

王璜生：花开四季　春意盎然

要采访王璜生，的确难。因为他实在忙，约了又约，他是忙了又忙，只好推了又推。这次总算逮住了，他正在开会，待他会后，我与他聊了起来。我们用地地道道的潮汕话，直奔主题——花开四季。

60分钟，短短的交流，短短的碰撞，够啦！因为，彼此都投入，也默契。

关于王璜生其人，算不上传奇，但他是一个才子，硕士毕业又去攻读博士，如今是中央美术学院美术馆馆长。其父乃著名画家王兰若先生，或许受家庭熏陶，他从小就爱上画画，传统功夫扎实，而且受西方文化及当代文化影响深刻。其书法、古典文学、诗词造诣颇深，对美术理论、史论见解独特，还撰写了《中国山水专史》。时下，他又把美术馆办得红红火火，理得顺顺当当，令中国同行刮目相看。

关于王先生的花画，着实令人赞叹，着实有自己的花貌和个性。他说，大千世界可以无限的丰富，不拘一格，种花、插花、画花也应如是。花开花落，有枯有荣，这是生命的历程。这样可以更为自由地运用花的语言对生命进行歌颂和赞美。我们从王璜生的花路历程中可以看到，作者笔下的每种花，是一种抽象了的符号，是他对现代都市、自然的独特感受的表现。在构图上，他强调美感及情感的表达，于是他笔下常常出现瓶花之作。这在作者看来，似乎更为恰当、准确、直接、痛快地表达和抒发自己的感情，同时也希望是生活和自然的“合一”。我们既可以从其用笔的味道中找到传统，又可以从用色淋漓中找到现代的东西，两者自然结合，融为一体。

在用色上，作者成功地大胆吸收西洋画色彩，为水墨天地注入了一股生气。他的作品中色与色、块与块、线与线之间的分割、交流、穿插、重叠，明显具有立体化、表现主义和印象派色彩的影子，令观者得到一种无声音乐的效果—喧闹中不失优雅，鲜丽中没有媚俗。如作品《晨露》《画在梦中》《山花烂漫》《阳光明媚》《澄怀图》等，叶脉与花的色彩渲染，互相协调，纤毫毕现的细部刻画，显示出作者运用水墨丹青的过人之处。整个画面设色大胆，有新意，尤其是蝴蝶兰叶子画得既熟练随意又鲜活动人，浓墨淡墨随意点成，组成大片的枝枝叶叶，随笔所至节奏分明，整个画面充溢着灵气。

“离方遁圆，而极妍尽态”，王璜生先生在传统文人画的笔墨世界中带有隐喻性质的人格美，把它发展到了极致。他在静净、明丽、秀雅、飘逸的用笔之中点化成

王璜生
璀璨图
2006 年

王璜生，(1956—)，广东揭阳人。曾为岭南美术出版社编辑、广东画院专职画家、广东美术馆馆长，现为中央美术学院美术馆馆长、广东省美术家协会副主席、中国美术家协会理事、第九届广东省政协委员，享受国务院特殊津贴的专家，国家一级美术师。曾获意大利总统颁发的“意大利团结之星”骑士勋章。

欣欣向荣、春意盎然的“花花世界”，同时寄情写性，形成了笔墨高简的境由心造之妙境。他常常把画面意境的表达，以及书卷气的流露和情趣结合在一起，用以情入画的方式，得到“情意所致”“风致所在”的境界，而“沁人肺腑”则是他所追求的一种最高境界。

王璜生还利用生宣纸吸水的性质，或冲，或泼，或勾，或染，以笔墨的干湿浓淡、皴擦点染，显示出传统绘画独特的韵味和形式美感，以线条作为主要的表现手法，用点表现炽烈的激动情绪，产生了感人的视觉效果。

因此，观其“花花世界”，有此之感，作者不为前人陈法所囿，自成一格，枝

王璜生 / 归来图 / 2010 年

繁叶茂，红花黄花，初看去密密麻麻，但细观之，枝干顺逆穿插回环，层次井然而富有深邃感和厚重感，近观笔触多，远观却浑然一体，整体气势夺人，这在花鸟画创作中是一种不多见的技巧。

其实，对于王璜生来说，画什么已无关紧要，重要的是通过画面上形与形之间的联系。色与色之间的衔接。点线之间的互相作用，传递出作者独特的艺术见解和形式语言。因此，在作者的“花花世界”里，处处流溢着花卉的委婉、柔和、秀丽之美。

陈训勇：中国画蚂蚁第一人

在中国画坛，齐白石以画虾，徐悲鸿以画马，黄胄以画驴……而名扬天下。在岭南，陈训勇以画蚂蚁而声名远播，“蚁王”“中国蚁王”“蚂蚁一族”各种美誉席卷而来。他，注定要载入史册。他的《万众一心》蚂蚁作品被编入全国中小学《美术》教材。

请看——2007年7月陈训勇“蚂蚁一族”水墨艺术作品，终于登上中国大雅之堂，在中国美术馆展出。

请听——中国顶级评论家、艺术家薛永年、郎绍君、梁江、刘曦林、陈醉、陈履生、尚辉、杭洵、张晓凌、王镛、李宝林、谢志高、许钦松等30人，济济一堂，给予陈训勇笔下的“蚂蚁”作品高度评价与赞赏，称赞他是“前无古人”的开拓创新，它奠定了陈训勇成为中国画蚂蚁的第一人。

纵观当今画坛，像陈训勇如此执着，如此痴迷地为蚂蚁歌功颂德的且视屑小之蚁，命同苍生，“每一个蚂蚁都是一尊佛”的，恐怕只有陈训勇，别无他人了。我记得有一次，著名画家方楚雄介绍陈训勇给我认识时说，“他生意做得比画画好”。当时这是大实话，但在今天，陈训勇不但生意做得好，画也画得更好。他曾开了十几二十年的工艺品厂，跑了欧洲各国、美国等国家不知多少回，也不知赚了多少美金？但我记得，早在艺术品市场尚未成熟之时，他已在广州租了两辆豪华大巴，把广州画界头头脑脑，拉到他的家乡澄海写生挥毫，并在其品墨堂美术馆展览，又出了一本大画册，在当时红红火火。如今，他丢开生意，专攻他的“蚂蚁”水墨画。并赋予“蚂蚁五德”，即忠、信、礼、义、勇。陈训勇还请来一帮文人墨客，为其“蚂蚁”水墨画歌而咏之。著名学者书画家雷铎在其作品《五德颂》跋之：“扶老爱幼、济弱救危，则义也；粮食相让，道途相揖，则礼也；各诚其守，各尽其职，乃忠也；以小博大，无所畏惧，是勇也；芸芸熙熙，劳作不怠，则勤也。”如此为蚂蚁树碑立传，着实填补中国画空白。学者王鲁湘则称赞训勇蚁礼义信忠勤五德观之，泼之以浓浓淡淡之墨，写之以刚刚柔柔之笔，出之以儒家之仁、佛家之慈、道家之通达，此乃以身家性命与蚁为一，悯蚁乎？悯苍生乎？亦师蚁者也。

赏读陈训勇之蚂蚁系列之作，如《万众一心、众志成城》，作者不但赋蚁以华丽身姿，赤橙红绿青蓝紫……身披各色服饰的公蚁母蚁子蚁孙蚁，大家群策群力，合成一股绳，万众一心，开辟新天地。“渺宇宙兮一蚁，巨蚍蜉兮一族，撼大树兮

陈训勇
蝼蚁五德颂
2006 年

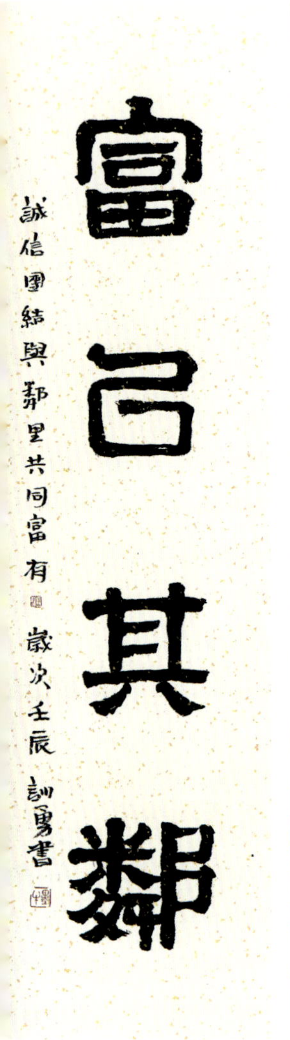

一心，听王命兮一德。”蚁虽小，力可移山；蚁虽微，则默默耕耘，奋斗不息，精神可嘉。陈训勇给其作品赋蚁之魂之精神。这难道不是人类的象征吗？在《万蚁一心》作品中，陈训勇大胆用长幅表现蚁族齐心积粮的繁忙过程，并在空白处题长款《般若波罗蜜多心经》。将蚁当佛来敬仰，可见作者之诚心，心诚画则灵。如今陈训勇笔下之花之卉之树之果，作品中处处有“蚁”可见可现。蚁非蚁，非常蚁，上善若水亦上善若蚁。真可谓“蚁小乾坤大”。

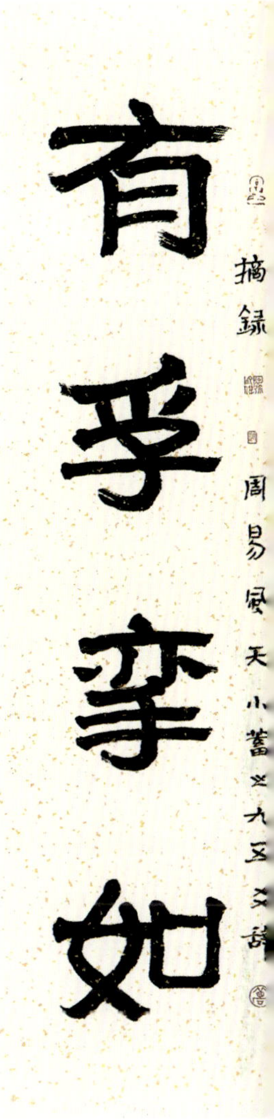

陈训勇 / 万众一心众志成城 / 2012年

陈训勇，（1956— ），笔名墨牛、蚁民、野豆，广东澄海樟林人。毕业于广州美术学院国画系和研究生课程班。国家一级美术师。现为中国艺术研究院艺术创作院研究员、中国美术家协会会员、广州大学艺术硕士生导师、广东省工艺美术大师、广东省工艺美术协会副会长、广州画院特聘研究员、广东省青年美术家协会艺术顾问、广州市白云区政协常委、白云区文联副主席、享受国务院特殊津贴的专家。广东品墨堂堂主。

苏百揆：清新绚丽 花鸟世家

在岭南画坛，“苏家”工笔花鸟可谓令人耳目一新，独树一帜。画家苏百揆以其“见笔”“留白”两种硬功夫，在工笔花鸟世界中出类拔萃，令人刮目相看。

百揆其父苏卧农，乃岭南一代名家；其兄苏百钧也是当今著名工笔画家，现为中央美术学院教授。或许是从家教中获得了传承，百揆的工笔花鸟创作，处处流露出“工”中之“大气”，在“大气”中记载着自己对花鸟“八相”（“形、色、姿、趣、意、气、韵、神”）的创造与表达，同时把自己的胸中之情在所表现的花鸟中抒写出来。作者尤其着力于“写”的表现手法，使其作品“工”而不板，甜而不俗，细腻而又传情。如《春江水暖鸭先知》，作者用传统中国画的中锋用笔挥写，因而，画面圆润、厚重。尤其是作品中的波浪、海滩，均用中锋，一笔笔、一画画而成，这样就避免了花鸟画创作之小气，使其作品有了难得的“远取其势，近取其质”的表现。

历史上的不少好作品，如宋人花鸟，又如元代王渊的墨花墨禽，明代如沈周、陈白阳，以清代邹一桂、恽南田，还有板桥、冬心，近人吴昌硕、齐白石的花鸟。“八相”具备了，气都很足，而在“势”字上边，似乎可以再深入些。百揆兄或许早就意识到，因此，他在花鸟画创作中倾注了心机，力免重蹈覆辙，力求有所创新。因此，百揆兄在工笔中追求“见笔”功夫，他说，工笔画中的“见笔”能抒发心中之情怀，能淋漓尽致地表现“心中之景”，又能像挥写书法般潇洒从容，自由自在，使自己的情感世界通过书法线条的起伏变化在画面中表现出来。如《花魂》《雁意》《春雨归来》《鸽子·金合欢》……作者或许表现的就是一种思念、一种寄托、一种对美好生活的向往与热爱。这，不但给观者一种诗情画意的美感，而且给观者一种画外的暗示与启迪。作品《春雨归来》，整个画面喜气洋洋，似一股春风扑面而来。就作品构成而言，作者大胆犯“忌”，取“十”字画法；而又巧妙破“忌”，运用笔墨的干与湿、浓与淡的变化，使画面产生了一种视角上的轻重感。轻的，如春雨朦胧，似醉如诗；重的，如挺拔苍劲的古棉，巍然屹立，稳如泰山。这是树？是勤劳的人民？是一种伟大而倔强的性格？是一种民族精神？！

值得一提的是《花魂》《鸽子·金合欢》。前者，作者用纯墨的勾线、渲染去表现画面的层次变化，其中国画通过墨的难度、深度、高度表现到极致，令观者惊叹其装饰美与自然美的“天然合一”。后者，作者把现代的色彩与传统的笔法交织

苏百揆 / 大自然乐章 / 年份不详

在一起，用浓浓烈烈的色和细细的点、线去勾勒和渲染表现那鲜活的金合欢，给观者一种生机勃勃、五彩缤纷之美的享受。而花外围的木篱，作者用侧锋写成，一笔一画之间变化万千，木纹的肌理就丰富、生动起来了。整幅作品一动一静、一粗一细、一浓艳一淡素、一现代一传统，对比强烈。还有，《大洋洲之花》，作者用中国画很传统的笔墨技巧去表现大洋洲彼岸的“洋花”，那红艳艳的花，那绿绒绒的草，看得出，是作者用心一笔一画写成的，无数的一笔笔、一点点、一线线，形成了一个丰富多彩的“面”，粗粗犷犷的笔，“写”成了粗枝绿叶，纤纤细细的笔表现出了细小的鸽毛、昆虫，而湿湿润润的笔（湿画法）则去表现一种朦朦胧胧的美，干干淡淡的笔（干画法）刻画的是一种粗犷与苍劲、刚强与博大。画面中的红、蓝、白三色构成了这一幅清新绚丽、婀娜多姿的花的世界。看来，这正是由苏百揆的“见笔”功夫创造出来的一个神奇的花鸟世界。

苏百揆，(1957—)，广东广州人。曾任广东省青年美术家协会副主席兼秘书长、广州市美术家协会理事、广州青年美术家协会副主席。现任广州市文史馆馆员、广州市政协委员。作品《根恋》1994年获加拿大国际水墨画枫叶大奖赛优秀奖，《花魂》《百合花》2003年获广东省美术、书法、摄影联展优秀奖，《鸽子·金合欢》2004年获广东省美术、书法、摄影联展铜奖。出版有《苏百揆工笔花鸟画集》。

苏百揆 / 神颐花间 / 2014 年

董帜强：浓墨挥洒 壮丽史诗

董帜强的山水创作喜欢恢宏、广阔、大气的意境。他的作品构图完整，立体感强。

可以这么说，董帜强画重量级题材是出了名的，因为在南粤大地上似乎没有一位画家像他这样画画—他三赴黄河，创作了40多幅汹涌澎湃、气势磅礴的黄河系列山水画。如今，摆在记者面前的60多幅长征系列作品，也是他满怀激情沿着红军走过的路而创作的。

说实在的，自从读了董帜强的黄河系列，我就想写点读后感，但不是我忙就是他忙，一直未能如愿。

读董帜强的黄河系列山水画，常常为其汹涌的黄河而神思飞扬、思绪万千；亦常常被其高超的把握作品的结构和气韵的能力所折服。他不咀嚼小意境和小诗意，不作青花仕女般的无病呻吟；所作皆大气象，所作山川皆峻厚、雄奇，且意境幽深，笔墨酣畅淋漓。有专家称赞其在墨色交融上，做得很在行，大团的墨汁看来亦还实在，一实在就有了色泽。就追索而言，他是想精致一些的；就境界而言，他是想深入一些的；就技艺而言，他是想浑然一些的。他画黄河，一发不可收拾，其黄河山水代表作有《岁月》《雅拉达泽》《大黄河》《金色摇篮》《鄂陵湖沼泽》《大河源》《厚土沧桑》《黄河怒涛》等。其中《大黄河》作品被全国文联收藏，这幅作品采用俯视角度来表现黄河一泻千里之气势。而《厚土沧桑》《岁月》等作品，画家牢牢地抓住了这类题材作品的本质，运用新材料和新技巧，“写”出了自己作品中的“沧桑感”，充分显示了其在用墨和用水方面的娴熟技巧。

读董帜强的长征系列山水作品，惊叹画家水墨功夫之深厚，取景构图、营造环境之高超。画家对生活的观察是那样的细腻，其艺术视角是那样的新奇敏锐，再一次体现出其独特的艺术风格。在他的笔下，长征途上的山川河流、雪峰草地、浪涛云霞、索桥老树……都极富生命节律，笔墨语言自然。其作品《搏击中流》《艰苦历程》《乌江天险》《铁索桥》《四渡赤水》《金沙江》《爬雪山》《过草地》《腊子口》等，浓墨挥洒的画意与视角新颖，让人们在这种诗情画意之中，重温这段前无古人的人间奇迹，诵读这首惊天动地的壮丽史诗。同时，留给人们的感觉是，他的水墨功夫的确很得岭南画派之清丽典雅，同时融会了北方画派的豪放和洒脱。

然而，更重要的是董帜强借鉴了西画的光和影，赋予中国山水画全新的内涵，并由此形成自己独特的新山水画语言。从其黄河山水系列到长征山水系列，无不体现了这一现代意识和写实精神。

董帜强 / 铜墙铁壁 / 1994 年

可贵的是，一幅幅或浓或淡的山水画中寄托了画家一种热爱生活、热爱人生的情愫，也凝固了董炽强的水墨泼洒价值和倔强人格力量！

董帜强，(1958—)，广东番禺人。国画家。广东省美术家协会常务理事。曾被中国文联授予“新世纪中国山水画2000家”称号，被政府授予“专业技术开发人才”称号，享受国务院津贴的专家。代表作品《大黄河》被联合国总部收藏，《黄河放歌》被人民大会堂收藏，《艰苦历程》被中国人民军事博物馆收藏，《黄河雄千古》被广东省博物馆收藏，

李劲堃：岭南画坛一匹黑马

2013年12月，李劲堃当选为广东省文联专职副主席；如今，他又有新的思考和冲刺。他曾说过一句话："一个人能将一件事做到极致是一种缘分、一种福气。"看来，他是要把文化和绘画做到极致了。其实，我们在他的作品中已找到了答案。

亦难怪，在画画圈中，在赏画群中，在藏画者中……李劲堃是人们熟悉而热捧的画家。年纪轻轻的李劲堃，相貌平平的李劲堃，正如他梦幻般的山水世界，令人不可思议，令人如痴如醉，又令人关注……

读李劲堃的山水画，没有传统山水画普遍呈现的四平八稳，一览无遗，却有铺天盖地迎面扑来的雄浑气势。画面墨彩纵横，依势或勾或皴或点或染，似树、似路、似坡、似草……远观，云山飘忽，博大无际，全然不见名山，不现大川，却有名山大川之气魄；不现小桥，不现流水，却有小桥流水般的诗意。如《敦煌传说》《溶日》《秋渐深》《霜天晓雾》《淡淡花雨扑面来》等。这些山水画，不去迎合观众那种"可观、可游、可居"的传统审美习惯，却使人如梦如幻，遐想联翩，更令同行赞叹拍案。

读李劲堃的山水画，不难看出，李劲堃对中国山水画发展到鼎盛时期的宋代画，情有独钟，研究颇深，同时还吸收元代画乃至外来文化之精华，融入自己的作品中，并逐渐形成自己上取宋人画境，近采西方形色，远观日本体制，糅合今人韵致的个人风格。李劲堃曾经热衷于油画，特别喜爱伦勃朗、德拉克罗瓦的作品。伦勃朗的黄色调和德拉克罗瓦的赭褐色调在其作品《溶日》等均有所反映。

值得一提的是，李劲堃虽是岭南画派的传人，在黎雄才、陈金章、梁世雄等教授门下学习传统山水画，但精明的李劲堃却不满足于岭南画派的技巧和风格，大胆走"融合古今，折中中外"的创新之路，创造出一种新时期的新国画。反观李劲堃的山水画，其落眼点之雄奇苍茫，天地间之浑沌迷蒙，确乎是以境界为立足点的，所表现的不是景物的具体、清晰、可辨、可游、可居，不是对象的体势奇特和造型生动，不是色泽的奇特绚丽与赋彩的准确有序，而是营造出一种高度概括的，似抽象非抽象的氛围，天与地的深远关系，润泽苍茫的时间流变，长山大谷间的七折八变，枝杈散乱的缠绕繁密，从而构成了一幅幅非现实、非地域的不凡景象。尤其是，李劲堃画中极具体逼人的局部细节与极虚幻阔大的氤氲的结合，更令人对李劲堃的创新精神和传统功底很是赞许。

总之，李劲堃在其作品中营造的是一个清新、严谨、朦胧中透露出耐人寻味的精神家园。他是岭南画坛不可多得的一匹黑马！

李劲堃
浴日
年份不详

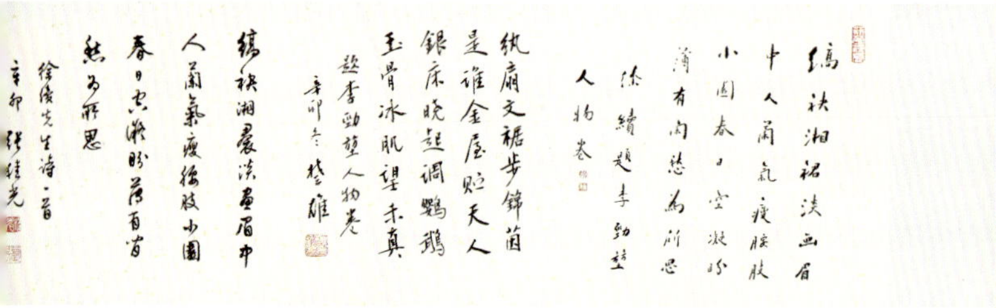

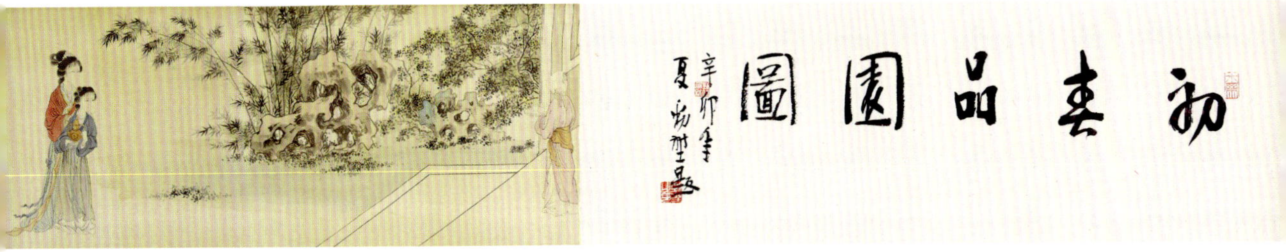

李劲埜 / 初春品园图（手卷）/ 2011 年

李劲埜 / 初春品园图（局部）

李劲埜，（1958— ），广东南海人。现任广东省文联专副主席、岭南画派纪念馆馆长。擅长中国画。中国美术家协会会员。代表作品有《脉》《大漠之暮》《涌月》《苍山如海、残阳如血》。作品清新，技法严谨，朦胧中透露出耐人寻味的境界。

李晓白：唯美主义 雅俗共赏

看过画家李晓白的代表作《岭南三杰》，都称赞其笔精墨妙，传神阿堵。著名人物画家杨之光评价他："笔力豪放，堪为可造之才！"李晓白的另一作品《八仙醉酒图》，人物造型准确，动态感人，令人爱不释手。他的《新林》《侨乡风貌》《巍巍太行》等，更是多次在省市以上及全国美展中获奖。看得出，他的画路较为宽广，人物、山水、花鸟，乃至书法均颇有见地。尤其是他北上师从李延声、刘大为，还颇受范曾影响，他的作品融合了南北画派的长处，并逐渐形成自己的风格。作品里可见到山水、花鸟与人物相映成趣，情景交融，画面的题款、落款也张扬着他书法的才气。驾驭重大题材的创作也更上一层楼。值得一提的是，澳门回归15周年，李晓白与其助手一起，运用了独特全景式视角，将澳门古今历史、风土人文、建筑风景和1999年12月20日澳门回归祖国的纪念日浓缩于一幅19.9米长的《濠江春秋图》中，描绘成极具澳门特色的现代版"清明上河图"。望着李晓白的澳门风情长卷，我忽然有种关于美的触动。

我与李晓白相识多年，生活上，他一直是个爱美爱到有些"固执"的人：手上的表一定要擦得发亮，并配上与之颜色相配的表带，这才是他认为的美。他笔下的国画亦是如此：一张藏族老人饱经风霜的脸，巧妙地利用笔墨晕开了岁月沧桑的刻痕，只给人留下"安居乐业，长养子孙"的美好愿景，这，也是他认为的美。

"唯美"显然是李晓白画作最大的一个语言特征，这两个字几乎贯穿了他所有的作品。他对于美的较真，也成就了他独特的个人风格。无论是"乘风游碧落，踏浪溯黄河"的《八仙过海图》，还是笔酣墨浓的《荷香十里觅佳句》，画面总是以一种构图饱满、完整而极具美感的形象展现在众人面前。观者不但被"美"的实在所感动，更常常为其浓淡相宜的笔墨而诧异。

我常说，李晓白是位很"乖"的画家。他的画作从不剑走偏锋追求标新立异，而是选取一种相对传统的表达方式，并在其中独辟蹊径，创造出雅俗共赏的作品。纵观李晓白的山水人物画作，向来奉行"拿来主义"，一手伸向艺术，一手深入生活，画作大多选材自生活中常见的人和景，从神话传说中的蓬莱八仙，到陶瓷泰斗王锡良等，在他的画中，观赏者往往能从熟悉的元素中寻求新的艺术感受。

同时，他也是一个很"精"的画家。评析一幅画，首先须"读懂"，方有资格谈论"喜欢"。显然，并不是每位观赏者都在艺术上有相当的造诣，而李晓白在创作

李晓白 / 八仙过海图 / 2010 年

上，有意识地顾及了大多数观赏者的艺术审美需求，善于把握雅与俗之间微妙的平衡，主要追求视觉上美感，让观赏者先读懂他的绘画语言，再从笔墨技法下功夫，使得整幅画作艺术效果得以升华。所以，即便是最常见的山水人物素材，在他笔下依旧不减意气，不失风骨。

李晓白基本功很扎实，擅长画各种题材，花鸟、山水、人物，其中尤为钟情山水。他的山水画淡雅清新，又和谐统一，既有北派的粗犷刻画，也不忘岭南人对细节追求的天性。在广州省工艺美术学校、广州业余艺术大学求学阶段，李晓白的学业大多以人物绘画为主，难能可贵的是，他一直没有放下对山水画的热情，并将山水和人物画进行了融会贯通，形成了独特的风格，所以他的人物画中，常常蕴藏着山水画的技法。在《安居乐业图》中，藏族老人身上的衣服布料结构的刻画，就与山水画中的山石极为相似，形成一种独特而又厚重的质感。

中国画历经千年，如今依旧百花齐放，呈现一片勃勃生机。美本天成，妙手偶尔得之，愿李晓白能在继承前人技法的同时，闯出一片属于自己的艺术新天地。

李晓白，(1958—)，广东新会人。曾深造于广州美院研究生班，中国国家画院李延声导师工作室。现为中央文史馆书画院研究员，中国国家画院首届人物画课班刘大为工作室画家，广东省美术家协会会员，广东省书法家协会理事，广州文艺志愿者协会主席，广州市美术家协会副主席，广州市白云区文联副主席，广州市白云区美术家协会主席。作品曾参加第八届全国美展，第三届全国中国画展及其他全国性大型美展，并在省市美展中获奖。

李鹏程：稳重豪放　气度恢弘

认识鹏程，是在几年前的一次局级干部书法展上。初次见面，他的儒雅、爽朗，深印吾之脑海。近又观其作书，颇有稳重豪放、气度恢宏之感。

手捧其作品集，翻读其间，墨海升腾，浓浓重重的墨韵，神采飞扬的线条，折射出一篇篇“楷、行、草、篆、隶……”赏之、思之，宛若置身于艺术之宫殿，遨游于汪洋之墨海中。

纵观其所书，各体皆能兼工，尤以魏碑为最。我认为，鹏程对此浸淫尤深、尤精、尤勤。可以看出，他早年从颜真卿的楷书及魏碑入手，打下了书法基本功，习《张猛龙碑》等练就基本功，并由此涉猎南朝《爨宝子》等碑和此朝诸碑。其碑体书法由心性而发，又悟古人之气度，形成了一种宽厚纯朴、稳重豪放之浩然正气。人无宽厚之心，则不可能有宽厚之态。宽厚乃中华民族的一种品格，是人内心的心理气度的表达。纯朴，就是自然，自然则心无物阻。纵观鹏程笔路，提笔所书，不受书写时环境条件、人为因素所阻碍，不受所书内容安排，提笔直下，放纵自然，挥洒自如。大，可收得体；小，可放得开；重，可以轻相救；轻，可以重相补；斜，则以正相助；正，则以斜取势。随心写来，一任度化，自然成韵，全篇浑然成章。其所书之魏碑，大气、雄厚、古朴，一如对联“公则先明诚则抚众，勤可兴业俭可养廉”。作品结构、线条韵味十足，神采飞扬，线条从自然取象，又合于自然之象。没有遮盖，不可躲避，没有虚假，没有做作，堂堂正正，凛然正气。可以看出，作者写此联时心境之静之真，精力之充沛，功力之深厚，无可挑剔，无丝毫媚俗感，无丝毫矫揉造作之态。

次观其正书、汉隶，可用沉雄、稳重、古朴、优美概括之。鹏程书法大气、风正。书如其人，鹏程为人正派，办事公正，作风正道，论事公允，豁达大气，不从小道入，不以秀娟媚俗。他的书法放得开、收得住，不媚不俗，雅正大方，坦荡气节。他善用古人运笔方法，道中有顺、顺中有道，方圆变化，指腕并用。其用笔的缓与急、苍与润，体势的收与放、动与静、虚与实、险与夷等诸多对立因素，在他的笔下运用自如，主次显然，和谐相安，意蕴丰富。如隶书对联“平理若衡照辞若镜，动晃横锦摇笔散珠”，整幅作品墨气烟氲，以充盈吐纳宇宙之气；化实为虚，以呈现无言独化之道；走笔运墨，以臻达意冥玄化之境；染墨成韵，以吐纳宇宙万物之意。可见，其隶书得周秦金石之气，朴拙古雅，神完气足，天真烂漫之际匠心

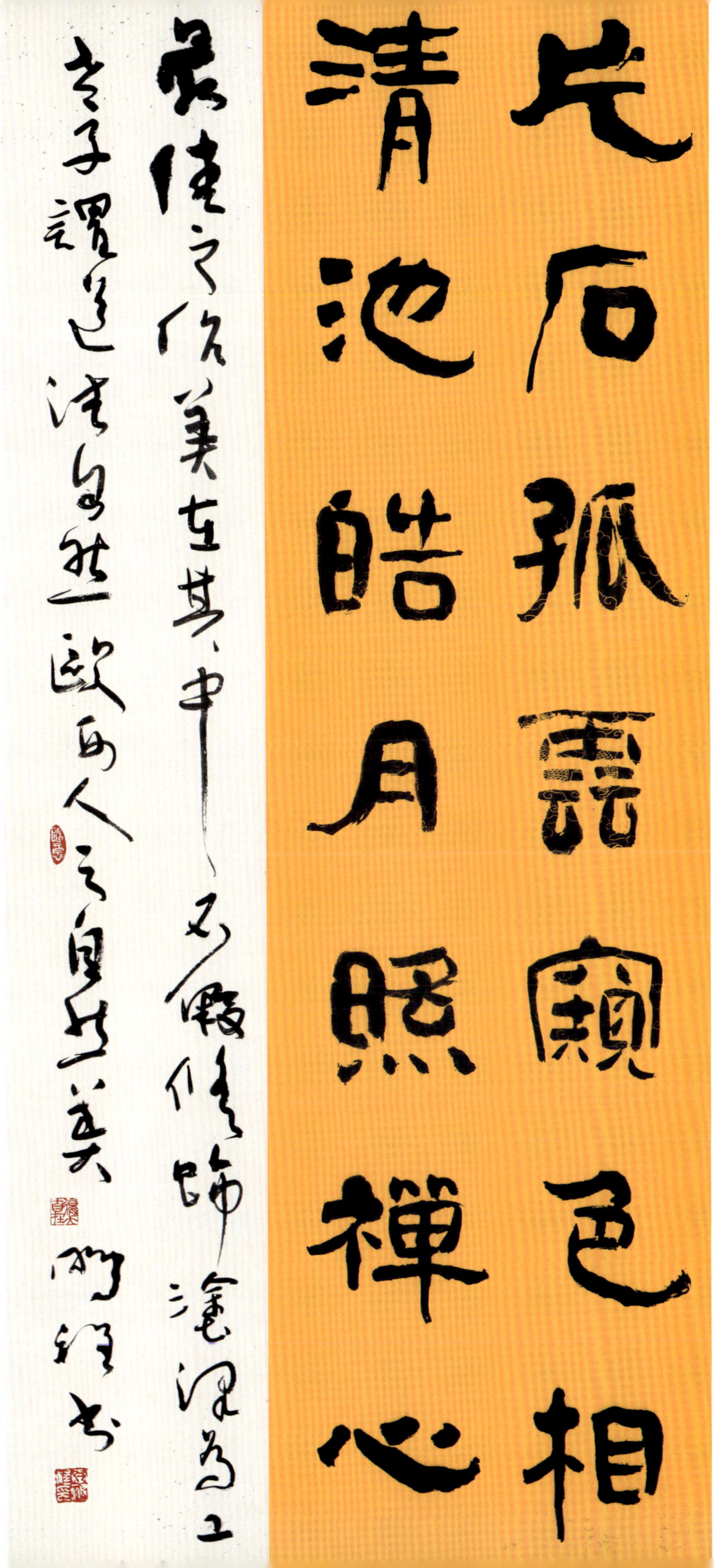

李鹏程
书法
年份不详

独运，雄浑豪放中逸气横生。

再观其行、草二体。有着悠然、昂然、跃跃然之感觉。品其行书、草书，神采焕然，灵气畅流，朴厚与空灵同在，高华与雅逸齐飞。其灵气、才气跃然于纸上。随意写来，却深浅有度，忽大忽小、忽紧忽松，令人不可捉摸。浓淡之间，游刃有余；虚实之中，更显奇绝。典雅中不失豪放，潇洒中不失法度，俊逸各半，文质彬彬。如行书扇面“花气半侵云阁……”整幅作品展现出清气、静气、文气、书卷气的艺术效果。小小扇面，一股笔情墨韵的文人书风扑面而来，令人叹绝。

又如行书《将进酒》，通篇作品给人干净、空灵之感。书之妙趣在无量处，有处仅存象，无处乃传神。行书对联“文章有新法，金石生古香”，作品或浓或淡，或枯或湿，或雄奇，或秀媚，润可取妍，燥能取险，润燥相杂，星华流润，虚实相生，终归于大化。此乃大化之境界也。又如草书手卷文天祥《正气歌》“天地有正气……”全文似简非简，似繁非繁，融会贯通，挥洒自如，风华高洁，另饶风骨，真令人长叹一声：“一幅好作品！”

草书之难，难在线条质量。用笔的起承转合、奇崛变化，不仅给人以视觉上的畅达、通透之感，在审美上要凸显婉约风流之妙！文中可看出，鹏程用笔娴熟，提按使转灵活，自然舒展，快意十足。行笔的枯与润、快与慢，线条的轻与重，对比的强弱，布局的变化与趣味，都在把握之中。我以为，这和鹏程把握草书的娴熟功夫是分不开的，心有全局，自然手任心驱，妙在其中！

李鹏程 / 书法 / 年份不详

李鹏程，（1960— ）广州市文联党组书记、主席，中国书法家协会会员，中国摄影家协会会员，广东省书法院特聘书法家，广州市书法家协会常务理事。2000 年深造于美国加州州立北岭大学，被邀请交流讲学和举办书法展。书法作品编入《中国实力派青年书法家》《中国当代书法家辞典》，并被多处博物馆、艺术馆收藏。出版有《一种心境——李鹏程书法作品集》《一份心情——李鹏程诗影专辑》《百年星海》《春风卅年》等。

陈林：墨色溶溶　情意浓浓

一、人体：美的诉说

水墨是美的，人体也是美的，这是从事人体创作的艺术家所要探索的东西。广州美术学院教师陈林正是在水与墨中，探索着人体世界的美。他笔下的裸女，具有一种深沉的美，一种令人兴奋的美，一种思索的美，美得令人神往，美得令人陶醉。读之观之品之，令人顿感一种墨色溶溶的、淡淡雅雅的视觉美感。

读陈林之水墨人体，兴奋之情油然而生，墨色的交融产生了奇特而丰富的效果。浓淡干湿相互交织，赋予了人体尤其是女性一种冰清玉洁之感，对于读者也是一种美的享受。陈林说这是在探索绘画语言时，采用花鸟画中一种没骨技法，而非人们常用的传统双勾填彩技法，从而创造了一种简洁、单纯的整体美。这美，美得有品有味，美得令人冲动……

读陈林之水墨人体，能给人一种思索和联想。他在创造人体美时，精心构思，营造人体背景主体构成的一种人与自然的、和谐的美。他说，有时候女人像座山，似乎难以攀登，也难以征服，却富有美感；有时候，女人像云像水又像雾，叫人捉摸不透，又令人向往；有时候，女人像一首优美的朦胧诗，越品越有味。陈林借助其水墨淋漓尽致地展现了女人的内心世界，这就是陈林人体水墨交融而产生的艺术魅力。

陈林笔下的水墨人体，虽白白裸裸，但有丰富内涵，有诗意。该浓则浓，该淡则淡，该施之以色，则施之以色。肌肤之雪白，人物之传神，与背景相映生辉。此时、此地、此物、此境、此身、此情、此画，全在心中，全由心造，美不胜收。

陈林的人物画，其用笔豪逸含蓄、酣畅淋漓，所写人物均栩栩如生，这些人物，或乐观豁达，或心事重重，或悠然自得……其用笔用墨浓淡相宜，气韵生动，奔放处不离法度，细微处照顾气势，人物静中有动，粗中有细，出新意于法度之中，使观者得到极大的美的艺术享受。

二、花鸟：雅致中见大气

自从笔者热衷书画艺术、关爱书画艺术之时，就曾听说过画坛上有个叫陈林

陈林
裸女
2001 年

陈林，(1960—)，现任教于广州美术学院。擅长中国山水画人物画。作品多次参加省美展，全国美展。代表作品有《波罗蜜》《晨露》《热风》《处处芳菲》《假日闲情》《藕花秋露》等。

的年轻画家，人物画画得有品有味，属后起的新秀。后来又不知怎的，这陈林老兄却“蒸发”了一段时间，是去厚积薄发，还是干了别的行当？姑且勿论。时下，这老兄又“浮出水面”，画起了花鸟画，而且出手不凡。不少专家看后，赞不绝口，纷纷建议他就这样画下去。他也真的就这样画下去了，而且画了一批，准备出画册，一来可以探探画坛虚实，二来可以总结总结。

随手翻翻陈林送来的作品，总的感觉是雅致中见大气。

说实在的，这些年来，随着他的学识、阅历、绘画实践的丰富和提高，艺思嬗变，其写意花鸟画意，有着显著提高，逐渐有了自己的面目。

中国画以意境、气韵、格调为最高境界，这是每个画家所要追求的，陈林也不例外。他倾其全力铸造自己的艺术个性，对吴昌硕、八大山人、齐白石等写意花鸟画名家一一探摹。同时，他涉足大自然，观察体悟自然界中的花鸟，并写生下来。他讲究笔墨，经营章法，追求空灵，展示韵致，所以他的画常常有诗的意境、禅的意念。

花花世界各式各样，都可入画，陈林笔下的花开得美、开得怒放、开得灿烂、开得厚厚实实、开得生机勃勃。有时画面对比强烈，有时又是淡淡雅雅、朦朦胧胧的。无论如何，这在画家看来，却是一种美，一种沉沉甸甸、厚厚实实的大美。

陈林的作品奔放、豪迈、恬淡，以如诗般的情节为主，具有一种浑厚、大气、巍然的格调。这是他的大笔触、大笔墨、大面积水墨随机渗化产生的艺术效果，具有强烈的感染力和冲击力。作品《晨露》《藕花秋露》《怒放》《红椰》《硕果》《暗香》等，彩墨渗融，用笔俊逸，似自然流出，纯任天然。他信手拈来，剪裁生活中的一个片断，并不特别用意，而物无不亲，画面不雕不琢，“具象天然”，情随意出，耐人寻味。

陈林笔下的写意花鸟画，讲虚实，求空灵。他的画虚虚实实，虚实相生，气脉贯通，想象舒畅，画面流动，所画花、鸟、石诸物皆鲜活灵动，与画面融为一个整体。诸如《花趣》《奔放》《映日》等作品，作者大胆用色用墨，随意点染，画面丰满协调，表现了多姿多彩、璀璨浪漫的花鸟世界。

陈林花鸟画虽取法多家，但他又在题材、立意、造型、构图、笔墨上作文章，下功夫。他进入城市已有二十多年，仍然对大自然一片深情，坚持与花鸟为友，为花鸟写生，尤其春暖花开时，必去花圃、花市或郊野采写灿烂春光，故胸中便有蓬勃生动之气。古代名画家八大山人常常采写的萱花和小鸟等，在陈林笔下，萱花鲜活，小鸟玲珑，充满生之喜悦，与八大山人之孤傲冷怪大异其趣。陈林所写牡丹、梅花等传统题材，刚健含婀娜，端庄杂流丽，且枝干矫健，倔强有力，是作者对顽强生命力的讴歌。值得一提的是，作者对其家乡海南特有的椰果的表现，用色浓艳、强烈、奔放，且丰满厚实，反映了时代的精神和广大群众的审美情趣，亦俗亦雅。

"大气磅礴"是陈林笔墨运用的一大特色。他的大写意花鸟画最突出的一个风格便是异乎寻常的"大气"。"大"作为一个审美范畴，最早出现于《左传》："此为夏声。夫能夏则大，大之至也，其周之旧乎？"孔子曰："大哉共之为君也！巍巍乎！唯天为大，唯尧则之。荡荡乎！民无能名焉。巍巍乎！其唯有成功也。焕乎！其有文章！"看来，陈林的大写意花鸟在此找到了根基。

时代需要大题材、大场面和强烈的视觉冲击力，一枝一叶的文人小品画，已无力面对当今人们日益增长的审美需求，因此，大写意花鸟画越来越受画家和观众的喜爱。看来，陈林抓大不放小之路选准了。他在题材的选取上非常大胆，描绘的切入角度也是从大处着眼。即使在处理梅兰菊竹、荷花翠鸟一类的传统题材时，他也着意从古人没有留意处入手，或者说把古人按照一个点一个点地局部观察然后组合在一起的创作方法，改成由点及面去整体感受，排兵布阵，起承转合，使画面获得了前所未有的视觉张力。从以荷花为题材的《红荷》《荷花》《花情》《花趣》和以梅松为题材的《悄悄话》《暗香》等，可以看出他在处理这些传统题材时与古人拉开了距离并保持了传统绘画的神韵，展现出自己的花鸟画面貌，使其花鸟画在雅致中常常大气淋漓、大气磅礴。

崔跃：画“丑”人又画美人

认识崔跃，已有十多年，那是在广州画院原院长张绍城的一次宴席上听说崔跃要调入广州画院。后来，他却令人意外地调入了广东画院。以后，我每到广东画院都能见到崔跃兄。他几乎是天天在画室画他的人物画，有时也画画山水，画画花鸟。

但我总是反对他舍弃所长所专而攻山水花鸟画，理由是，崔跃给人最深的印象首先是位人物画家，而且他的人物画还拿了多项全国及省大奖，我劝说他在人物的专长方面再寻找新突破。也许是属同年代的人，虽然画画我只知皮毛，但我们说说笑笑，聊聊谈谈，自自然然，无所顾忌，无所不谈。崔跃兄也在我们的“激烈斗争”中，有所思有所择。如今，虽然他的山水画、花鸟画画得不错，但都没有改变其人物唱主角的地位，且乐此不疲，人物画大奖一个接一个地拿。

崔跃兄笔下的人物画，或凝重，或淡雅，都追求至诚至真，融情入景，借物抒情。其历史画题材创作尤其代表。崔跃兄曾当过兵，打过仗，对身边熟悉的战友感触颇深。他要改写在过去电影中，往往好人都是漂漂亮亮的，丑丑的都是坏人的传统。在硝烟弥漫的战场上，身边这些英雄战友，人人脸上都是“脏脏”的、“丑丑”的。基于此，作者思考着要把这些真情实感真实地记录下来，让这些默默无闻的英雄永恒地流传下去。《人们不会忘记他们》就是在这样的历史背景下创作的，崔跃说这一作品是他在汗水与泪水、生与死的经历中记录的。他们当中，有的已死去了，这些看上去“脏脏丑丑”的英雄，他们的心灵是多么的美丽和纯洁，他们是时代最可爱的人。每当他静静地凝视画面人物时，每当想起常常在一起吃饭又突然消失了的战友，眼泪总是情不自禁地流。因此，当他创作这一类作品时，总能心情澎湃，热血沸腾，全副身心投入创作。他采用正面去表现人的形象，用大块墨色与笔墨交织去表现当时战友们的感觉，一种凝重的沧桑感，一种沉重的历史感，从而达到一种虽丑犹美的艺术效果。背景同样采用墨加墨，墨叠墨，墨积墨，加加叠叠积积，让人细细品来，深刻！震撼！这不正是战士们血肉之躯铸就起来的铜墙铁壁吗？！对此，崔跃兄深情地说：“这幅作品是我的珍爱之作，是多少钱都不会卖的，至于能不能拿奖，我都看得很淡。”

观崔跃兄作品中的另一类人物，怪怪的服饰，怪怪的发型，或胖胖嘟嘟的脸蛋，或瘦巴巴的脸型，还有那色加色的背景，使画面对比强烈、鲜明，给人以印象

崔跃 / 爷们 / 年份不详

派之感觉。崔跃兄认为，这是一种探索性的笔墨技巧，目的是想与别人拉开距离，也与中国画中的人物插图有所区别，从而达到自己追求的个人风格。这类题材多是表现现代女性，且能按照自己的所思所想所追求去创作。如《琴房》《伫》，前者塑造了室内女性的所思所想所寄所盼，后者表现了室外女性的所举所动和情绪变化。画面墨色浓浓，情意浓浓，印象派色彩，在作者的主观想象中神驰飞扬。我想，崔跃这种尝试、这种探索，应是有益的、成功的。起码，有自己的绘画语言在跳跃、在升腾。

再读崔跃兄的人物小品，虽然自己的个性少点，但，人是美美的，境也是美美的，人中有境，境中有人，人由境生，境由人活。画中多出现古代仕女、人物、树木、花草、石头……都散发着一股淡淡的清香、淡淡的美。崔跃兄说其小品是，

崔跃
商声清脆管弦秋
2006 年

人有多美，画就有多美。此乃诗情画意也。他又说这类小品是其寻找感觉，练练笔头，补补功课的好方法。

这类小品好，好就好在它轻轻松松，随随便便，信手拈来，少了几分矫揉和造作。这类小品美，美在它由情入境，借景抒情，读之有物，品之有味。它宛若一首首抒情诗，能让人即兴品读，又能让人怡然自得，乐也融融，其乐无穷。还有，崔跃兄，画这类小品，专画美人，而且是古代有素养的美人，一切尽往美里画，还要给她加点文化味。那些骚人隐士、和尚道士、牧翁酒鬼、茶仙剑客等江湖林野之奇人怪人，一概不画，画了也不来劲！要画，就要画美，最好能美死你，“电”晕你。别小看这些美人儿，她们的举止之间蕴含着传统文化之朴素美，看多了，看久了，你会惊叫，画中有诗了！

崔跃，（1960— ），广东广州人。先后毕业于西江大学美术系和华南师范大学美术系。中国美术家协会会员，广东画院专业画家，国家一级美术师。擅长中国人物画、花鸟画。作品《兰儿》入选第八届全国美术作品展。作品《家》入选全国中国人物画展并获优秀奖。作品《血腥的贸易——1850 年被贩运的华工》入选中国画艺术大展并获铜奖。作品《小碧》入选广东省第二届中国画展并获铜奖。作品《白兰鸽》入选第五届全国体育美术作品展等。

陈少珊：典雅古朴　意境沉静

陈少珊，是广州美术学院的副教授，他的工笔花鸟画以其格高意远且兼具传承宋代画的文心诗心而引起读者心灵共鸣。

少珊颇具潮汕人的热情、好客，他外表斯文，为人谦逊和气，做事有条有理，一心一意，尤其对工笔花鸟画的钻研和追求，更是如痴似醉。

读少珊之作品，其所写花鸟，绘形绘声，生动活泼，花可生看，鸟亦传声。观之如若读一篇篇隽永雅逸之散文，可品其意趣，赏其谐趣，得其情趣。我想，此乃得益于少珊对敦煌壁画的精研，以及对色彩的独特见解和大胆抒写及对宋代花鸟画的雍容、静雅、丰满的美学趣味的深刻体会和领悟。少珊认为，工笔画应强调“写”而不应去“描”，因此，他大胆吸收宋代画的写照与元代画的境界，使其作品形成色彩热烈、意境沉静的艺术风格。他的画，既有传统工笔画的用线、用色，渲、染、衬、托、洗等的运用，也有意笔画的撞水、撞粉、晕化、随机性等的特别效果，同时还有现代设计的装饰之风，线条细的如发丝，粗的像竹子。如四条幅作品《春前柳》《对语》《落水残荷》《寒山双雀》，颇具气势，小鸟飞来，或栖息，或争吵，或私语……画家不失时机地捕捉到这稍纵即逝的一瞬间，凝于尺幅素绢，永恒地呈现着美。这正是中国画意象美的体现。少珊对宋代画很有研究，线条功夫很深。也许，这正是画家难得的多方面艺术修养和深厚的文化底蕴的结晶。

再读少珊的作品，笔底乾坤，参乎自然，不单悦目，更可赏心，少珊之作无论是鸿篇巨制如《金具堂之秋》《在河之洲》《春寒》《晨曦》，还是斗方小幅如《冻夏》《大吉》《秋风萧瑟》等，不同的对象内容表达着不同的韵致和意趣：或葩华秀茂，或洒脱幽闲，或妩媚娇艳，或飘逸高标。不同的情态，给予读者不同的感受，能产生雅俗共赏之作用。这类作品所绘形象逼真，笔法活跃构图疏密得体，给人以清新活泼之感，极富生活情趣。

值得一提的是，每当我们细品其作品时，总能欣赏到陈少珊教授精妙的工笔画中所配的一手漂亮的瘦金字，将一幅幅唯美的作品通过最纯粹的艺术语言呈现在大众面前，真令人爱不释手，肃然起敬。虽然，陈教授的工笔画常常入选全国性大展并获奖，但他总是笑笑说：不值一提。于是，我想起郭若虚所说：“人品既高矣，气韵不得不高……”这与宋代画吻合，宋人非常重人品，重修养；宋人画宁静肃穆，没有一点燥气，作画时心平气和，静心滤照，胸有成竹。我看少珊也如是，他作画，常常物我两忘，心与物游；他的作品，使人舒意、畅神。

陈少珊 / 牡丹 / 2003 年

陈少珊，（1960— ），广东汕头人。现为广州美术学院副教授、广东省美术家协会会员、广东省青年美术家协会常务理事。擅长中国画工笔花鸟。作品入选第八届全国美展、广东省新中国成立 45 周年美展、中国美术家协会主办的“中享”杯全国书画大展（被收藏）、立国 50 周年广东美术作品展（获铜奖）、第九届全国美展（获优秀奖）、中国美术家协会主办的广州花鸟画学术展等。

何坚宁：天生“好色” 肆意张扬

关于色彩

看何坚宁的油画，行内人士啧啧赞叹，坚宁的确是个色彩天才。

大概是何坚宁天生“好色”，他对任何色彩都运用得如此巧妙与出神入化。尤其是红、黄、白、棕、绿等色彩，他用得最多，最丰富，饱饱满满的，令人兴奋与震撼。其画作色彩的厚与薄、圆与扁、横与竖，巧巧地结合，妙妙地生效；厚的像山丘，薄的如履冰，横竖圆扁，穿插如织，毫不犹豫，该画什么就画什么，该何时何地下手就下手，一切显得从容不迫，成竹在胸，且绝对自信。这凭的是他与生俱来的色彩感觉，以及其深厚学识乃至才情。才情催生了激情，激情造就了他超乎常人的思维。虽然，在行外人眼里，何坚宁的画面看起来“杂乱无章”，但当你心平气和地细细品味时，你会发觉当中其味无穷，那里的乾坤很大，里面的世界很精彩。

浓度、纯度、艳度的表现，多少人苦苦追求而难以达到。可在何坚宁的油画世界里，是色彩加色彩，色彩叠色彩。与其说何坚宁对色彩有股炽热激情，不如说他对色彩有着极高的修养。这种修养是天生的？非也。这是他几十年对色彩的搭配、探索、感悟，乃至他的人生历练和环境的赋予，是从无数次的失败中总结出来的，是从具象的、叙事性的绘画表现中走出来的，在色彩的组合与碰撞中表现内心感受的生活空间。他从小生长在海南这一中国最灿烂的土地上，又当过知青，因此，他对色彩的历练宛如鲁迅对文学、贝多芬对音乐之丰富，同时他对生活充满自信和激情。这成就了他对色彩的内涵、外延的深刻理解、认识和把握，甚至是恣意与放纵。所以，在其作品中，不见具体的形象，只是意想、抽象的表现，所感所发非凭空臆想，而是从生活感受中来，于是画面中释放出的是一种畅快、一种自在。

何坚宁说他不会忘记在读大学时，老师对他这个“好色之徒”的包容和鞭策。在校时，他对色彩的占有欲和表现力，常常令老师惊讶、同学羡慕。有的同学欲“偷”其色，却常常弄巧成拙，后来，要“偷”只能成幅成幅地“偷”。也许，这大概只有天才的何坚宁才有此“好色”之福分了。

色彩与何坚宁，何坚宁与色彩，早已融为一体，成为一个取之不尽、用之不竭的大宝库，并贯穿到他的艺术生命中。窥其20年前的画依然色彩艳艳，与今天相比，只不过是技巧上的高低罢了！

何坚宁 / 绿意盎然 / 2008 年

绘画生活是真实的，真实的感受从快感中透露出来，在画面中得到诠释。何坚宁自认自己很幸运，能画油画，能让色彩痛快淋漓地表现在他的艺术世界里，而且配合得天衣无缝，那红色，像一团团熊熊燃烧之火，在闪烁，在跳动，使人感到其画面有一种温度，一种热情。怪不得，在冬天里，有友人来到何坚宁的画室，看着其画说："坚宁啊坚宁，看您的画，似有股暖流在心头，热乎乎的，暖和和的。"坚宁的画有着优美的音乐旋律和强烈的"磁场"效应，紧紧地扣动着人的心弦。

何坚宁说："色彩对我来说，就是人，有生命，有激情。"因此，他的画不但给人带来美感，还给人以震撼，激发人们积极向上的精神。"在其作品中，我们还可看到画家在色彩世界里的自由自在的挥洒，恣意的纵情。那厚薄不均的色块，那红红的花，蓝蓝的天，白白的浪花，绿绿的树……组成了何坚宁的色彩交响乐，让你兴奋，令你晕眩……"有评论家看了何坚宁的油画激动了，如此这般洋洋洒洒地评价何坚宁。

何坚宁领悟到现代绘画不能再坚持形色并重的老路子。他一步步摆脱了形的束缚，走出一条重色轻形的路。形这个东西，不但束缚色彩，而且束缚感情。色一旦摆脱了形的束缚，就如脱缰的野马，带给画家痛快淋漓的情感宣泄。何坚宁画面中那种潇洒的笔触，痛快的挥写，奔放的情感和巨大的张力是在形的统治被打破、色彩得到解放的前提下实现的。色彩为爷，肆意张扬；造型为仆，随我调遣。当何坚宁把色彩的因素发挥到了极致，他的画作也就鹤立鸡群了。我以为很大一部分名垂青史的大画家都是在战胜形的束缚之后画出了自己辉煌的作品。

曾有一位诗人看了坚宁的画后，赞叹道："我走进了色彩的伊甸园。你看，这块红色中，似乎亚当在向我微笑；你看，那块绿色中，仿佛夏娃在向我走来。朦胧中，我清晰地看到一个灿烂的世界。原来是色彩的天空，在彩色的天空里，游玩的，有很多很多的人，但，能把一块块色彩，变成一个个生灵的，不是人，而是神……"

平实的述说、具体的表现是一种情绪、一种感性、一种生活经历所引发的情感。

关于玩画

别人画画是画画，何坚宁画画是玩画。"玩，就是画。"何坚宁这么说。一切就在玩，不知不觉，一玩就是30多年。何坚宁认为，玩就得真真正正地玩，完完全全地玩，玩出感觉，玩出新鲜，玩出味道，玩出自我！

何坚宁玩得真来劲、真投入，不管白天、黑夜、刮风、下雨，何坚宁总在他的感觉中玩，玩出诗情，玩出画意，玩出道理，玩出自尊。好家伙，真不要命，十多年时间，竟玩出了上百本画册，真让人不可思议。别人半年画一幅油画已属不易，但他半年内，可玩出17本画册，这在当今国内乃至世界画坛也属罕见，令人不得不肃然起敬。

玩画时，何坚宁落笔狂乱，几乎用了原色的绿来画景物，而土地则画得极红。

玩色彩时，何坚宁很独特，别人都在调"灰调子"，他却把颜色直接往画布上推，使画面充满强烈对比，令人觉得炫目、灿烂，仿佛要把自然界中的阳光捕捉下来，固定在画布上似的。

玩肌理时，何坚宁干笔、湿笔、拖、刮、擦、揉，真是十八般"武艺"都用上。局部看，那是一种抽象的美。那是花吗？草吗？质感吗？都不是！那只是色彩和它自身的交响。

何坚宁的作品，色彩对比强烈，画面充满了南国炙热的阳光和迷人的热带风情……

欣赏何坚宁之画作，就像置身于椰风阵阵的南海之滨，顿觉呼吸也变得自由舒展了！他那一幅幅新颖抒情的风景画，有如海边天然的贝壳，在阳光下形成多彩绚丽的光斑。大海荡开阵阵浪潮，一浪推一浪，一浪追一浪，沙滩上的彩贝就孕育于这奔腾跳跃的浪花之中。

何坚宁 / 红色印象 / 2010 年

总之，何坚宁玩出来的油画，是热烈灿烂的，很难评，很难论，也很难读懂。笔者为了读懂评其作品，不知有多少个日日夜夜泡在他的画室，品茶、品画、品人生……或许，这就是何坚宁“艺高人胆大”的玩法。或许，这需要几十年、上百年、上千年，才能读懂，才能评评说说。

因此，也有人说，何坚宁啊何坚宁，看你的画，就是左看看，右看看，上看看，下看看，怎么都没办法看懂。可何坚宁无奈却充满自信地说：“我真的不知道该怎么说，不可能是我没画好，肯定是你没看懂。”

何坚宁，（1960— ），海南人。现为广州画院专职画家、中国美术家协会会员。国家一级美术师。擅长油画。先后创作了大自然系列、黄色系列、广州建设工业系列、渔港、菠萝蜜、香蕉等题材的油画作品，计 1000 多件作品。作品入选第六、第七、第八、第九届全国美展，第一、第二届全国油画展，中国青年美展，中国油画艺术展等。

梁晓庄：传统中求雅与趣

每每赏读广东著名篆刻家梁晓庄之书法篆刻作品，总可以感受到个中透出的那份“雅与趣”。

雅者，乃正规的、标准的、美好大方的。晓庄兄把“雅”理解为自然，自然中得雅意。“道法自然”乃晓庄兄崇尚之境界，因而其治印朴实、秀美，无粉黛眩人、哗众取宠之处，有的是自然、朴实。或许此乃晓庄兄长期潜心研究“岭南印风”之结果。正如刘江先生所言：“梁君晓庄出生羊城，学印廿载，先后得黄文宽、张大经指导，师法赵之谦、吴让之，尤潜心于秦汉玺印与黄牧甫……”观晓庄兄之印便知，其印中融合了诸多汉代之砖瓦文字乃至简牍文字之特点。再加上他的用刀虽用赵、黄两家的冲刀，但在爽健之中加入了雅意与和婉；印面虽异于赵之谦之精谨，黄牧甫之峭拔，却平添了一番自然、放松、适闲之意，这也许是晓庄得自然之道继而对线条美的一种理解与领悟后，创造出的一种自然而不失传统的“梁氏风格”。

在变化中求趣味，是晓庄兄的又一特点。观其作品，多以巧思取胜，其严谨的构图、流动的线条、秀雅的神采，令人叹其功力之深、学养之厚、路子之宽。悉知印学史者都知道，古玺时有凿印但多数是铸印；秦玺文字不同于古玺，虽创作上沿袭古玺做法，却把古玺凿印和铸印的比例颠倒了过来，多是凿印。晓庄懂得个中艺术趣味，在铸印与凿印的借鉴上，他多取凿印的表现手法。凿印的刀味犹如书法中的笔触，不但是一种技艺的美，而且在现代审美中多了一份随意，添了几许生机与趣味。如作品《庄生梦蝶》《乐琴书以消忧》《有三代两汉六朝文字之好》等，印面线条之畅达、有力，令人惊叹。我看，这是晓庄兄在理解和深化传统的同时，把“自我”顺乎自然地融入的创新之作。

晓庄的印路宽广，且丰富，他的印每一方一个构思。李刚田先生称赞其是“一位成熟的篆刻家”。他认为，“晓庄为人的风格与印的风格很统一，笃诚中有冰雪聪慧，其人其印，一如也”。

艺术风格乃时代使然，我们在欣赏梁晓庄之篆刻作品时，便能找到答案。晓庄大胆地踏着前人、师辈的脚印，求新、求变、求发展，并逐步形成有自己特点的“梁氏风格”，成为广东篆刻界一颗耀眼的明珠。

如今，晓庄兄又成了“天下第一名社”西泠印社的一分子，为广东印坛争得了荣誉。

梁晓庄 / 拓印作品 / 2011 年

梁晓庄，（1961—），广东广州人。现为广东省人民政府文史研究馆专家小组成员，广东省书法家协会主席团成员，广州市书法家协会副主席，中国书法家协会会员，西泠印社社员。作品参加国际书法展览，全国第三、第五、第七、第八、第九届书法篆刻展，获全国篆刻征稿评比优秀奖，第二、三届中国书法兰亭奖艺术奖，广东省第二届鲁迅文艺奖。作品被中国美术馆收藏。论文发表在《西泠印社国际印学研讨会论文集》《第二、三、四届“孤山印证”西泠印社国际印学峰会论文集》。著作有《岭南篆刻史》《岭南篆刻丛谈》。

黄唯理：梦里造境 可居可游

要写写画家黄唯理，很是有点儿不安，这不安使我不知从哪儿说起，从哪儿下笔。我觉得他的画好像半梦半醒，朦朦胧胧，似醉非醉，感觉这玩意，难就难在难以进入其角色。再因为，他自己写的文章多，别人写他的文章也不少。这人好，这画好，这文章多，的确够我伤透脑筋，削尖脑袋也无处可插。无奈已答应唯理兄，只有硬着头皮，厚着脸，胡说一通了。望读者诸君及唯理兄见谅。

幸好，这唯理老兄才思敏捷，没照本宣科，采访似乎还默契有趣。我们先从“造景”和“写境”切入主题。唯理兄说他曾经历“写景”，现更热衷于“造境”，理由是“写境”是初级阶段，那是学生们的事，“造景”才能真正反映自我。他喜欢在“半梦半醒”的状态中去提炼、去造景。梦不是白做的，更不是白日梦，他在其作品中常常是“留一半清醒，留一半醉”。这宛若品茗，越品越有味，越品越美丽，真有点儿“雾里看花，越看越美丽”。因此，我们常常可见，在其作品中，造有一间间的房子，有人觉得这房子造得好，有人觉得不合常理。而唯理兄认为，“常理及协调与否并不重要，重要的是我用内心乃至心灵去感悟、去构造，我相信，总有一天人们会认同它的”。自信来自于学养与实力，来自于自己已确定的艺术坐标。唯理兄认为自己营造的是朦胧之境，是“可居可游”的，是深层次的精神家园，因而为此不懈追求是值得的。现在有人认为，岭南画派就是写实，这是一种误解，其实，岭南画派的特点是以“写景”为手段，“造境”也是其核心追求。关山月、黎雄才就有对“造境”的追求。

这唯理兄是画论一套套。他说自己作画不受地域影响，对有用的东西，无论传统的、现代的，一概吸收。他从传统艺术中吸收精神内核—逸、古、朴、大气。从敦煌壁画中感受到色彩之斑斓，又从西洋画中领略到色彩之灿烂和朦胧。他说这些都曾得益于自己曾在广州美术馆、广州艺博院工作的“近水楼台”，能有幸面对面地与古画和中外大师作品接触、对话、思考。因此，在创作上，唯理兄在不断追求中获益多多、进步多多。

从20世纪80年代追求视觉上的写实写景的“可居可游”—《家园》《太行》系列，到90年代开始与写景脱离，追求精神上的《家园·梦》系列，进而到如今的半朦胧状态，这是作者对传统与现代的理解和融合，是其追求探索远离写景，走向成熟的标志。这一时期的作品有《气清千嶂》《习静爱山居》《山居幽赏》《故山

黄唯理
翠夏无尘
2011 年

秋梦》等。这些作品，是作者追求一种精神家园上的新的尝试与探索。对此，有不少评论家给予肯定的评价。在唯理兄的山水画中闪动着色彩的迷离斑斓。在画面上，他强调色彩丰富的变化的同时并不弱化线条和笔墨的存在，在密密匝匝的点阵排布中凸显出厚重的浓艳共生美感，并产生一种虚蒙柔美的色彩魅力，一种心灵律动的节奏，一种似真似幻、半梦半醒的艺术境界。

这种艺术境界的确立和形成，使黄唯理与其他画家的距离拉开了，个性明显了，风格凸显了。或许这正是黄唯理走向成熟的开始。

黄唯理，(1961—)，广东惠阳人。广东画院专业画家。国家一级美术师。曾任广州美术馆，广州艺术博物院研究部主任，艺术收藏评审委员，策展人，关山月艺术馆馆长，广州市美术家协会副主席。现为中国美术家协会会员、中国美术家协会关山月艺术研究会理事、九三学社广东书画院院长、广东省青年美术家协会副主席。擅长中国画。作品入选第八届全国美展、中国青年美展、全国宣传画展等，曾获首届连环画金杯奖、第三届当代中国山水画展优秀奖等。

李东伟："白粥咸菜" 韵味十足

几经思考，终于推翻了已定好的主题，而敲定"白粥咸菜"为本文中心，理由有二：其一，东伟兄是靠吃白粥咸菜长大的，这是他的根本；其二，东伟兄的画中，无论青绿山水，淡淡山水，青花瓶，都渗透和洋溢着一股浓浓的东方文化韵味，这是东伟画画的根本，也是他引以为自豪的东西。

东伟兄的"白粥咸菜"理论，就是深入浅出。我们看其系列作品，或许能得到印证。从其《碧绿山水》系列，到《静明山水》系列，又到《潮汕乡村》系列，再到《雅逸小品》系列作品，无论用墨用色，或浓或淡，强调的都是中国绘画之传统，从内容的深度到技法的完美，都有自己的强烈个性。这在中年画家中，实在难得。难得的是，东伟兄"吃"进去是传统的，"吐"出来的依然是传统的东西，正如他吃白粥咸菜长大，至今不忘本一样，始终保持着一种纯中国传统的绘画风格，同时在传统的"国货"中也适当注入自己的新思维，以求新求变。

看其《碧绿山水》系列、《潮汕乡村》系列作品，东伟兄大胆用色用墨，色是一块接一块，一块连一块，一块叠一块；而墨更是一块堆一块，一块压一块，堆堆压压，厚厚重重，近于"死"般之厚之浓，但总给人虽死犹生之感，此乃"浓"到深处品自高。此外，东伟兄的用墨用笔求精求妙，妙就妙在，在其浓墨重色周围，弥漫着许许多多的"笔花"，宛若翩翩起舞的少女，又如奔腾不息的江河，此乃妙笔生花也。看其《静明山水》系列及《雅逸小品》系列，那淡淡的山、朦朦胧胧的树，那牛，那人，那船，还有那白白的无边无际的湖，总让人浮想联翩，悠然自得，有回归自然之感。在那春风习习、春雨润润的乡村或山里，一切的一切都是那么的轻松与自由、清新与明朗、怡然与自得。那不是一首首可读可吟、可歌可颂的唐诗宋词吗？

值得一提的是，东伟兄笔下的清花瓶，虽打破了中国画的图解式模式，注入了其对自然风光的理解与东方人的人文理念，但从意境、面貌、表现语言上传达着一种东方精神。因而，其作品在国内日渐走红。

时下，多少画家还在画人们看到的东西，而东伟兄却把其看到的自然的东西，转化为笔墨的东西，并赋予其思想，进而把思想归纳为个人的东西，再把个人的思想体现在画面上。因此，人们每每看其作品，总有"有东西看"之感叹，还总能看得出，东伟兄"吃"的文化不少，吸收转换出来的也不少。因为，在其作品中，无论是浓浓又浓浓的青绿山水，还是淡淡又淡淡的静明山水、雅逸小品，无论是大山

李东伟 / 静观 · 天长地久 / 1999 年

大水，还是花、瓶等小品，总是追求“艺术贵族化”，追求画面的静，总给人悠悠然、陶陶然之感。我看，这是作者善于归纳、提纯、净化，以达空灵的艺术境界。

东伟兄是位既聪明又“牛”的画家。他年纪不大，野心不小。他画路宽，追求广，画山画水画花画瓶，也画油画，还屡屡得奖。但总是在传统中深入浅出，总丢不了其“白粥咸菜”之优良传统，总让人读它千遍万遍不厌倦。或许，这又是他之所以“牛”的本钱。他的“牛”，还在其画中崭露头角。其画中之“牛”，两角勾勾尖尖，牛气冲天，其画之人，头上长“角”，怒发冲冠，牛皮哄哄。而东伟兄其人呢？他留着长长又长长、密密又密密的“李逵胡子”，“牛”得女人喜欢，男人不喜欢。在短短的采访中，他常常“牛”得我脸红无言，俨然师长家长般的说教。他讲山水理论，头头是道；他讲笔墨，有趣有味；他讲画画，有空才画；他讲传统，却是激情满怀，十足十的爱国；他讲“白粥咸菜”理论，是一套又一套……

有趣的是，东伟兄还如谦谦君子般纯情，他在其自画像中题联：“饭饱茶香自知，做人处事无为。”横批：“白粥咸菜。”他认为，燕窝鱼翅，不过如此。画画亦然，就像是吃“白粥咸菜”般，越简单越好，越简单境界越高。看来，东伟兄白粥咸菜是越吃越有味，越吃越来劲，竟然吃出“白粥咸菜”文化来。

蓦然间，想起东伟兄的一句话：一个国家如果没有自己的文化就完蛋了。然而，一个没有“白粥咸菜”的李东伟又会是怎样呢？

李东伟 / 春意图 / 年份不详

李东伟，（1961— ），广东汕头人。国家一级美术师。现为中国美术家协会会员、广东画院专业画家。曾获广东省美展银奖、广东省中国画展铜奖。作品先后入选第七、第八、第九届全国美展，中国艺术大展。作品《静观·古典》系列之一被中国美术馆收藏，《静观·古典》系列之二被中国画研究院收藏，《静观·天长地久》系列之一被意大利曼多瓦雷委内皇家美术馆收藏，《红樱》《静月》《静观·斜阳旧梦》系列之一被广东美术馆收藏，《雅逸小品》系列作品被深圳美术馆收藏，《静观·岁月》系列作品被广州艺术博物院收藏。

区广安：一位“食古”的“笨”画家

相信不少人听过黄公望的《富春山居图》，明朝末期被焚成一大一小的两端，现分别藏于浙江及台北的博物馆。广东有位画家耗费三个月的时间，将此画临摹合璧，“再现”了《富春山居图》的笔墨风采。

他就是食古的“笨”画家—区广安。他称自己是“半个思想者，半个手艺人”。

“画画就两个字：‘道’和‘技’。道，是画家本人的思想高度，他的艺术追求；技，即技术、技法，画家有想法、有追求，但还是需要相应的功力，才能将自己的所见所想呈现在纸上，所以画家是‘半个思想者，半个手艺人’。”他说。

在区广安看来，要画好文人画，就要遵循这个“游戏规则”，遵循“古制”，历代的名作佳品就是衡量文人画作的一把好标尺。“玩要要有标准，就算是‘梨花体’那些一个又一个回车式的断句，也是它自己的标准。”喜欢上网的人一定对“梨花体”“羊羔体”这些新奇的诗风有所印象，它尽管奇怪，也的确是如同古诗遵循着韵律规则一样遵循着自己独特的风格。简而言之，就是在不同层面“玩”起来而已。而“梨花”“羔羊”式的游戏为什么如同昙花一现般只疯狂了那么短的时间就消失，归根结底，还是这种艺术风格少了一定的文化积淀。这正是区广安作画追求传统的本意。

在记者采访中，他从不规避自己“遵循古制”的做法，承认自己就是“守旧派”，也坦言不少人批判自己的做法太过复古，与现代人格格不入。但是，画画除了是一种文化娱乐外，更是一种文化传承。“梨花体”的确有着娱乐性质，但是缺少了值得长久把玩的东西，经不起时间的洗练，很快便会消失干净。

“艺术本源的回归是很重要的。我们的文化发展是在传统的基础上逐步建立起来的，传统有多深，艺术才能走多远。”区广安从小就把每天属于爱好的8小时放在了研究和实践传统山水画上，他在多年的艺术创作实践中明白传统文化就是一个巨大的艺术宝库，越钻研下去，就越发现里面耐人寻味的地方。就连广东画坛前辈廖冰兄看过他的画都说：“他是个笨人，很笨。现在各种花招很多，结果，他还是跟着古人那样做。但他进去，现在又成了。”

区广安笑言：“传统的东西不好学，这条路子越走会越艰难，所以不少人都放弃了。但是如同爬山一般，越艰难的路往往就是捷径，咬着牙熬过去，山顶就在前

区广安 / 鸟鸣山更幽 / 年份不详

方。选择走平路的人，路肯定会更长。我现在就在这山坡上努力着。”看着面前一幅古朴、宁静、沉厚、书卷气浓郁的作品，又看着区广安这位刚过“知天命”年纪的广东国画研究会的第三代传人，心中充满了敬佩和赞叹，愿他在坚守传统山水画风的道路上越走越远。

区广安，（1961— ），广东南海人。擅长中国画，现为广州大学艺术硕士生导师、中国美术家协会会员、广州市美术家协会副主席、广东省美术家协会理事。被学术界誉为具有近百年历史的广东国画研究会第三代传人。出版有《区广安画集》《区广安山水画集》《云烟山水——区广安画选》等。作品《春山叶润》《过山瑶寨》《回归大自然》《勇者无惧》等多次入选省、市和中国美术家协会主办的大型画展，作品曾在日本、新加坡等国家以及中国香港、澳门及内地多个城市展出。

高大钢：边缘魅力与情感抒情

能无拘无束、自由自在地画，任凭思绪飞翔而激情满怀，起舞翩翩，乃画家之福气也。我看，高大钢先生有这份福气。

画画能有自己的语言、个性、风格，能流传下去，在中国乃至世界艺术史上能写上一笔，这是许许多多艺术家终生苦苦追求的。我想，年轻的艺术家高大钢先生心中明白。

看大钢画画，乃笔触之升华，生命之凸现，激情之燃烧，力量之迸发。一切的一切，变得如此难以理解，难以读懂，这是一种谜。简简单单的块块、格格、线线的组合，却像迷宫般神奇多姿，让人琢磨不透。尤其是块与块之间的边缘处理，笔与笔、刀与刀之间的结合，突出了绘画的本体语言的趣味，巧妙而有魅力。如作品《兆》，这是作者第一次从实践中发现了边缘痕迹，通过这种痕迹又发现了边缘之间凸起，找到了“后焊接”的后现代文明。当中虽有现代文化的影子，但表述的是后现代文化，是对现代文化的陌生化，这种“陌生化”使作者找到了艺术真谛。系列作品《涟漪》，强调的并非中国绘画的传统笔法，而是用色彩和形象来表现水的动态和本质，模仿大自然的叹息，让观者既能见到“水”，又能满足其色彩构图之欲望，难怪有人称之为“魂品”。《可能的重物》是作者2000年画的油画系列。但细心的读者会发现，这一系列与《涟漪》，从形式到构图相差无几，不同的是，《可能的重物》系列的构成像砖垒的墙，让色块从画面下方往上生长，这种冷冷的色调，其变化有时使观者联想到水，表面已结冰了，可在这层冰的下面有旺盛的生命力。所有的反差色调，冷与暖、深与浅，及上与下、前与后、横与竖，构成了一幅完美的画。这又是大钢在抽象世界里的具象反映的成功杰作。对此，有人认为，大钢的这些抽象结构很有力量，把大自然现象所包含的力量结构“抽”出来，用简化或几何化的方式在绘画中再现出来。因此，我们也发现，在大钢的抽象结构中，没有中心点，似乎也没有上下左右之分，欲怎么看就怎么看。但是，请细看，看细，你会发现作者每幅作品都能解决一个问题，并强调视角的整体冲击力，同时告诉你一种色彩美，一种线条美。也许，这大概是大钢先生作品的边缘魅力之所在！

读读大钢的《抒情表现》系列作品，如《激情岁月》，令人激情满怀。作者的大胆用笔用色，常常令观者心潮澎湃，思绪万千。这些抒情作品，不是写生，也不是对事物的直接的描述，是作者通过对事物的心灵感悟而形成有自己个性语言的作品。如《观海》系列，作者选取的角度是一样的，描写的都是下午的海，但随着时间的变化，海的变化也就不同了。作者通过色彩冷暖的变化，把大海抒写得千姿百态，变幻莫测。值得一提的是，作者大胆地把黄土高坡的变化移植到海边来，把西部情结带到大海去，更让人看到大海不但辽阔，而且浑厚、沧桑。看来，作者似乎在缔造一种新的“海洋文化”，在这种“海洋文化”中，作者注入了一种“反规则”观念，与一种“静”的文化观念。他所要观之“海”，不是规划好或者人为营造的有景点的“海”，而是一个原汁原味的原来面目的“海”，这种海更富有内涵，更耐人寻味，也更加完美。在这个喧哗、浮躁的世界里，保存并拥有这样的“海”，似乎更值得人们流连。我们发现作者喜欢黑夜去观海，而且是一个静静的海。在作者看来，黑夜里，海的色彩更加丰富，此时，可用心灵去谛听。因此，作者在其作品中，我们看到的是没有动的东西去干扰、破坏宁静的自然美景，总能给观者一个轻松、舒畅的感觉。大钢的这种很好的艺术感觉，有人称之为“神觉”，这一点也不为过。

我们从大钢的作品中，读懂大钢乃性情中人，是一个拿得起、放得下的硬汉子，有人说，大钢的名字与其画一样，都是男人的油画，给人阳刚之气。大钢的为艺，自由自在，大板刷刷得既潇洒又自由，表现的欲望和激情都是高高亢亢的。其作品不但表现一种情绪，一种想法，一种如梦境般的潜意识，一种情感化的抒情，更表现一种思想，一种超前的意识。

“如果画家的风格成了一种陈规，那他就如同掉进了陷阱，只有找到其风格的对立面，他才能跳出陷阱。”我们从画家的话语中，可以找到画家超前意识和与众不同风格的支撑点，也可以看出，画家寻找的是一种与心灵相通、共鸣的另类风格，能让色彩与造型具有魔法、幻觉般的神奇。这种神奇又把直觉升华为“神觉”，那是一种可触及、可感悟、可表达、可传情的“真实”。这种冥冥中的“真实”，随着画家的意念与推理的升华而升华，因而再也不是先前的感觉了，而是一种“神觉”。它自然流露出来的人、景、物、形状迅速界定；不刻意追求形式符号，有朦胧的、清晰的、有现实与理想碰撞的、有抒情描述的；还有真善美、假丑恶，以及潜意识、无意识、梦境的，同时还有民族的、社会的、政治的；等等。这些，在作者的画面中释放出了新能量，显示出了一个艺术家的真正“本我”，一种先知先觉的“本我”，一种由魅力与情感交织的“本我”。一言蔽之，这是一个艺术家用心灵、激情、智慧、才情去思考和构筑的一个“后现代”的艺术世界。

高大钢 / 抒情表现 / 年份不详

高大钢，(1961—)，山东人。油画家。现任广州大学美术与设计学院绘画系主任、硕士生导师。已举办 15 次个人画展，其中《可能的重物》被德国总理施罗德私人收藏，油画作品被中共中央办公厅，以及江苏省美术馆、奥林匹克艺术中心、南京经典艺苑、广州档案馆等机构收藏。

张彦：浓厚写生　梦幻家山

大自然是美的，然而，生活在大自然中的人们，同样也是美的，二者合在一起就是农家田园的风光美。张彦专门以此为创作素材进行描绘，把天人合一最高境界的美描绘在画图中。这是我手捧张彦的作品精选集而观后感之。

以北方田园山水为题材的作品中，张彦的画，颇有品位，读之，心情豁然开朗。作品中的一草一木、一山一水、一桥一屋，动的静的，在画家的笔下变得郁郁葱葱，大气磅礴，由重笔而重墨，淋漓尽致地一层一层加，一层一层叠，构成了张彦笔下的山山水水。烟壑岩岫，云气涌动，山笋瀑飞，峰回峦转，叠翠拥碧，烟景万状。我想张彦兄写山水，必是胸中自有万里山河，不然如何挥洒自如，纵横捭阖？在使用笔墨功夫上，张彦以写生写实为主，横涂竖抹，应用自如，把泼墨、泼彩得心应手地泼得极有肌理，使其流动应乎山的气势、云气的生成、四季草木的兴替。于是，山有其势，云有其魄，草木得其气，水泉得其韵，此风云际会之间，整幅画便有了精神，便成了张彦朦胧梦幻的山水。

画如其人，熟悉张彦的人都认为，张彦乃性情中人，是一个开朗豁达、为人和善、才气十足的画家。张彦的画给人的美学感受是朴实、亲切、自然，他以多彩摹拟生活，表现生活，一隅小小的空间，一叶一花一鸟足矣。豆架瓜棚、竹篱柴栅、山下小垅……无处不存在着那种劳动的朴素美。这些农村生活小景，在最灿烂的一刻，被张彦妙手搬来尺幅间，永恒地存在。熟悉张彦的人都知道，他爱画黄土高坡、太行奇景，因为那是他生于斯长于斯的故乡。那些天然雄浑的景观、熟悉的故土，是他神游梦寻的，能够撞响灵魂的钟声。亘古的山石、浑厚的黄土、朴实的窑洞，在张彦的眼中都是爱。

山村美景处处皆是，创作素材也俯拾皆是。人们发现张彦的画，画面效果不同一般，颜色十分清润、厚重，且意境深远，令人观后有痛快淋漓、气韵生动之感慨！也许，这正是张彦浓笔重墨写江山的艺术效果。

张彦
春风绿太行
2010 年

张彦，(1962—)，河南人。国画家。现任广州美术学院中国画学院院长、山水教研室主任，广东省美术家协会理事。曾获中国美术家协会中国文联所评关山月中国画教学创作基金奖，中国文联、中国美术家协会评的'97 中国画坛百杰奖。作品被中国军事博物馆、广东美术馆、广州美术馆、广州艺术博物院收藏。出版有《张彦作品》《鼎湖张彦扇面专辑》《一代画风——21 世纪中国中青年山水画艺术家》《百杰画家·张彦》《山川之美——张彦山水写生精品》等。

朱永成：从城市题材到自然山水

当代岭南名家陈金章老师曾说："朱永成是我最器重的学生之一。"为人低调、做事严谨的陈教授，如此激赏朱永成，记者认为，最起码有两点原因：其一，为人好。朱永成属于乐观派，他为人处事平易近人，对事业坦诚执着，对工作精益求精。其二，作品好。朱永成作画，注重从大处入手，小处着力。此谓之，大胆下笔，小心收拾。

他的作品往往是构图饱满、墨色淋漓、色彩绚丽、情景交融，读之气贯长虹，思之荡气回肠。此谓笔能夺境，境能夺人，笔境兼之，令人欲罢不能。难怪，记者采访时常被上门索画的"粉丝"所打断，只好移师茶馆，品而待之。

永成有今日之成果，源于其从小练就的"童子功"。他五六岁起开始学画，画人画物画马，所见所闻，皆可胡乱涂画；后入读广州市少年宫，老师的传道受业解惑，又激发了他对艺术的痴迷，终日沉浸在纸上的彩色世界，直至后来考上广州美院国画系。当时考大学难，入美院更难，当年广东本地考生只有两个人考上。他入读美院，从本科读到研究生，师从黎雄才、杨之光、陈金章、梁世雄等名师，受到传统而严格的基础训练。从此，永成对中国画的创作与理解更加深刻，开始追求从城市题材到自然山水的创作。

20世纪80年代，他思考和探索中国画的创新问题，具体的说是从题材到内容的创作。1987年，他在研究生毕业时，创作了一系列表现城市题材的山水。他把大山大水视野与小人物的细节进行了和谐地糅合，创造出风格独特的"城市山水画"，如《灯光夜市》，描绘的是自己熟悉的城市晚上景观。《潮》反映的是都市里骑着自行车的人群。他尝试把有故事有情节的人物糅进了山水画中来，在当时引起了强烈的关注。

20世纪90年代，永成的视野更加开阔了。他出国留学，又开始沉浸在雕塑、装潢、版画、摄影中吸收营养。这一时期，他不但吸收了西方艺术的色彩，还把西方艺术的构成及抽象元素融入中国画中，其代表作有《春潮》《城市之光》《五月红》。这些作品用色大胆，墨色淋漓，情境交融，达到一定的艺术高度。纵观朱永成的城市山水画，是入情入景的写生的再现，作品以长卷式，用散点透视法及深远法，描写了自然风光和人文风貌交错的繁华景象，构图疏密有序，变化万千，尤其是画中人物多达上千，有许多是作者身边熟悉的人，人物虽只有一寸大小，但千姿百态，形神兼具，栩栩如生。

朱永成 / 春潮 / 1994 年

朱永成的成功之处，在于他善于把他的优势发挥得淋漓尽致，并把读者带入其山水世界里。这位土生土长的岭南人，始终抓住岭南风物不放松。他认为，岭南地区土地肥沃、树木葱郁、山林繁茂、气候温润、水汽氤氲，这山这水、这物这人都是身边熟悉的。他善于把自己丰富的情感世界通过自己高超的写实与造型能力，以及身后的笔墨与色彩功底，糅合在一起，凝聚在笔端，并纵情挥洒，写出一幅幅自然山水与城市山水的美景。

朱永成，（1962— ），广东广州人。1980年进入广州美术学院国画系学习。1987年毕业于广州美术学院硕士研究生班，获硕士学位并留校任教。1990年赴澳大利亚南昆士兰大学美术系进修现代艺术。现为广州美术学院中国画系副教授、广东省美术家协会会员、澳大利亚中国美术家协会副主席。作品《春潮》参展第八届全国美展。出版有《朱永成作品集》《朱永成画集》等。

朱永成 / 银装 / 2004年

何俊华：山高水长　胸怀博大

何俊华，这个名字在当今的岭南文化界，可谓如雷贯耳。他的头衔不少，广东省文联原主席、广东画院原院长刘斯奋艺术助理，广东省民营企业文化学会副会长，广州市老干大学书画学院客座教授等，还被评为广东省企业文化建设十大杰出人物。

何俊华是客家人，一个平凡而朴实的艺术家，一个务实而有头脑的艺术经营者。他给记者的印象是，笔下的作品山高水长，坚韧不拔；他主持的太和堂艺术馆，坐落在行货横行的文德路，却能鹤立鸡群、出类拔萃，成为行内的佼佼者。这除了他经营有方之外，大概离不开他为人处事的大气大智、胸怀博大。与其说他在经营艺术品，不如说他以其智慧在经营人脉，经营太和堂的品牌，自2004年创办起，至今已逾10年。

何俊华在经营艺术品上有诸多的心得和体会。第一，文化的经营者与其他行业的经商者，有不同的地方。例如，文化首先要营造一个氛围，将熟悉的人、不熟悉的人组织在一起，通过联欢、联谊、交流、交心等互动方式打造一个艺术家、收藏家、企业家、经营者共同参与的平台，假以时日，慢慢形成业务的交流交往，这样才有可持续性发展的可能。第二，文化经营者要明白先舍后得的道理，逢年过节送书画作品给企业家、收藏者，10年来送出的“福”“寿”等字达1500幅左右（每年150幅），由此结识及不少企业精英、友好人士来支持太和堂。

何俊华在山水画创作上的执着追求，常常可在其作品上寻找到痕迹。他热爱画长江三峡坚韧的石头，至今不动摇。他从石头的坚韧中找到了自己的艺术性，并为之苦苦追求。他足迹遍及祖国山山水水。如长江、九寨沟、黄山等名山大川，他不知道去过多少次。他说，仅去长江三峡写生就多达30次，有时一年去几次，有时几年去一次，反反复复，许多景点都去过若干次，每次去都是一蹲就是好几天。哪怕去了不写生，看江水的奔腾、听流水的声音、看峡江上的白云也是一种享受和陶冶。他说，每个季节，三峡都会有不同的景象，三四月天，烟雨迷雾，石头又会变成另一种颜色，在风雨中坚韧屹立，接受大浪的冲击。大自然的变幻，对他的艺术人生启迪良多。

何俊华说，这么多年走过来，总离不开妻子的帮忙与支持。有一次，他和几个朋友相约去太行山写生，这次机会期待已久，但5000元的路费让他很为难。妻

何俊华 / 革命路上 / 年份不详

子拿给他钱时说是有人要买他的画而支付的，其实是妻子为了结婚周年纪念准备买玉镯子的。为此，何俊华深有感触地说："当你成功时，别人只看到光环，却看不到艰辛的时候。所以年轻一代在创作的时候，我希望他们也能预计到创作生涯的艰难。"

也正因为有了家人的理解、支持，他进行中国画创作的决心与劲头更足更大。随着他的国画《长江之秋》《明月松间照》《川藏公路》《长征路上》等作品接二连三深获好评，有的入选省展，有的被政府作为礼品送给外宾……他的目标定得更高更远了。他深知岭南画派以写生为主，一方面虚心向岭南名家学习，另一方面坚持走出去，向大自然学习，用自己的笔墨语言记录大自然的点点滴滴和时代的烙印。他笔下的"长江"系列，记录了长江的过去、现在和将来。他认为，随着三峡水库的建设，长江的面貌正在发生着日新月异的变化，时代呼唤艺术家用自己的笔去描绘美好的祖国，记录一段历史。

如今，何俊华又拿起自己的笔，创作了一批批反映红色题材的"红色山水"。他的"红色"系列已形成了有自己特色的品牌，深为行家和收藏家推崇与喜爱。他与其他画家集体创作的、历时半年的作品《东江纵队》，长14米，宽3米，已被广东美术馆永久收藏。

何俊华在"红色"系列作品的创作中，大胆用色，这些有着火焰般热烈、玫瑰般瑰丽的大山大水，浸润着他对祖国锦绣河山和人民群众的无比热爱。他的作品不仅有着对仁山智水的赞美，更有着对伟大革命历史的深刻思考和热情歌颂。

历史的浪潮汹涌澎湃，在今日社会，唯有坚持不懈者方能成为时代的中流砥柱。广东省美术家协会主席许钦松对何俊华的画十分欣赏，如此评价："还山之形有一种亲和感，保持着岭南山水秀润的特质，把雄与秀结合起来，给人以俊秀华滋的感觉。何俊华的探求显得格外谨慎，任何新的表现，都不伤害传统水墨的基本表现特征，固守着他心目中的传统基底和边界，不追求表面的冲击力而趋向内秀的收敛，在材质和传统的基本特征的层面上力求作深度的挖掘。他一方面对现代都市生活以及一切当代艺术极为关注，另一方面在书斋的那种缜密性的水墨探索中，却表现出一种挥之不去的有着万般眷恋的传统情结。"

画如其人，何俊华的山水人生，正是如此雄奇俊秀、古朴无华。

何俊华，(1962—)，广东兴宁人。现任中国青年美术家协会副主席、广东省关爱艺术家公益促进会主席、广东省青年美术家协会主席、广东省直机关美术家协会副主席、广东省文联委员、广东省青联常委、广东理工学院客座教授、广东省美术家协会理事。20世纪80年代，师从关山月、黎雄才、陈金章。

何俊华 / 川藏公路 / 2006年

安林：神秘家园　花鸟世界

这是一个神秘的家园。画家安林教授用手中的笔，编织了一个神秘的家园。

安林教授，有着与众不同的感触，总是用不同于众的笔墨去点染一个个新颖别致的“大花鸟境界”。他的花鸟画中，花卉和鸟禽的形象不是伶仃孤独，而是与它们赖以生存的土地、空气连为一体，甚至与天际、宇宙浑然相接，展示出一种整体的生命景观。这也许是安林构筑花鸟世界之本质。

安林画画，是用光与线去编织，是用心与智慧去构筑。看他的画，就像透过多棱镜看到变化万端的花鸟世界一样，画面被分隔成许许多多的小空间，不同的小空间又连成大空间，被分隔的小空间是花朵和鸟禽栖身之“家”，而整体大大的空间则是所有花鸟共享之世界。看一看，想一想，觉得挺神秘的，挺怪的，挺现代的。也许，这才是敢想敢做的安林的世界。

安林笔下的花鸟，是神秘的，不仅是形态，而且包括意志。花鸟于安林，不是描绘的对象，而是感觉与精神的载体，就像一个消逝的梦和一种朦胧的美交织在一起，散发出幽深的意味。

安林笔下的花鸟，除了用线条去勾勾写写、写写勾勾之外，再者就是用“光”。他用高调的墨色和典雅的色彩，层层渲染，加上渴笔画出的线条和皴擦出来的肌理，使画面因光的闪烁变得丰富多彩，斑驳厚实。因此，安林笔下的花与鸟、鸟与花，是他一条思路、一个想法、一种观念，乃至一点一线一光构成的若隐若现、亦真亦假、多姿多彩的花鸟世界，叫人读之思之、思之读之，妙趣横生！看他的画，好像透过多棱镜一般，看到神奇变幻的花鸟世界。别人的花鸟重在写“形”，他的花鸟重在写“光”，光的闪烁增加了画面空间的丰富及层次感。这种对“光”的表现与运用，在传统花鸟画中找不到，这是安林的独特思考与探索。尤其是他运用典雅的色彩与金石般的线条，交织渲染、皴擦演绎出一个光怪陆离的、神秘的安林家园。

安林
素月高秋
2011年

安　林，(1962—　)，广西人。现为广州美术学院教授、中国美术家协会会员。擅长中国画。作品《老塘》《藏女》入选第七届全国美展，获铜质奖;《远声》获首届全国中国画展二等奖;《丽人行》《初醒》分别获广东省庆祝新中国成立45周年美术作品展金奖、铜奖,《丽人行》还获第八届全国美展优秀作品奖和1995年广东省宣传文化精品奖;《服饰·变迁》入选第九届全国美展。

谢楚余：笔下风情　美丽动人

“好的艺术应该使多数人懂得。”托尔斯泰说。

近年谢楚余的油画以临摹、翻印的方式被广泛地盗版，进入了大众的视线。谢楚余1998年的作品《沐风》，居然出现在电视台热播的根据民国时期张恨水同名小说改编的电视剧《金粉世家》中白秀珠小姐的卧室墙上。这位年纪轻轻的楚余兄之作怎么会跑到民国去了呢？到底是谢楚余的画好，具有艺术的感染力。

蒋大为一曲美丽的《牡丹之歌》，唱红大江南北，而谢楚余的一幅甜甜美美的“美女泉”—《陶》，也红透南北大江，乃至五湖四海。

牡丹怎及美女漂亮、美丽，有人称谢楚余之油画为“四美”，即气质美、相貌美、个性美、内涵美。的确，不知有多少人迷恋于楚余兄笔下的美女。我们每每细品楚余之作品，总有心旷神怡、宠辱皆忘之美妙，其人物画刻画之细致之深刻，面部表情之传神，活脱脱像个站着的可对话、可交流的美人儿。大概，这就是谢楚余扎实的基本功与高度概括力之表现；同时，也展现了画家对人体艺术这类传播题材的独特造型想象力。尤其是他的人物画背景，营造更具个性化，给人以联想、思考。如作品《陶》中静静伫立着的少女，清丽脱俗、一尘不染，背景却是风云涌动、波浪轻起，大自然的瞬息万变与人体永恒的美构成强烈的对比，越发衬托出少女那种大地儿女的从容自在、无拘无束，表现出人与自然的和谐以及生命的优势。而少女手中的土陶和胯部随意扎上的白纱布以及身后的赤岩，无处不在的古朴和粗犷，反衬着少女的细致、精美和鲜活，又令少女纯纯的美丽中带上了一种无邪的率真和原始的野性。必须指出的是，画家笔下绝妙风韵的半裸少女毫无做作之处，尤其是，那画中裸女的“庸俗味”被艺术家宽宏大度的气概、极尽微妙的生动刻画抵消了，因此呈现在读者面前的不是一幅庸俗的半裸女，而是一幅极为令人喜爱的经典作品。如《细浪》中侧卧的裸女，横陈在蔚蓝色的海水间，对比强烈而境界幽深；《砂》中的裸女伏卧在白色的沙滩上，与流荡的碧波相映照，不但构成三种不同质感、不同色彩的对比，而且显示了人与自然的和谐。

可贵的是，谢楚余以其精湛高超的写实艺术造诣，创造了一个个美丽而充满生命力的人体形象，其人物气质、性格、心理、情绪，在谢楚余笔下刻画得淋漓尽致，完美无瑕，尤其是对人物独特个性的刻画，不但在面貌上表现，还在人体的骨骼结构、肌理的质感，以及肤色色泽变化中含蓄而丰富地表现出来。像《幽》中

谢楚余 / 陶 / 1996 年

亭亭玉立的少女，画家选择侧身的人物造型，外形以线条为主，使人物具有一种感染力。画面上采用褐色调子，给人以沉着、明暗的深度感，构图完整，环境交代明确，背景处理耐人寻味。看得出，画家对背景这一人们不注意的地方，花的功夫要比主体人物多得多，像这样大面积背景的处理，往往是一个画家功底与实力的表现。

值得指出的是谢楚余在创作上，富有表现力线条的运用是同灰颜色的运用同时选择的，构思的艺术性、色彩的对比关系、性格刻画的表现力和惊人的生动性，令人称颂叹绝。如《素池》《沐风》《飏》等作品，其中线条与色彩的刚柔对比更让人物有一股非常诱人的魔力。画家高明之处就是从她的眼睛上抓住少女眼神的微妙变化，以达到刻画人物的精神风貌与内心世界的目的。这是人物与艺术的完美糅合。《红毡》中仰卧的女体，上下身构成90° 的转向，整个身形犹如山峦起伏，于奇突中见美妙。《坐着的女体》和《大地》两个人物虽比较丰腴，但毫不臃肿。饱满的形体、稳重的姿态，使人联想到“大地母亲”的浑厚与丰饶。《飏》中的少女洋溢着青春朝气，在淡蓝色的背景衬托之下，显得清新而爽朗。尤其是在这幅画里，线条是隐约的，而隐没着线条的明暗关系却形成了一种魅力，一种柔和的情调，同时又有一股动人心魄的力量与魔力。《瞑思》中成熟的少妇身姿雄伟，盘膝端坐，阖目沉思，黝暗的天空和深红的长裙，混成一片神秘而深沉的意境。

谢楚余写实艺术造诣之扎实之坚固之深厚，显示了他艺术方面的修养，在形、色、线方面的过人本领。其作品中不同的质感对比，如主体与背景以及肌体的柔软、头发的蓬松、岩石的坚硬、流水的滑润等，乃至丰富的视觉美，令人叹为惊绝。尤其是人物造型的逼真，无与伦比。

爱美之心，人皆有之。谢楚余的人体油画，之所以广泛受到观者的热爱，当然是因为其作品的美。但我认为，更重要的是画家让其作品承载着对客观世界的感知与认识，以及对被创作的物体的感触之后，又在瞬间赋予它某种特定的情节或理念，让它或代表一个时代、一种情绪、一种思恋，又或者是一种精神，使其作品在“物我”的交汇中，得到概括、提炼、升华—这是一种纯粹之美、一种忘我之美。我想，这便是谢楚余的人体艺术之所以能与观者沟通，以致被崇拜、追随的原因，也是向“由技进乎道”前进的过程。

今天的楚余尚年轻，却取得了如此令人瞩目的成就，委实难得，但愿楚余能给人们创作出更多更美的作品，让身处竞争中躁动不安的人们能感受到生活中处处充满着美丽与温馨！

谢楚余 / 幽 / 1999年

谢楚余，(1962—)，广东汕头人。油画家。广州美术学院油画系副教授、硕士研究生导师。1989年起，先后在广州、台湾等地以及新加坡、美国等国家举办七次个人画展。1993年和2001年分别赴美国、法国进行学术交流及专业考察。至今已游历了40多个国家。代表作有《南国少女》《陶》《木板上的拳套》《旅人》《潮汕侨女》《炫》《荔乡女》等。作品曾参加中国油画艺术展、第八届全国美展优秀作品展、中国油画精英邀请展等大型画展。被《美术》《中国油画》《美术大观》《艺术界》《现代画报》等杂志多次介绍并有专题报道，已出版四部个人油画专集。

谢晓冰：笔下人物传神可读

按时下时髦话说，曾经是“官二代”的谢晓冰，其父曾是老革命，与第一代领导集体合影至今还悬挂在他的画室。他本人又是毕业于中央美术学院的高材生。往事如烟，晓冰显得很低调平静，低调得不能再低调，平静得不能再平静，他深藏在番禺一个简陋小区，自己在鱼塘边搭了个简易的画室，潜心搞他的人物画。有时还邀请三五知己品茶、聊天、钓鱼……

近日有幸拜访，品赏其笔下的一尊尊慈祥佛像，一幅幅风姿绰约的美女画，一位位才高八斗的艺术大师肖像，还有那一幅幅墨色交融、水墨淋漓的荷花、梅花……令我们热血沸腾，欲罢不能。不禁感叹真正享受到了一场艺术大餐。

那宁静慈祥的佛像，那风情万种的美女，画家寥寥数笔，造型准确，抓住了瞬间的永恒，瞬间的表情和姿态，通过有限的笔触，传达了无限的遐想。不但给人以美的享受，也给观者以宁静致远之境界。无论

值得一提的是，他吸收了敦煌壁画艺术的古朴与沧桑乃至岁月沉淀而产生的斑斑驳驳、浑浑厚厚，佛像宁静安详、慈蔼庄严。如《菩萨》《持柳观音》《普贤菩萨》等。作者创造出一种恒古的，没有世俗浮华的心灵港湾。读之思之，豁然开朗。

朴实精明的谢晓冰，不仅大胆吸收了西洋画的浓烈色彩，还将张大千泼彩山水应用到他的花鸟画上。打破工笔、写意与泼墨的矛盾，使他的人物花鸟画呈现出从工笔、小写意到一种挥洒的自由状态，痛快淋漓地放逐自己的心灵，燃烧自己的激情。如作品《回望》《古人诗意图》《荷魂》等。作品色彩饱满丰富，又能在丰富的色彩中寻出和谐与生动，构图随意但富有韵律感。在我看来，这就是作者激情的使然。艺术家不怕缺乏技巧，就怕缺乏了激情，即使是在谢晓冰笔下的那些小幅的美丽的裸女画中，那含情脉脉、勾人心魂的眼神，那小小的樱桃小嘴，永远都是充满激情；还有他笔下的那些几十米长的长卷。如36米长的《红楼梦》、25米长的《水浒108将图》、28米长的《三国演义》、22米多长的《金瓶梅》，更是情真意切、百看不厌、耐人寻味。他曾在广州艺博院举办了一场高原牛与少女的个展，展现了他激情燃烧的西乡情结。他笔下的牛与少女，充满了旷野的情怀，那种苍莽与等待，令观者思绪万千。如《山寒无言》《高原牧女》《牧归》《归牧图》……

牛，历代画家皆有表达，从原始的岩画到唐代的韩晃，再到宋代的阎次平，近现代的任伯年、刘奎龄、李可染……他们或者将牛视为图腾，加以敬仰崇拜，或

谢晓冰
晚清老人
2013 年

谢晓冰，(1963—)，安徽淮北人。现为国家一级美术师。现为中国美术家协会会员、中国收藏家协会会员、当代中国美术研究会副会长、广州诗书画会副会长。出版有《中国当代艺术大家》《现代重彩画表现技法》《当代美术家谢晓冰》《谢晓冰国画小品系列》《荷魂》《谢晓冰敦煌壁画选》。2008 年作品“人物四屏春夏秋冬”编入文化部《影响中国 100 位艺术大家》“书画艺术经典卷”。作品在《美术观察》《中国书画》《艺术中国》等专业刊物发表。

者表达静逸的乡间趣味。但谢晓冰笔下的牛，赋予高原藏区之辽阔，展现的是粗犷与细腻，表达的是作者人性化了的情怀！

许鸿飞：带他的“肥女人”雕塑出国游

刚刚结束中国美术馆的个人雕塑展，许鸿飞就带着18件新作马不停蹄地飞抵澳大利亚悉尼办巡展。

2013年6月20日在坎贝尔湾露天广场正式开幕，为期10天。7月5日，许鸿飞又移师墨尔本举办雕塑展。这次雕塑展由广州市委宣传部、市文化广播电视新闻出版局联合主办；广州雕塑院承办，也是许鸿飞个人国外展的首站。中国驻悉尼总领事馆总领事、悉尼市政厅议员、当地著名侨领、新南威尔斯州雕塑协会会长以及悉尼电视台等多家悉尼当地媒体和国内多家媒体共同见证了这一盛事。当地群众这样评价许鸿飞的作品：“肥女人”刷新了我们对中国女人传统审美的认知，自信的艺术家用自信的“肥女人”展示了中国人的自信和欢乐。

《欢乐》《迎风》《飞花》…… 一尊尊雪白的“肥女人”雕塑，屹立在悉尼坎贝尔露天广场上，在阳光的照耀下，仿佛海在欢笑，云在欢呼，拥抱着这位“肥女人”的主人—来自中国广州的雕塑家许鸿飞。

广场上，人声鼎沸，熙熙攘攘，老外时而与许鸿飞谈笑风生，时而围着一尊尊“肥女人”欣赏着、点评着，广场上一片欢声笑语。很多观众忙不迭地拍照，有倚着雕塑的，有站在雕塑边的，有扮着雕塑神态和动作的，不亦乐乎。有位从泰国来的游客对记者说：“很喜欢‘肥女人’雕塑，很生动、很幽默，给我们带来了快乐。”澳籍华人屈小姐对记者说，她很喜欢《飞车》这件作品，特别震撼，冲击力强，没想到一位胖女人能驰骋在单车上飞起来。许先生作品颠覆了自己印象中的传统雕塑作品。她说，澳大利亚是世界上第二肥胖国家，仅排美国之后，澳大利亚人都喜欢他的作品。

许鸿飞对记者说，虽然这次展览在悉尼举办，但在家乡广州也掀起了一场“肥女人”雕塑文化的高潮，媒体、海报都争先推介宣传。我的作品取材于广州，是发生在市民身边的一些不起眼的琐碎事，所以创作出来的作品生活化、平民化，能给人轻松、快乐的感觉。

悉尼雕塑艺术家莎拉告诉记者，在她看来，许鸿飞的雕塑作品简洁，非常有自己的个人特色，感染力非常强。路经此地的澳大利亚群众都非常满意，一位老太

许鸿飞 / 张长李短 / 2008 年

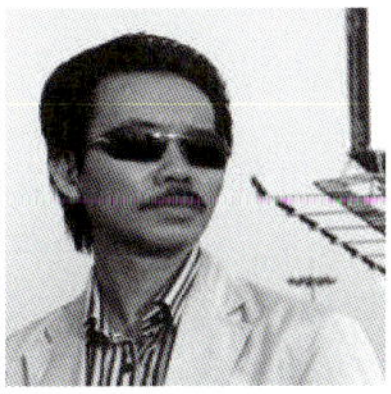

许鸿飞（1963— ），广东阳江人。现为广州雕塑院院长、广州市美术家协会副主席、广东省美术家协会理事、中国美术家协会会员。国家一级美术师。曾参与多个展览，包括庆祝“中国共产党建党 70 周年美展”“广东省纪念抗日战争胜利 50 周年美展”“第四届中国体育美展”“庆祝中国共产党成立 80 周年广东省美展”等，并在中国内地和香港等地以及法国等国家多次举办个人展览。他的大型作品遍布广东省和湖南省多个城市。

太一个劲地说："我一定要让我的孙女来看看，肥女人是怎么充满自信的。"另外一位老太太则笑着说："多年前我去过中国，可以说，这个艺术家的作品刷新了我对中国女人的看法。我第一次知道，中国女人是这样自信的。这个艺术家当然也是非常自信的。"

"参与是一种快乐。"一位老外搬运工一边拉着"肥女人"，一边开心地对记者说。"外国人有幽默感，而且热心去参与。"许鸿飞自豪地说。一位名叫 Meike Davis 的澳洲人，21 岁从德国来到澳大利亚，今年 66 岁，她说在家看照片没觉得这么冲动，到现场看到这些作品则越看越喜欢，拉着她的老伴不停地拍下来留念。"澳大利亚肥胖率很高，所以我们看到这些肥女人的时候，尤其是那么亲切的笑容，真的是忍不住伸手触摸一下。"

许鸿飞对记者说，为了办这场个展，自己又多做了几件雕塑，跟海有关的，比如"海啸"，是肥女冲浪的画面，还有大提琴系列、小海豚和渔女系列，让肥女与浪花起舞。自己的每件作品都可与读者互动，你可亲一下，抱一下，也可以抱回家。

许钦松在接受记者采访时说，许鸿飞的作品带有很强的大众意识，换句话说叫"接地气"，它突出幽默成分，快乐、自在、祥和，成为许鸿飞雕塑的符号。他这次带着 18 件大作品到悉尼展出，拉近了艺术与大众的关系，拉近了雕塑家与大众的距离，形成了许鸿飞独特的大众化、平民化的风格，也可以说是"接洋气"了。

大众文化成为当今大众生活的组成部分。雕塑家走出殿堂，与民众同乐，取得广泛大众的支持，影响力大增，这是许鸿飞现象的意义所在，也使他成为当今中年雕塑家的代表性人物。

针对很多人认为的艺术家就该故作深沉的看法，许钦松说，历史上大俗大雅的照样可以写入美术史。看许鸿飞的"肥女人"，胖得夸张、洒脱、诙谐、可爱。看到这些肥女人的形态，生活多么愉快、欢悦呀！把这些东西摆到外国人面前，一定会让老外感到开心、快乐！

广州市美术家协会主席周国城对记者说，作为一名广州市的雕塑家能到国外办展，首先，他有能力，有实力。许鸿飞的作品找到自己的雕塑语言，作品很生活化，都是身边的一些人和事，触手可及，如肥婆赶小猪、肥婆打球、肥婆拔河等作品，已形成了“肥女人”系列品牌。其次，许鸿飞的作品抓住一种生活的瞬间美给人们带来了欢乐。他的作品突出娱乐性——娱情、娱态、娱性。许鸿飞走出国门办巡展，对我们广州美术界是一种促进、推动，也是一种贡献。

“太震撼了。”刚到现场的中国驻悉尼总领事李华新大使对记者感慨地说：“过去只是在网络上看到许先生的作品，现在到现场一看，太出人意料了。”

“评估一下这一系列巡回展下来，你的影响力到底有多大？”面对记者的提问，许鸿飞说：“虽然是第一次在国外开展览，但是我相信艺术是共通的，艺术不分国籍，当今的艺术界就是个世界竞技场。通过和悉尼艺术家的交流，我更加坚定：艺术家就是要有自己的风格，做自己独特的作品，自然就会征服世界。”

广州著名的专业画廊总经理张海生对记者说：“我是最早经营许鸿飞作品的。公司成立第二年即2003年就大胆为许鸿飞办个展。主题是：我肥我俗我快乐。当时就赚了第一桶金。”他认为许鸿飞成功的理由有二：第一，作品主题轻松活泼，市民喜闻乐见。第二，路子走对了。作品大雅大俗，雅俗共赏。当今社会工作压力大，生活紧张，现代人见了那憨态可掬、让人忍俊不禁的肥女人雕塑，烦恼霎时间就被抛到爪哇国去了。时代造英雄，既然当今社会需要，许鸿飞出来了，他就成功了。现在他走出国门举办展览，是中国雕塑界一件美事，为广州美术界争了光。

澳籍香港人、悉尼市政厅议员郭耀文先生盛赞：“这是一个很好的文化交流，也是一个很好的开端。广州与悉尼是姐妹友好城市，两个城市都很年轻、很时尚。澳大利亚有很多肥女人，希望许鸿飞先生以此为题材，创作一批有澳大利亚味道的洋肥女人。”

澳本市名誉市长林丽华议员对记者说：“澳大利亚肥女人多，许先生的展览令她们很兴奋。”

新州素有“澳大利亚第一洲”之称，1979年广东省与新洲建立了姐妹州关系，是中国与澳大利亚之间第一对友好省州。1986年，广州与悉尼又结为友好城市，为促进两市之间的友好交流与合作搭建了一个新的平台。中国驻悉尼总领事对记者说：“许鸿飞先生选择到新州文化重镇悉尼举办雕塑展，意义很特别。许先生的作品特色鲜明，时代气息浓郁，情感真实而不造作，深受广大观众喜爱。他这次的展览一定会让澳大利亚朋友更好地了解中国当代的雕塑艺术，以及广州雕塑家的风采，为美丽的悉尼市增光添彩。”

朱颂民：岭南画家　西部情结

2014年当选为广州市美术家协会副主席的朱颂民，忙得不可开交。画展一个接一个地办，如今又走出国门，于2014年3月23日在香港成功举办画展，5月12日又飞赴美国办展，在美国波士顿、纽约、三藩市三大城市展出，颇受追捧，展出的30多幅作品全被抢购一空。朱颂民还被波士顿授予“荣誉市民”称号。

今年5月15日，在天河体育中心的亚运博物馆，朱颂民西部山水画展又隆重举行。

提起朱颂民，人们总会想起他笔下的西部山水博大辽阔、气吞山河。那崇高、辽阔的山脉与翻卷的流云，给观者以冲动、震撼和期待……可有谁知道，为了揭开西部山水神秘的面纱，20多年来，朱颂民上西藏，一次又一次，一笔又一笔地用笔墨浓彩画出了属于自己的西部山水系列作品。

早在2001年，被中国媒体称为“豪华评审团”的艺术界权威评委们，把全国体育美术作品展一等奖投给了广东青年画家朱颂民，这可是全国唯一的中国画一等奖啊，也是广东至今未能再摘到的奖项，就连朱颂民自己也感到“意想不到”！

由此，朱颂民这名字在广东画坛渐渐走红了。有人称，时下广东画坛西部题材的画家中，最为成功的有两位：其一，乃画西藏牦牛的刘济荣老先生；其二，就是画西藏山水的朱颂民了。他的山水因其气韵生动、神采飞扬而令人耳目一新。他营造的博大而雄浑的天空，令观者思绪万千，神驰万里。他的西藏山水系列《祥云化雨》（获第五届全国体育美术作品展一等奖）、《攀登》（入选第九届全国体育美术作品展，广东评选优秀奖）、《山魂》（入选第八届全国“群星奖”展览，广东评选二等奖）、《天地悠悠》（获当代中国青年书画家展铜奖）、《恒古岁月》（获广东青年美展优秀奖）、《东方亮了》（入选建党80周年广东省美展）、《山韵》（入选首届广东省中国画展）……这一件件响当当的作品，这一件件很有个性的“实验水墨”山水，朱颂民在广东画坛乃至全国画坛的“江湖地位”，日渐巩固了。

或许，朱颂民画北方题材画、西藏题材画上瘾了，或许他被西藏的辽阔和神秘迷住了，或许他认为茫茫大漠才是他的至真与至爱。因此我们翻开他的一批批作品，几乎清一色描绘那神秘崇高、威武雄壮的西藏、新疆、太行山……这大漠、这太行山在画家的大笔挥洒下，变幻多姿，丰富多彩，神秘莫测。多姿多彩的云山雾岭令观者如坠入“茫茫九派”之草原和沙漠。美丽的草原、美丽的天空、神奇的沙漠在画家的思绪中升腾、幻化，在画家的笔下纵横驰骋，上下飞扬。不得不提的是，作者对高原碧空的描绘入情入景，可赞可叹，广东省文联原主席、广东画院原院长刘斯奋说："朱颂民的画，不仅致力于画地，尤其致力于画天。其取势也，天舒而地缩，天动而地静，天沉而地浮，遂于常式之外更辟一境界。"还有不少名家看了朱颂民的西藏作品之后，都表示"印象很深刻"。

的确，不深刻的东西，不会感动人，只有感动画家的东西，才能让画家入境入画。朱颂民说他进入西藏时，就深深地被西藏迷住了，震撼了！那里实在太美了，天，是白白又白白，蓝蓝又蓝蓝；地，是青青又青青，绿绿又绿绿。一望无际的天、一望无际的草原大漠，充满激昂，充满神奇。作为一个画家，此时此地此境此思，不由得你不奋笔疾书，不由得你不情绪飞扬。此时此地此情此景，情倾笔中，难道还不深刻？

"艺术来源于生活。这是一句老掉牙的话，然而，当我进入西藏，当我挥笔作画时，就深知这句话的分量与重量。因此，我创作《祥云化雨》就大胆构思，少在'线'上求证，多在'面'上下功夫。我笔下的天占三分之二，地占三分之一。因为，只有这样才能让我真情流露，淋漓尽致地去表达，大胆地去挥洒。虽然，用墨少了，用水多了，但总觉得还是厚厚的、重重的、沉沉的。于是，墨与水的冲击就产生了神奇的变化。'面'的经营与'线'的简约，却使山水画'雄'起来，'浑'起来，产生了'博'的艺术效果，从而达到下笔如神气已吞的艺术境界。"朱颂民说。

朱颂民 / 阿里印象 / 2004 年

朱颂民，（1963— ），广东广州人。现为广州书画专修学院副院长、教授，中国美术家协会会员，广州市美术家协会副主席，广东省美术家协会理事，广东省青年美术家协会副主席。发表作品数百幅，出版朱颂民个人作品集十余种，举办个人画展30余次。作品以表现西藏山水为主，其中《祥云化雨》获第五届全国体育美术作品展金奖、广东省美协五十年经典作品提名奖、广州文艺奖。当代中国较活跃的实力派画家之一。

黄国武：是画？是梦？

左看看，右看看，前看看，后看看，坐在面前的国武兄，强壮的体魄，浑圆的大脑瓜，似乎与时下流行的长头发长胡子的美髯公格格不入，那阳刚味儿十足的大脑瓜，宛若其笔下的大人头作品般奇奇的，怪怪的，令人无法接受却又无可奈何。

观国武兄的旧式人物画，淡淡的甜甜的，让人很难与面前这位很阳刚的男人挂上钩，但这些人物画是极具品位的，其水色之妙，其意境之深，给观者以无限的遐思。据说那是画家应市闹着玩的“副产品”，那华丽的没骨技巧，那风花雪月的闺阁脂粉气息，正是作者的不懈探索，在低额高鼻的仕女图像中获得了相当充分的体现。著名史论家李伟铭认为，旧式人物画是作者自我调适心态之产物。作者需要在紧张追逐时尚的过程中找到一种与时尚保持若即若离关系的休闲方式，于是，所谓中国画艺术的“底线”——书法性的线条风格——在这里被放弃了，“粉”的运用为其自然流畅的水墨确保了明确的语言结构边界，令人耳目一新。

再观国武兄的“金贝园”系列与“大好时光”系列。是画？是梦？都是！画无非就是画梦想。想到发梦，把梦画出来，就是这么回事。林墉说：“国武兄的画，既把观者带入了朦朦胧胧的梦境中，又把观者带入了一个新奇的意境。”从1993年“金贝园”系列到1995年的“贝你好”系列，作者大胆地充分发挥书写性及水墨性的尝试，放弃日见娴熟的“刻意求工”而走上“水晕墨章”的道路，这种用现代人的审美概念改造传统的笔墨技巧的大胆实践，令不少行内人士惊奇、赞叹。著名画家林墉说：“国武的画，是一种清新的典雅，是一种随意的追索，是一种雅拙的朴素，是一种轻松的舒适，是一种朦朦中的兴叹，是一种浑然中的刻意……”著名评论家王璜生说：“黄国武不同之处正在于他始终处在朦朦的梦境之中，在梦中去感觉他的乡土、表现他的乡土，以致有人认为他的某些作品的局部有些像赵无极的抽象感觉。潜意识泛化着东方文化透明悠远的精神灵光……”

再观国武兄人物写生第三阶段作品一“大人头”系列。那近于恐怖、表情各异的超级大人头，几乎无一例外保持着那种我们非常熟悉的痴呆的表情样式。这种“痴呆”的脸孔又令艺术家们困惑不安，这种创作的意念乃至真正动机是什么？荒诞、滑稽、反叛、前卫……对此，国武君始终在探索，接下去该画些什么？他说他也不知道，但有一点，他要“以最大的功力打进去，以最大的勇气打出来”。他

黄国武 / 丽人行 / 2007年

说:“我想这么做，就这么做了。”好一个无牵无挂、无拘无束的国武兄!

一分耕耘一分收获，他的不少作品都获了奖，如《金龙宝地》获第七届全国美展铜奖、广东省美展优秀奖，《大好时光》入选首届全国花鸟画展，《漾光溢彩》入选首届全国山水画展……

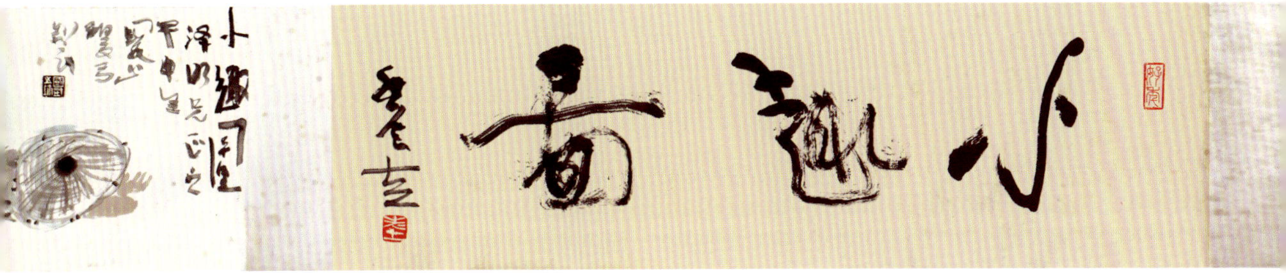

黄国武 / 小趣图 / 2004 年

黄国武，(1963—)，广东惠来人。现为中国美术家协会会员、广东省美术家协会理事、广东省美术家协会中国画艺委会副主任、广东画院专业画家、广东美术创作院画家。擅长中国画。作品有《金龙宝地》《蓝色空间》《大好时光》系列、《山川灵气》系列等。

黄三舍：简约、野逸、雄强

好友黄三舍要办画展，接二连三地催我为其作品写点东西，我知道文债拖久了，朋友都疏远了，只好硬着头皮胡诌几句，说得长与短、好与坏、深与浅，乞望三舍见谅。

三舍其人热情好客，有点侠义气概。

其人个头虽小，可笔下的作品却小不得，小品也画得大大气气。看着他的画，我想起了古代的八大山人和如今的尚涛。八大山人个头有多大我没见过，但其画简练而雄厚；尚涛我见过，也很熟，他个头不小，人如其画，大大气气。我看三舍的作品，有这样的感觉，简约、野逸、雄强。这样的评价似乎有点大，但确实如此，且纯属一家之言。

三舍作画有点八大山人的范儿，画中流露出一股冷峻而不可及的高士气派。

在物欲横流的当今，他的作品似乎有点不合时宜，看破红尘，但他这种以形写情、着笔简淡、运笔奔放、布局疏朗、意境空灵、气势雄壮、笔情恣纵的手法，却能达到意旷境远的效果，让人思之有味。如《欲许清香散》，整幅画在右下角的一荷一鸟，融为一体；如《大千之妙》，妙在一荷向天歌，出污泥而不染，右下方两朵盛开的荷花一大一小，与高耸的荷叶形成一种奇简的构图，造成一种强烈的黑白对比。他的这种看似不构成章法，不求完整的章法，却能达到完美的境界。

三舍笔下的一花一鸟，不是盘算多少、大小，而是着眼于布局上发现有不足之处的随意生机，有时用款书或闲章去补其意，求其趣。所以其画即使笔墨不多，画味却有了，意境就足了，给人小而不小之感，这就是三舍在艺术上的巧妙布局。

石涛曾说过，作画"心奇迹奇"，三舍作画就能在"奇"与"省"上下功夫。首先，"奇"者，构图奇特，能出奇招，三舍笔下的花鸟远宗古人，尤其是对八大山人、青藤、白阳粗放、奇特画风的潜心浸淫，熟记于心。我们从其作品中窥见其构图的苦心经营与巧妙安排。如《风散荷香动》，作品重心在右上部，视觉上呈现了强烈的不稳定的感觉，画面右下以简括的笔墨写出雄伟的顽石，用笔简练，画面却简洁而又丰富。这种造型的"奇"与"趣"，紧密相连，夸张有趣，笔简意繁，耐人寻味。其次，三舍作画，喜用大笔挥洒，横扫千军万马，大气磅礴，颇具意趣。他学八大山人惜墨如金，作画求其"省"，有时满幅四尺、六尺，乃至八尺大纸，只画一石、一树、一花、一果、一鱼、一鸟、一鸡，寥寥数笔，神情皆具，有

黄三舍
荷花
2009 年

黄三舍，(1963—)，广东广州人。擅长书法、篆刻、中国画。曾任广东省书法家协会篆刻评审委员会委员。现为广州市美术家协会常务理事。多次在广州、东莞，浙江等地举办个人画展。

时甚至不着一笔，仅盖一方闲章，却可以构成一幅完整的画面。

三舍笔下的作品，能做到少而厚实，充满意趣，这点大概是他深得八大山人之神髓了，但也离不开其书法、篆刻功夫的滋养，他的书法劲健雄壮，篆刻浑雄古朴、潇洒静穆。如此年轻的黄三舍，书、画、印俱佳，实属难能可贵，望三舍在领会和吃透古人作画的古趣及方法的基础上，能在笔墨当随时代上下功夫，定能更上一层楼！

贾博鸿：取法高古　刚柔相济

贾博鸿给我的印象：人好、书好、画好、印好。

博鸿乃河南人氏，温文尔雅、为人诚恳、真挚豪放、心胸宽阔，为人处世低调。因此，他的作品少了张扬霸道，多了一份书卷之气，多了一股圆润禅味，读之，耐人咀嚼。

博鸿给自己起号，佛之。佛者，觉也，悟也；博者，鸿也，大也。他要成为博学通鸿之士，领悟大千造化，达到艺术彼岸。这难道不是博鸿这位南下艺术家的写照与追求？

有人说博鸿是一位“极具潜质的青年书画家”。我认为，他不但是一位潜质极佳的青年书画家，还是一位优秀的篆刻家。他不但艺术天赋深厚，艺术感觉良好，而且勤学勤思，持之以恒，常常走南闯北拜名师，寻找艺术真谛，实在难能可贵。

读其书法作品，看得出博鸿受魏碑影响之深，其用笔侧锋中锋交替进行，结字拙巧相生，变化多端，其线条追求金石味，且刚柔相济。不论一点之短，一画之长，皆笔到意到，不见其衰，有一股浓浓的学者气、文化气、文人气。有人评论其作品“雅逸流丽，刚健豪迈”“重传统、重格调、富创新”。这得益于在西安时，他陶醉浸淫于西安碑林，书法着力碑帖，到广州之后苦临石鼓。

博鸿生于1963年，在河南淮阳农村度过了童年与少年。1981年秋，他穿上军装，考入西安空军工程学院，后又分别就读于解放军艺术学院美术系、西北大学中文系古汉语文学专业。1996年南下广州。如今，他的书法熔铸南北古今，其篆书因魏碑而遒劲多变，魏碑因篆书更凝重厚拙，行草因其魏篆而古朴雅逸。

赏读博鸿的花卉小品，或许因其有着深厚的书法、篆刻底蕴，那笔墨韵味十分潇洒、轻松、自然。笔在纸上的跳跃，水和墨在纸上的流动，形成了一幅有品位、有内涵的花卉世界。观其画画，常常有此感觉。画中的线条长短留白富有节奏，色彩时艳时淡，时轻时重。使观者产生一种情绪、一种意境、一种追求。瓜果、花藤、兰竹、茶杯……都是人们生活中所熟悉的，在画家的笔下或点、撇，或横、竖，皆天然成趣，有机融为一个整体，常常给欣赏小品者带来书法艺术的审美享受。

绘画有其自身的功能，为了表意、造境、效果，可以调动一切手段。博鸿调动了他的书法、篆刻乃至其对笔墨色彩的理解与运用。因此，其绘画作品以书法笔

贾博鸿
春晖烂漫
2014 年

意入画，用笔中锋、侧锋交织，突出笔墨，再施以装饰色彩，以达到色墨相融的效果，使作品既古拙，又具有现代气息。

瑞士思想家阿米尔有句名言："一片自然风景是一个心灵的境界。"观博鸿之作品颇有同感。画中一棵白菜、一丛兰花、一瓶鲜花、一盆佳果、一套茶具……在他笔下有生气，有情趣，有新意。这与其说是自我景观，不如说是心象风景，是心灵烛光的投射，是情与景的互渗互动，是创作主体的对象化，是生活的源泉，是艺术的升华，是知识的积累，是孜孜不倦辛勤耕耘的结果。

贾博鸿，(1963—)，河南淮阳人。擅长中国画、书法、篆刻。幼承家学，受叔父伯南启蒙，从造型入门，习书作画。高中毕业后服兵役，先后入北京解放军艺术学院美术系和西北大学中文系进修，曾任教于西安空军工程学院。现为九三学社广东书画院副院长、广州画院特聘画家，广州市美术家协会理事、花鸟画艺委会副主任，中国书法家协会会员、职业画家、书法篆刻家。

贾博鸿
高士风范
2016年

陈映欣：繁密示现空灵　灿烂归乎淡泊

映欣办画展了，早早有友人通知要去看看，说值得一看。而这映欣老兄也真的与众不同，不发请柬，只是打个电话或发个信息："来捧捧场。"

我奉命赴场，那已是第二天，据说来的人还不少，可见映欣的"面子"不小。与其说他的"面子"大，不如说他的画好。画好自然有人来，好画自然有人看。早听说映欣画得好，是块画家的好料，如今一睹，真是百闻不如一见。

映欣画山画水画花画草画树，但画山不似山，画树不像树，画人不像人……画什么不像什么，那又像啥，你说像啥就像啥，你说是啥就是啥。这就是映欣的"似与不似""像与不像"之哲学。妙就妙在这，奇就奇在这。这就是映欣之苦苦追求的。

他追求繁密、空灵，追求灿烂、淡泊。他画画无论山水、花卉，都是繁繁又繁繁，密密又密密。但是，好就好在，密密浓浓的墨中，有淡淡湿湿的水墨，有白白的石头、屋舍什么的，还有那浓浓饱饱的色，因而整幅画就空灵起来了，如《宝墨园》《老园》等。前者画面构成对角呼应，纵横排列有序，用笔潇洒开张烂漫，画面彩墨交融，尤其是画中之石，大块留白，使画面醒透，而右侧雕栏更是锁住溢出画外之气。屋中高士对弈，此时无声胜有声，可以看出，作者作此《宝墨园》的心态很闲适、安稳。值得一提的是，画中处处洋溢着一股书卷气与金石味，且设色高雅，此乃画家无意经营的上乘之作。后者，画面流溢着一股浓浓的禅味，如老衲诵经打坐，静静地思索，静静地挥洒，静到画中有着道家的"虚"，佛家的"空"。那白白的石头、白白的山、白白的屋舍，令这幅"老园"变成了"新园"，活了！看来，作者非经过一番心灵的磨难是难出此佳作的。

大智者往往多磨难，映欣属此种人也。科班出身的陈映欣，是大家公认的画家种子，其人悟性高，不仅画好，而且文章也好。画一幅幅地画，文章一篇篇地写，都是公认的好，可这"好好先生"似乎"命中注定"属大器晚成者，也注定要受苦受难。学中国画的陈映欣，却游离于画院，到处流浪漂泊，有点"不务正业"。他去了汕头，辗转深圳，今又落足广州，干了设计又搞策展，整整12年，与画画似识非识，当个业余画家，如今又拾起画笔，重操正业，来到广东画院当了专业画家。或许是经历深了，磨难多了，思索也深刻了，他的画也多了平淡中的灿烂、繁密中的空灵。

陈映欣
守望家园
2007 年

画展开幕了，观者赞者蜂拥而至，就连广东省原文联主席、广东画院原院长刘斯奋也来了，还欣然为之题“意气用事”以勉之；广东画院院长许钦松看画赠言：“无所作为而为之。”看来，映欣不但人好，画也好！

好就好在，映欣画画与众不同，别人追求“奇崛”，他追求“平平”，上下平平，左右平平，前后平平，但这“平”并非平淡无奇，而是平淡有奇，奇就奇在空间与空间之间能有机地“衔接”，过度自然，使画中圆与方、横与竖、线与面、色与墨、焦与润、浓与淡，看似平淡，却能天然成趣。这种“平”是把以上种种关系都处理得恰到好处，是一种深层次的美，也是一位画家成熟的标志。

因此，看映欣的画，要慢慢看，要细细品，这样方能看出门门道道，看出精彩神奇，看出奥妙乾坤来。

映欣的画看久了，你就会发现，现在有些画笔亦好，墨亦好，就是看来看去，没东西看，或者看了令人生厌，这是为什么？缺乏有“趣”也。中国画讲究用笔有笔趣，用墨有墨趣。然而，趣从何来？我想，看看映欣的画，品品映欣的画，你会找到答案的。要不，你去问问他的《老园》《宝墨园》，或者《一片闲云》《夏日荷田》好了。

陈映欣 / 大地鎏金 / 2008年

陈映欣，（1963— ），广东澄海人。现为广东画院专职画家、《广东画院》副主编、中国美术家协会会员、广东文艺批评家协会会员、赖少其艺术研究中心理事等。擅长中国山水画。作品曾获首届全国山水画展铜奖，跨世纪全国山水画展优秀奖，希望的田野——艺术家眼中的广东农村展优秀作品奖（唯一奖项），首届广东省中国画展铜奖。

方土："后岭南画派"的倡导者

方土，多才多艺，点子多办法多，在中国画坛是个有争议的人物。才情乎，前卫乎，传统乎，后岭南乎，众说纷纭。尤其是，这位人称"前卫人物"的方土，曾发动并参与了后岭南画派，使沉静的岭南画坛激起了一层层翻滚不息的波浪。他不甘寂寞的出位与反叛，老先生们无法理解，也无法接受。但"这不是个人变化快，而是时代的选择，责任的使然"。采访中，方土不时流露出无奈与苦涩。到底方土对与否，不是本文所能探求的，留待后人去评判吧。说说谈谈，聊聊问问之间，我们就展开了话题。

有人说方土在当今画坛中是前卫人物。

方土说，改革开放以来，美术界空前繁荣，而作为改革开放前沿的岭南，受到前所未有的冲击。生活在岭南的画家们，不可避免地受到外域文化与中原文化的双重冲击与压迫，以及自身生存的挑战，此时是"不在沉默中抗争，就在沉默中消亡"。而作为一名职业艺术家，我们有责任有义务去承担。在这"两难境地"中，以积极的姿态去开拓、去解决，这是一种意识，也是一种选择，至于是否前卫，留给别人去作评价。

方土是这样看待、评述"传统"与"前卫"的。前卫的东西，会成为传统，传统的东西也曾经是前卫。

他不但前卫，而且"实验水墨"也玩得有滋有味。他说，"实验水墨"顾名思义，它带有非常大的尝试与探索的态度，就他个人而言，有三个阶段的经历：其一，从有形走向无形的转接过程，这当中还是借形去表现一种对语言形式的探索。作品如《散物系列》，作者试图用泼辣恣肆的笔墨去构筑、营造、突破中国画所强调的气势、气韵，而产生了意想不到的特殊效果与笔墨情趣。其二，从客观走向主观，对内心的一种窥视，是一个想象的理想空间构成的画面。如这期间创作的《天大地大》系列，寻求着一种朦胧、混沌、奇诡，甚至瑰丽的"大世界""大宇宙"，并借助这种想象将天地万物共同构成的永恒关系自由地表达出来。其三，从内心空灵虚无走向对现实的关注，更多的是借助一种符号来表现对生存的一种体验，如《文明硕果·CD系列》。

总之，他的实验水墨创作的这几个阶段，刚开始水墨很薄，后来采用堆砌凝固，比较厚重，再后来又借鉴油画界将东方水性的东西融入油画里面的成功经验，从而拓展了实验水墨的创作空间与领域。

国画之道，兰竹最难。方土却偏爱兰竹，画兰竹。

方土认为，实验水墨好像登高望远，兰竹好似闲庭信步。近年来，通过画兰竹，他进一步加深了对中国画水性的认识。画兰竹使他知道要怎样发挥出以柔克刚的特点，让他在创作中获得一种底蕴。因为兰竹对传统的认识最直接，与国人的交流也最直接。

五四运动期间，中国文言文与白话文交替时，文人们并非因为白话文的出现而否定文言文，相反白话文的出现却丰富了文学语言。我钟爱兰竹，正是如此，它丰富了我今后的创作，拓展了我的绘画视野。

中国的水墨艺术创新肯定不能离开传统，传统是伟大的，只有加强对传统的理解并结合自己的生活阅历和经历，去构筑新的有自己特色的绘画语言。这在他的兰竹创作中有所流露与表现。因此，他画兰，没有加入过多的观念，主要是形式语言上的探索。

他偏爱兰竹，是因为“清雅”而爱兰，还是因为“惜墨”而画兰，或许都是，或许都不是，或许只想在现实生活中找点精神寄托而已。

方土画路很广，如人物、山水、花鸟、小写意、大写意乃至实验水墨，样样见长。那么，方土是如何处理好它们之间的关系与发展的呢？

他说，画兰竹是一种长期的笔墨修养，它是自己对材料认识的一种好的方式，而实验水墨能够恰如其分地表达当下的感觉，所以它们两者的关系不是矛盾的，而是相得益彰的。

“您的实验水墨是对岭南画派的反叛，还是对它的继承、发扬与创新？”我问道。

方土说，事物发展是否定之否定，反叛是创作的动力。这不是针对岭南画派的反叛，而是在一个大传统与社会发展已不相适应了的革命，是历史，也是时代赋予画家的使命。反叛传统是对传统有足够的认识，并从传统中走出来的一种创新。

“你们发起组织的‘后岭南画派’是在什么样的背景下产生的？”

方土说，2002年8月，共29人发起组成了“后岭南画派”，当时争论较大。其实，关山月、黎雄才后的“岭南画派”，尤其是近几年来，由于出现了一个广泛

依附在“岭南画派”之外的“画派同盟”。这个同盟充分发展了“岭南画派”中的市民倾向，并很快滑向了甜俗亮丽。谈本身从来没有产生过要开创一个画派的自觉，人员组合松散凌乱，缺乏内在一致的学术目标，但同时又冠以“岭南画派”的名号。人们把这个广泛存在于广东地区的“画派同盟”称之为“泛岭南画派”，由于其近亲繁殖可能产生了“品种退化”的现象，于是就产生了“后岭南画派”。它的产生，一方面加强了广东水墨画的群体力量，打破了岭南水墨界的既定局面；另一方面激活了本土水墨界的创造力，也阻止“泛岭南画派”的“近亲繁殖”而导致“品种退化”的现象。也许，这种回应是历史发展中的自觉选择与必然选择。对此，“后岭南画派”的回应就是：拒斥“泛岭南画派”的甜俗流向，超越“岭南画派”的区域局限，回到“折衷画派”的革命传统中去，用新的眼光重新介入现实，从而对现实做出具有学术高度的历史性应答。于是，又有人曾为百年岭南水墨画寻绎历史脉络，那就是折中画派、岭南画派、泛岭南画派和后岭南画派。

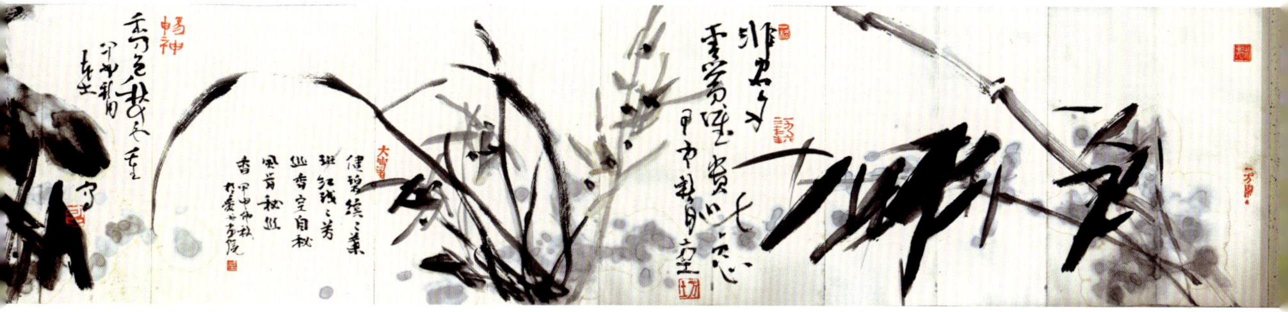

方土 / 写意花卉一册 / 2004 年

方土 / 写意花卉一册（局部）

方土，（1963— ），广东惠来人。国画家，国家一级美术师。现为广州画院院长，中国美术家协会理事，中国美术家协会中国画艺委会委员，中国画学会常务理事，广东省美术家协会副主席，广州市美术家协会副主席，广州美术学院客座教授，广州市第十三、第十四届人大代表，广州市优秀专家，广州市各界知识分子联合会副会长，广东省第八、第九届青年联合会常委。代表作有《梅兰竹菊》《人类的朋友》等。

刘思东：在寻常中寻找不寻常

寻常的山，寻常的水，寻常的树，寻常的屋宇，寻常的乡村，寻常的人家。在这寻寻常常的画画勾勾当中，找到了不寻常的感觉，也找到了不寻常的山山水水。这是我读完刘诗东作品之感受。

有人说，刘诗东不像其父刘济荣，一辈子与牦牛、女人和名人结缘。我也这样问过刘济荣教授，听其口气，还似乎很是支持诗东画自己的东西，画自己的山水。刘诗东也真的不学老爸那一套，虽说功夫没有其父扎实，却有自己的路数与技巧。

从其作品《清音》可见一斑，画中充分显示了画家的功力所在，将线用到了极致。那五平方米的画面，草木葱郁，气象森森且繁而有序。作者把南国林木丰盛、水草丛生的乡土风貌淋漓尽致地表现出来了。画面一眼清泉，隐约响音，境界狂野而恬静，将人与自然融为一体，令画面散发出一种清新的诗意般的意境。他说这是他运用的肌理技法创作而成，这幅作品入选全国美展，并获好评。

此外，他的《秋浓》《晚秋》《金秋》等都表现出了秋色如染般的浓烈色彩，勾画简洁，淡墨重彩，取景构图都有鲜明的时代气息。《深壑秋寂》还看出了画家在表现手法上的多样性，力求达到创作的深度与广度。

有人认为，诗东的画是一种儿童式的山水画，不是西洋画的一点透视，也不是中国画的多点透视，而是被行中人称为“大观园”式的“平点透视”，很有点平面构成的味道，笔法又细碎，用色又鲜丽，很有点童趣，是一种技法上的创新。

读诗东的山水作品，给人一种全新的感觉，特写般的构图，稚拙而富有童趣，丰满而又耐读的画面中流溢出淡淡的现代感。他笔下的山水，尽管描绘的多是普通的村落、普通的山林、普通的原野，山、水、树显得那么平凡，但值得称道的是，诗东将这平平凡凡、寻寻常常、普普通通的山山水水，经过自己艺术的慧眼与心灵的过滤，达到一种清幽高远的境界，让山川显得壮丽，河流小溪显得清澈，田野显得清新，山村小屋显得勃勃生机，景色恬静而优美，令人向往、神迷！

刘思东
秋江醉红满园花
2012 年

刘思东，（1964— ），笔名刘诗东。广东广州人。1987 年毕业于广州美术学院。1997 年结业于广州美术学院国画系山水研究生班，2012 年中国艺术研究院美术学访问学者。现为中国美术家协会会员，广东省美术家协会理事，广州市美术家协会副主席，广东省青年美术家协会副主席，广东中国画学会理事，广州书画名家艺术促进会执行副会长，西关画院副院长，梅社书画院副院长，泰王国曼谷画院副院长，广州市文联书画院副院长，兴宁画院顾问，广东外语艺术职业学院美术系副教授。

方向：构筑庭院精神家园

自然界是美丽的，尤其是南方的大自然，如诗似画，令人如痴似醉，也令不少诗人、画家歌而颂之。然而，在岭南画坛，像方向这样执着地用自己的画笔去描绘，去经营大自然小村落，去构筑平常村居、小桥流水人家之美景，且其用线之精巧之准确之沉实，其用色之绚丽，技巧之纯熟，实不多见。像方向这么年轻又在全国画坛叫得响的岭南画家，更是罕见。著名画家林墉的评价是，方向之画挺沉实，用神唯实，笔法务精，用情不妄。

认识方向的人都说，方向温和而又倔强。他长着一张极具亲和力的“娃娃脸”，正如其庭院山水一样，给人温馨、恬静的感觉。

读方向之作品，着实有此感受。方向不只画了南方景色，更重要的是准确自然地把握了一种南方气质，并发挥得淋漓尽致，让一股浓浓的南方情怀通过绵细的线、绚丽的色、湿润的墨、游动的笔、活泼的点，跃然于纸上，令人读之思之，情趣无穷。

读方向之作品，虽没有大山大水之气势，却有乡村小居、小桥流水人家之温馨、情趣、魅力。那喜气洋洋的农家乐，那青翠欲滴的乡间小草，那黄澄澄的南国佳果……还有那小鸡、小猫、小狗、小鹅、小鸟……他们或三五结群，四五成队，悠闲嬉逐，窃窃私语。如作品《忆潮汕》《家园》《沃土》《岭南何处不花香》《数声黄鸟伴我行》《茶香》《春雨欲来》《竹林深处有我家》《恬静》……“看这些画，有一种温暖与恬和，更有一种沁冽与俊逸”（林墉语）。如果我们留意方向的画的大部分，就可以发现方向不去描绘大山大川名山胜地，而是垂青于平常村居小角落。如果我们更细心揽鉴，还可看出方向的大量作品舍弃了山水画中的观察模式，他无意面对山川俯仰天地，却反复展示了以内观外的洞观式的新观点，这使他的画面具有了新的魅力，使观画者仿佛闲步庭内院中房檐下的抬眼一瞥，增加了无限的温馨与融洽。这种以内观外的模式，先前在插图连环画中多见，至于山水画，却还鲜见。可见，一个属于方向自己个性、风格的南方乡土画，一个属于他自己营建的庭院精神家园，越来越前途光明。

方向
庭中秋意浓
2013 年

方向 / 春水（手卷）/ 2005 年

方向 / 春水（局部）

方向，（1967— ），广东汕头人。国家一级美术师。现为中国美术家协会会员、广东省美术家协会理事，中国艺术研究院专业画家。出版有《中国当代艺术家画库——方向》《方向画集》《当代中国画精品集——方向》《春风夏雨》《当代中国画家丛书——方向》《中国山水画新编章——方向》《理想家园》等个人专集。曾被授予“广东省新世纪之星”称号。

胡锦雄：童心·童趣

甲午初夏，画家胡锦雄的名字宛若炎热的夏日红红火火、热气腾腾，岭南各大媒体网站不惜版面争相报道。一时，胡锦雄成了明星画家，其作品也备受追捧。一次，胡锦雄拿着一叠欧元在记者面前一晃说："洋人也纷纷追我买画。"看着神采飞扬的他，记者笑笑无语。

其实，没有发生这次"盗版事件"，胡锦雄的作品也受欢迎，究其因，我认为，他的画个性突出，取材中国传统年画，采用中国画的材质与技法，表现了一个个天真活泼、朴实无邪的小孩，画面色彩浓烈，场面热闹非凡，喜气洋洋，人见人爱。读之，童心焕发，情趣盎然，无论男女老少，白人黑人黄种人，都随着他笔下的活灵活现的人物发出会心的笑，舒心且释然，我看，这正是他的作品受欢迎的原因。

在当今社会，受欢迎的东西，必有人仿之，盗之。当人们进入岭南印象园大门不远，一个名为"快乐老家"的景点里，胡锦雄的画作被盗用了十多次，面对这些作品，胡锦雄带着自己的画册，全部找出了画作的原画和作画时间，记者仔细地一一对比，景区所"克隆"的作品均可在原作找到，唯独作者的签名和印章被裁去，或者被用电脑作图技术遮盖了，胡锦雄气愤地说，这些画作按照市场使用权费用为每幅2万元左右，所以这次事件涉及金额总值超过26万元。他说要通过法律寻求赔偿，并将所有款项全部捐给慈善基金。

20年来，胡锦雄一直致力于把民间民俗的点滴精华融入中国绘画中，画风喜庆吉祥，色彩缤纷，那一幅幅取材农家庭院的作品，天真、吉祥、如意。那熟悉又新奇的大红春联、黄澄澄的玉米、黝黑的老水缸、碧绿的荷叶；那淳朴可爱的儿童、村姑、老人，他们一个个乐呵呵的嘴、圆圆墩墩的脸，憨厚的神情、舒心的喜悦，令你乐开怀；还有那庭院和田园之中的喧闹嬉戏，身着朴素鲜艳的传统服饰，伴随着活泼的猫儿、狗儿、蝶儿……令观者深感平和、恬静、开心、快乐，这不正是当下中国梦的理想境界吗？

今天的胡锦雄，带着自己的童心童趣之作，而先后到法国、新加坡等国家以及中国台湾等地区展出，就连广州人常常使用的羊城通也有他的作品，畅游岭南每个角落。

胡锦雄
小品
年份不祥

胡锦雄，（1969— ），广东鹤山人。现任职于广东省美术家协会艺术中心。为中央文史馆书画院南方分院画家，广东省中国画学会理事，广东省青年美术家协会常务副秘书长兼鉴藏部部长，广州市文联诗书画院副秘书长，广州日报书画院副秘书长，广州市美术家协会理事，广东省美术家协会会员，广州海珠区政协书画室常务副主任、政协委员，广州市青联常委。国家二级美术师。其作品入选海内外大型美展并获奖项，先后在法国、英国等国家以及中国台湾等地区举办个人画展，是首位应邀到英国伦敦英女王博物院举办个人画展的中国画家。出版有《胡锦雄作品选》等个人画集十余种。

张东：氤氲？空灵？后岭南？

在我看来，氤氲，应是充实丰盈，是一种美，一种气韵灵动之美，一种精力弥满之美。

空灵，则是空诸一切，心无挂碍，冰清玉洁，和世务暂时绝缘。正所谓，“境至静矣，而此中有人，如隔蓬山，思之思之，遂由静而见深”。此乃艺术追求之佳境。

氤氲、空灵，似乎是一对最佳的搭档，又似乎是一对矛盾，但又是许许多多艺术家欲达之境界。不像时下，岭南文化与岭南画派的争论，此起彼伏，愈演愈烈，似乎要进入另一场“文化大革命”。有学者提出要用珠江文化取代岭南文化，更有好事者断言，岭南画派已画上了句号。此言一出，画坛哗然，随之而来，又是一出出你争我斗，拉开了一场场“公婆之战”。到底岭南画派怎么了？记者与岭南画派弟子、“后岭南画派”发起人之一、广州美术学院教授张东，就“岭南”与“后岭南”有关话题展开了对话。

“时下有人断言，岭南画派应画上句号？”

张东：“岭南画派画上句号是某些人的感觉而已，关键是岭南画派这一定义，至今依然模糊不清，正因为这种模糊才带来了诸多不确定的因素，出现了各种各样的说法和猜测。岭南画派的产生，其初衷是对传统绘画的革新。正因为革新，对传统绘画精神的把握尚存在些不足或者欠妥之处，很多人过于依赖西洋画的观察方法进行创作，因此存在对传统绘画研究不深入、不彻底的问题。要研究中国绘画，应吃透传统绘画的东西再来谈创新，同时又要把握当代绘画的气息。要么很传统，要么很现代，而岭南画派往往缺少这些东西。不管怎样，我始终认为艺术只是现象，不存在前进与倒退，有的是不断的探索与发展。”

"你认为岭南画派的优点在哪里？它有何不足之处？"

张东："注重对生活的真切感受，注重现场感受，反对笔墨游戏。但同时，这种长处又是它的短处。很多人过分依赖西洋画的光、影等造型因素，缺乏中国画特有的韵味。"

"作为'后岭南画派'的生力军，你的作品被称为是另一种岭南风格。你怎么看？"

张东："正是针对上述问题，我在绘画中注重对传统的渗透，同时更注重其现代感及现代精神，并努力把传统与现代的相互碰撞结合起来，因而作品中往往出现意想不到的效果，被评论家称为'另一种岭南风格'。"

"在你的作品中，我们看到一种氤氲与空灵的美感，你为何选择这种表现手法？"

张东："这是一种技巧、一种状态、一种升华，抑或是一种风格。都是，又都不是，反正我说不清。或许，这是我热衷于用佛教文化的思考方式去进行创作罢了。其实，宗教也好，哲学也罢，都是艺术发展的'左邻右舍'，是根与本，是唇与齿的关系，不是吗？艺术从它左邻'宗教'获得深厚的热情的灌溉，又从它的右邻'哲学'获得深隽的人生智慧、宇宙观念，使它能执行'人生批评'和'人生启示'的任务。"

"'我看青山多妩媚'，你是如何营造这妩媚的'青山'呢？"

张东："我的作品中追求一种具象中的抽象，一种古典与现代的融合，譬如同是青绿山水，我就尝试过多种画法。《霜晨》一作，学的是张僧繇，取法较为高古，而《雨季》学的则是两方原始画派的卢梭，形式力求清新，虽同是青绿画法，

张东 / 高蹈风尘 / 2004 年

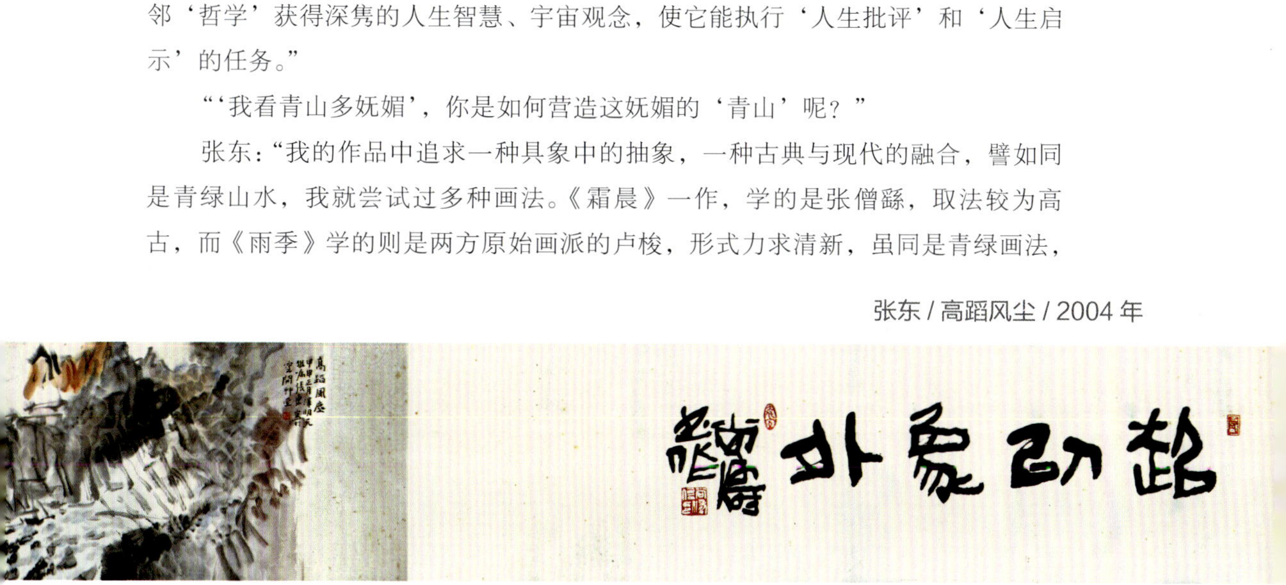

根基却是不同，跳跃很大，这是一个消化过程，以后可能还会尝试运用新材料。也有人说，在我的画中，有着一种禅意。”

“情自然，境自然，你是怎样在作品中表达这种自然的？”

张东：“中国有句古话‘虽不能之，心向往之’。我的作品力求情与境的交融与结合。追求具有无限生机和无边深情的深邃空灵意境和苍茫宇宙意识，使作品精神空间中流溢着物我浑一的梦幻之光。”

“作为‘后岭南画派’一员，你是如何继承与发展岭南画派的？”

张东：“称‘岭南画派’也好，‘后岭南画派’也罢，这些都不要紧，要紧的是中国传统的东西不能丢，老祖宗的东西不能丢，但也不能全盘照搬，又不能全盘西化，更不能肯定或否定一切。要在继承中求发展，再求创新。岭南人的务实精神，是可贵的。这是一种充满生机活力，一种富于创新的精神。‘岭南画派’甜甜美美、精精巧巧、实实在在的风格，都应该继承与发展。如果把我定位成‘后岭南画派’的话，在概念上应属岭南文化精神的一部分。或许，这仅是一种角度的跳跃关系，但内核没变，只有这样，才能在‘岭南画派’中找到‘后岭南画派’的真正定位。其实，在画画时，我会忘记自己是哪个派的，只要能引起震撼的、有共鸣的都学。”

“‘后岭南画派’与‘岭南画派’有何不同？”

张东：“其一，‘后岭南’应是把眼光定位在大文化范围内，而非区域性的。其实，‘岭南画派’早在20世纪也曾借鉴西洋画法，只是限于日本而已。其二，‘后岭南画派’不把艺术创作定位在一种绘画语言的某种技巧或样式上，而要看看岭南精神是什么。其三，要吃透中国传统文化的精神，看清东方文化的本质。有人认为，岭南文化是‘俗’文化，其作品往往易媚俗。但物极必反，当事物‘俗’到极致时，就变成了‘雅’。正如潮汕木雕一样，金灿灿、光闪闪的佛像，初看很俗，细看又很雅。所以，不能用一种固定的模式去界定艺术创作的‘雅’与‘俗’。当然，他们的转化需要有文化的积累，有文化的洞察力，只有这样才能把握‘岭南画派’，甚至‘后岭南画派’发展的命脉。这样，人们看到的‘后岭南画派’，就不会是媚俗的东西，而是充满氤氲，充满空灵。”

或许，这是艺术心灵所能达到的最高境界！由能空、能舍，而后能深、能实，然后宇宙生命中一切理一切事无不把它的最深意义呈现出来。看来，这是“后岭南画派”这些后生辈所要突破创新之灵魂了！

张东 / 山水清音 / 2000 年

张东，（1970— ），广东信宜人。现为中国美术家协会会员、广州美术学院中国画学院副教授、广东青年美术家协会副主席。1993年，国画《云开山下的森林》参加全国首届中国画展。1999年，国画《雨季》参加第九届全国美展。2000年，国画《野渡》参加第十四次新人新作展。

林书杰：书展杰毫如舞

“琼岛珠川初语，朴朴高华开羽。笔底走蛇龙，直入晋汉堂宇。堂宇，堂宇，书展杰毫如舞。”著名书画家梁照堂观林书杰的书法作品后，有感而发。

林书杰，早年大学毕业分配到广州当一名公务员，单位不错，薪水颇高，但他为了追求艺术毅然抛弃工作，考上中国美院博士生，毕业后又留在北京。他来自海南琼岛海边，自小喜习字，爱文学，勤练书法。每每见到乡里结婚贺联，他都会喜出望外，如获至宝，他说这是在乡下唯一能见到的“书法”。后来，到广州读书，对书法更是如痴如醉，潜心钻研，书读多了，字写多了，眼界也开阔了。

有人把他列为外省兵团入侵，有人称之“不是猛龙不过江”。其实，这条猛龙，不是过江才猛，而是得珠江水的滋润才突飞猛进的。

观书杰的书法，尤其是狂草，其草书得张芝、张旭、怀素之味，此种满溢个人情感的墨意，透过章法布白倚侧疏密，虚实的行律抒发出来。如孙过庭《书谱》所曰：“任笔为体，聚墨成体，求其研妙……”

再细观其书，中锋运笔肯定、沉着、畅达，显示出书家的聪明才智与艺术功夫。算一算艺龄不长的年轻书杰，书风铸冶如此苍朴、劲厚，尤感这应当是他难得的才华与勤奋苦研，加上其对书法艺术理论深层探索的结果。无乎，书中内蕴开张天马于壮雄，是那样的自然有度。

观其画，书杰专心钻研龚贤、八大山人、石涛，乃至宾虹等名家名作，故其画高古且浑厚大气，同时，既得之传统，也得益于现代审美观念，线条凝练而色块豪放，渲染淋漓，视野广阔，意境深远。书杰的文学、美学修养乃至传统功力之厚实，也令人敬佩。尤其是他对书画的悟性与勤奋，更是令行家们赞叹不已。

再观其篆刻，方寸之间，广阔天地，风生水起。他的篆刻作品注重线条，其造型是传统与现代的交织，在小小的寸方之地，集情趣、意趣于一体。

难能可贵的是，书杰这位青年艺术家，在当今信息万变的商品经济大潮中，仍发扬传统，坚持临摹，不追“前卫”，不求媚俗，不去投机取巧，而是遵循师训，扎扎实实地做着传统的基本功夫，踏踏实实地进行艺术创作。或许，在不久的将来，正如其名，他会成为书中之英杰！

林书杰
书法
年份不详

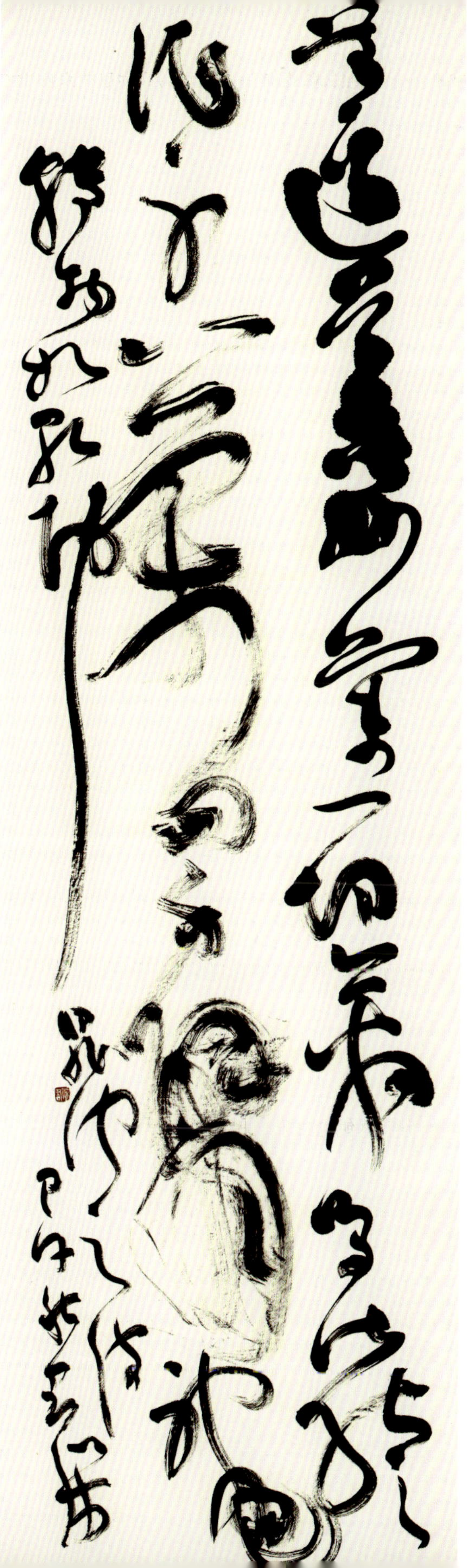

林书杰，（1970— ），海南昌江人。书法理论家、中国画家。现为清华大学美术学院博士后，中国书法家协会会员。擅长现象学、后现代哲学、东西方文化艺术比较、佛教因明学等。专攻书法、国画、篆刻创作和理论研究。

蔡海威·刘新强·卜绍基·甘谷：岭南“四小虎”

岭南“四小虎”者，乃广东人蔡海威、刘新强、卜绍基、甘谷也。称之为“四小虎”，无他，只因四人情同兄弟，同出一师（师者，岭南名家梁氏照堂也）。同为生于20世纪70年代的后生，同是把画画当乐事的他们，共同拥有了“大朴斋”，又同在“大朴斋”谈论艺事，切磋画艺，共谋艺术长进之大计；同在“大朴斋”传技授艺，教学相长，其画作都追求古朴、苍劲、厚重。

这“四小虎”，求艺之痴迷、执着、刻苦，实令人为之动情。他们虽都有一份画外之正职，且前途无量，却甘当“业余画家”，全身心投入不求收益地追求艺术。岭南如果多一些这样的“小虎”，整个岭南画坛不但可以“虎踞龙盘今胜昔”，而且能“天翻地覆慨而慷”了！

这“四小虎”的过人之处，在于他们“以最大的勇气打进传统中”“师古人”“求师造化”。书法上，他们研习怀素、王铎等名家及《石门颂》《好大王》《泰山经石峪金刚经碑》等碑帖，追求古穆、浑朴之笔法。绘画上，他们取法缶庐、白石、云林、宾虹、天寿等人，学其古朴、浑厚、苍润、空灵、简约、凝练之笔法。而且，他们又深得当今岭南画派传人梁照堂之真传，令人观之，深感“大”与“博”、“宽”与“广”。

可贵的是，“四小虎”在追求“拙、重、黑”的共性中，寻找到了各自的风格和个性。

蔡海威尤擅长画石榴，人称“蔡石榴”。其笔下的石榴，浸透着苍劲老辣的笔力、八大山人的虚空意境、青藤的淋漓挥洒墨韵以及白石的简约凝练。虽气韵不及上述大师，但其墨沉笔厚之功底，却也令观者叫好。或许，这是其受过科班训练及自己勤学苦思而不断走向成熟的结果。

卜绍基以擅长画梅花而有“卜梅”之雅号。他笔下的墨梅，水墨淋漓，凝厚飘逸，古朴沉雄，散发着朴淡、拙穆的古典自然主义气质。绍基虽非班科出身，但爱梅如痴，自称“梅痴子”。读大学时，他常到华南理工大学后山梅岭体验，神会“梅君子”。学建筑设计的他，毕业后放弃优厚的收入，甘到“艺博院”打临工，领着微薄的薪水，为的是能有机会亲近“艺博院”的几万件历代藏品。此后，他还写了近10万字的艺术评论。其求艺至诚之情，令人感动。如今，他已是广东画院展览馆副馆长了。

蔡海威 / 清供 / 2013年

蔡海威，（1970— ），现为广东省美术家协会会员，广州市美术家协会常务理事，广东省青年美术家协会理事，广州市青年美术家协会常务理事。擅长中国花鸟画、油画，作品追求老、古、禅的大写意画风。作品多次在省市及全国美展获奖。出版有《蔡海威国画集》。

甘谷之鸟画得大大气气，厚厚重重。小小的鸟，在他的笔下，是多多的墨，重重的墨，浓浓的墨，这多多、重重、浓浓的墨构成了一只只小鸟，不，形成了一座座小小山丘，一个个鸟的符号。看得出，个中有八大山人的影子、任伯年的古意，白石的质朴简洁……甘谷为了画好这一只只的小鸟，花了很大的功夫—他常常登白云山，访鸣春谷，求证鸟的形态。因此，他笔下的小鸟，虽墨色重重，却活灵活现，形简而神传。故有“谷鸟”之称。

刘新强自称“刘松”，擅长画松。他说自己从小就喜欢松树，喜欢它刚强与不屈不挠的性格。这与其说是在画松，不如说是自己的人生写照。刘新强有着潮汕人特有的勤奋与刻苦。他以书入画，其笔下的松树坚韧伟岸，气韵苍茫；其笔下的山水，取龚贤和程邃之古穆、大滌子之健峭、宾虹之苍润，气势磅礴，墨韵淋漓，生动有趣。

近年来，新强醉心山水创作，其山水概而括之，古朴、大气、沉雄、氤氲。新强画作。其画构图饱满，意境高远。如作品《秋老山容淡》《雨后千山铁铸成》，作品在用笔上以书入画，注重中锋，如锥划沙、折钗股、屋漏痕，故笔力雄厚；用墨上追求苍润，该黑就黑，该淡则淡，极苍极润。从哲学上看，便是阴阳、黑白两极尽力拉开，对比强烈，令作品更厚重、层次内涵更丰富。构图上作者追求高山大壑的气势，尽量占满画面，给人浓密之感，苍劲有力。作品中的山、水、树、石来于现实，却已高于现实。画中的一山一壑、一树一石、一点一线，都是一种笔墨载体，一种传统的文化符号，画家借其“聊写胸中逸气”。水韵、树木在构图中起到过渡、衔接作用，使画面稳中有变、静中有动，更有节奏，达到一种虚实、黑白、苍润、粗细、轻重的对比，浑然一体。

刘新强
山色深浅随日照
2014年

刘新强，(1971—)，又名刘三齐，广东潮州人。现任广东画院二级美术师、办公室主任、专业画家，国家高级美术师。现为广东省美术家协会会员，广州市美术家协会常务理事。擅长中国山水画及油画。作品多次在省市美展获奖。出版有多本《刘三齐国画集》。

甘谷
松风
2013 年

甘谷，(1971—)，现为广东省美术家协会会员，广州市美术家协会常务理事、创作部副部长，广州市美术家协会花鸟画艺术委员会委员，广州市青年美术家协会副主席，广东省青年美术家协会理事，赖少其艺术研究中心理事，《广州美术》副主编。作品被广东省档案馆、广州市国家档案馆、广东省地税局等单位收藏。出版有《甘谷国画集》《渔樵耕读——甘谷国画集》《迹简意澹——甘谷大写意花鸟画集》《山花自在开——甘谷写意花鸟画小品集》。

卜绍基
临谷听霜
2011年

卜绍基，(1973—)，广东广州人。画家。现为广东画院美术馆副馆长、国家高级美术师（副教授），广州市青年美术家协会常务副主席，广州市美术家协会副秘书长、理论艺委会主任。作品曾获第九届全国美展银奖，纪念建党80周年全国美展优秀奖，第十一届全国美展提名奖，广东省美术家协会50年50件经典作品提名奖，首届中国文艺杰出成就奖金奖。出版有《心迹自然——卜绍基国画集》（共四辑）、《历史的召唤——卜绍基油画集》等个人画集以及《翰墨当歌艺术文集》《红画往事——红色经典美术作品赏析》等理论文集。

林蓝：南粤才女 作品浑厚

林蓝年轻，有涵养，有才气。她的学识与聪慧，常常流露于其作品中。在“后岭南”画家群里，她是最为年轻的一位。如今又是广州美术学院副院长，是当今中国美术学实践类女博士第一人呢！

她的智慧，她的成绩，她的年轻，她的超脱，让她成为广东第一位用金箔纸创作国画的画家。一项项的成功，一顶顶的桂冠，足以令她兴奋，让她骄傲、自豪。可聪明的林蓝，心平如水，为人处世温和谦逊。她不因父母（父亲林墉，母亲苏华）名噪当今中国画坛书坛而沾沾自喜。她常常思索着苦苦探求着，追求个性，追求出新，追求有自己绘画风格的语言。在创作上，她大胆寻求突破，采用日本金箔当宣纸。要控制金箔纸的墨色变化，并非易事。金底色的画面而非白纸一张，难把握，难驾驭，难在要使颜色不单调，又要对水分有严格的控制。对金色的特殊变化处理，以及它们之间的混合而产生的效果的掌握，都十分不易。林蓝经过反复的研究、探索与实践，终于掌握了这种特殊而奇异的效果，因此，其笔下的静物花卉，色彩缤纷绚丽、饱满厚实，内秀外放，呈现的是才女之气。

林蓝的金箔画雅致浑厚、精妙有趣、端庄朴实，是其心迹的流动与记录。正如其所说：“从起稿的第一笔铅笔线，从笔纸相接的第一点起，到墨、色、粉一层又一层的冲渍痕全部保留在纸面上，把自己所有思想和情绪的流动起伏都记录下来，一张画印下自己在这个时间段的点点变化，一张张金色的画连接出自己心绪变化的轨迹。”

林蓝凭着自己的聪颖天资和良好的艺术感觉，加上勤用笔、勤思考、勤读书，让她在画坛中渐渐崭露头角，出类拔萃。其绘画作品《白菊》获“2002年全国中国画作品展”银奖；《天长地久》获“艺术与科学国际作品展”提名奖；《木棉》获“全国第二届中国花鸟画展览”优秀奖；《缤纷》获“广东省第二届中国画展”银奖；《静物》入选“第六届全国水彩画、粉画展”；《灯影》入选“第五届全国水彩画、粉画展”；《清华》《青苹果》入选“中国美术家协会第十四次新人新作展”；《酸甜》入选“第九届全国美术作品展”；《春华图》《永远的塔希提》入选“第九届全国美术作品展”（广东）；《喜洋洋》入选“第七届全国美术作品展”。其作品为广东省美术馆、广州艺术博物院、关山月美术馆、清华大学美术学院、西藏青少年发展基金会及海内外收藏。

林蓝 / 清华 /1998 年

此外，林蓝的公共艺术作品也在全国遍地开花，她主持完成了广州长隆酒店的环境设计专题《人·动物·自然》、东莞御景湾大酒店的总体装饰设计《新皇者气派》、广州珠江新域名门大厦的装饰壁画《吉祥岭南》、广东迎宾馆大堂壁画《木棉·紫荆·荷》《镂金收法木刻二十五条屏》以及广州中国进出口商品交易会新馆壁画《海纳百川》、北京岭南饭店壁画《瑞狮庆春》等大型艺术设计，充分展现了这位南粤才女的聪明智慧与卓越才华。

人们看到的这位才女的作品常常是身边熟悉的花卉。然而如何使身边熟悉的东西变成艺术作品，林蓝认为，首先要感动自己，才能感动别人。然后，要站在宏观的点上去认识，坚持自己的个性及地域的美感，这样，作品才有生命力。“大画要画得有小画的精到，小画要画得有大画的气派”，林蓝是这样认为，也是这样去做、去追求的。

早在14岁时，林蓝就已如痴如醉地读当代水彩大师王肇民的书画，至今依然。她坦言受父辈影响大，主要是父亲的为人为艺，父亲对事业的深情热爱与执着追求对自己的影响比较大。父亲为画画而生，父亲生病，医生要他休息，但他还是继续坚持画画，手术一年后就举办个展。父亲认为手脑同时运动，似乎这才是治病的良方妙药。“这些，我感受最深，他把创作当成最大的快乐，把兴趣作为事业去追求，这时时鞭策、鼓舞、激励着我。画画能完全让自己去表达，绘画能给自己带来快乐。坚持自己的个性，在静物中找到其微妙的变化，也从中找到矛盾的平衡点。这正如一个鲁莽的人应多学点理性的道理。我从先师及父辈中学习他们的个性，在芸芸众生中寻找与众不同的个性。因为公众有‘喜新厌旧’情绪，往往喜欢有鲜明个性的东西。”这就是才女林蓝的可贵之处。

林蓝在谈及对中国画的继承与发展时认为，继承东西方艺术的传统精华，能让自己站在巨人的肩膀上，看得多一些，心里有数一些。传统是发展的传统，当一种形式产生了所能产生的杰作之后，当它有了圆满的发展之后，它绝不会停留在一种无可更易的规范中。穷则变，变则通，在打进去，学到该学的东西以后，我们要懂得如何以最大的勇气打出来。我们应该持扬弃的态度。民族形式、民族传统不是一成不变的，套用某些固定的技巧与程式也是不可取的。我们要在新的实用目的、新材料技术的艺术运用的前提下，批判地继承传统一贯表现出来的民族精神和气派，以及造成这种气派的某些传统造型原则，创造应有其所处时代的独特精神，亦即时代性。

林蓝虽年轻，却有思想，其作品有内涵，大气，厚实，有个人风格，我们相信必有一日，蓦然回首时，林蓝已站在艺术峰岭上。

林蓝，（1971— ），广东潮州人。现为广州美术学院副院长，广东省青年美术家协会副主席，广东省青联委员，中国美术家协会会员，广东青年画院画家。绘画作品多用日本金版，水墨色粉，质朴堂皇。《白菊》获“2002年全国中国画作品展”银奖，《天长地久》获“艺术与科学国际作品展”提名奖、第二届全国中国画展铜奖，《银辉》获“黎昌杯”全国青年国画年展铜奖，《盛世》获“2003年全国中国画作品展”优秀奖，《金华》获第二届中国美术金彩奖优秀奖。

李平：刀法劲爽　秀雅朴拙

李平，这名字在广东印坛响当当，亮堂堂。如今，许许多多的艺术名家，慕名求印，得者，如获至宝。

不久前，李平刚刚从中国美术学院进修归来，且受西泠印社名师指点，印艺大获丰收，更是令赏者拍手称好。著名学者、书法家莫仲予和徐续曾赞美李平的印刻得好，是位难得的人才。

李平刻印无拘无束、洒脱自然、重感觉，好像全不在意，却又深藏着篆刻艺术的森严法度，刀法劲爽泼辣，结字布局均妙不可言。

从李平的篆刻作品看来，大多以严谨、工细、秀雅为特征，尤其是多字印。可以说，李平已从熟练地“玩”篆刻艺术的技巧，走向通过刀锋的运行创造线条的虚实效果，以此来表现自己的思想情感和美学思想。李平深知，篆刻艺术大师是在追求线条的独特风格中形成自己的艺术风格的。像邓石如的线条婀娜婉转、吴昌硕的线条浑厚苍劲、齐白石的线条刚健奔放，其风格无一不在线条的淋漓尽致中得到体现。正是这样的感悟，使李平对印章风格的追求，在求古、求雅、求趣中，求自然、求清新、求对线条的演绎。

李平的印工细、秀雅而又潇洒，宛如一篇篇优美的抒情小品，令人回味无穷。正如名家李刚田所言：“细读其作，如品清茗，如聆清琴；如司空图所谓的‘座中佳士，左右修竹，白云初晴，幽鸟相逐’之妙境。其作可以‘清雅’二字概括之，其清气，出于刀下之明净：‘阶前花草，置放有常；池上游鱼，个个可数。若少间以异物，便不成观。’其用刀起止清爽，挺健之中见温润，儒雅之中具锋芒。其雅意，缘于篆法之从容有度，章法之自然疏密，刀法精能而能避甜熟，具清劲。究其源流，其作近师吴熙载、赵之谦、陈巨来诸家风范，远绍汉人规矩，旁涉吴昌硕、齐白石、来楚生诸家……”在李平的印作中，与以上风格反差较大的印章如“画派弘开”“不以雷同易心志”等，呈现出来的是一种浑厚、朴拙的美，看得出李平曾在汉印及吴昌硕、赵之谦、齐白石的粗白文上下过功夫。要刻出多种风格、字体的印，非有扎实的文字基础不可，并且灵活运用，才能合理增减。在这方面李平时有巧思，例如“礼堂”朱文小印中的“礼”字，即为减省的佳证。在各种体裁中，李平擅长汉印，观其白文诸作，如“无苦集灭道”“远离颠倒梦想”等诸作，均可称如精金美玉而入随心所欲不逾矩之境。

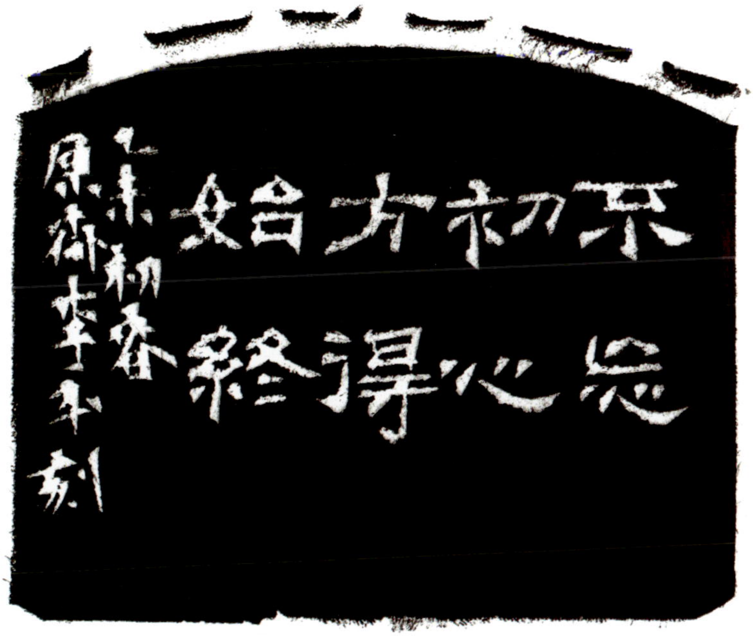
不忘初心方得始終

我读《李平篆刻选》，更觉其精诚可贵。全书没有丝毫的虚张声势，表述的只是一种默默的追求与一种较为契合时代精神且不悖传统的审美格局。

“笔墨当随时代。”艺术风格的形成归根到底还是由时代使然，所以我进而想到李平的篆刻艺术追求似乎是顺乎时代的潮流，大胆地求变自强，在多门艺术海洋中上下求索，寻求本门艺术和个人风格的无愧席位。近期，李平兄已在印上有新的突破，其小篆细朱文清新明丽、古朴典雅，线条美轮美奂，如“江山如此多娇”“画沙居”“醉墨斋”“钱塘过客”等。

篆刻如此，书法如此，人亦如此。正如梁礼堂所称：“原斋（李平）作篆隶书，亦颇饶庙堂之气，小篆的悠闲安稳，大似邓石如。余玩其‘暮垂夜笼’一联，在性涩之笺纸上体现金石刻画的分量，是难能之笔。又近岁原斋苦习钟太傅小楷及张黑女等北碑墓志，故行书小字亦渐脱町畦而自有沉静含蓄的味道。他又在篆刻边款上吸收自家行书小字的笔法，使两者相得益彰。”我们从其一方白文印“荆州李平字逊偒”的边款中，可作其学艺生涯的开端简介读之：“庚午春，予只身来穗，受雇于同乡，事装裱也，越半岁而去。由是浪迹市肆鬻印自给，晨出暮归，风餐露宿，食不果腹，衣仅蔽体，伶俜孤寂，想之凄然……”浪迹闯荡之艰辛，磨就了李平顽强坚毅的性格和耐得住坐冷板凳、下死功夫的拼搏进取精神。我想，这是李平书法和篆刻艺术臻其大成之基石。

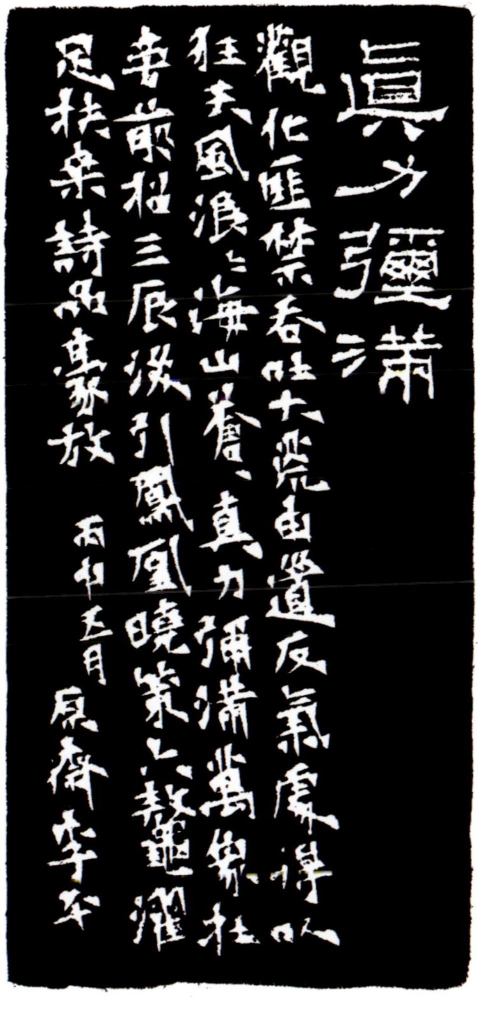

李平，(1972—)，字逊傳，号原斋。湖北荆州人，现居广州。2003年毕业于中国美术学院书法系。2005年创办中国篆刻网（www.zgzkw.com）。2005年9月以总分第一的成绩通过综合考核直接加入西泠印社。现为西泠印社社员、中国篆刻网总编辑、中国篆刻出版社总编辑、中国艺术家出版社艺术总监、中国书法家协会会员、双栖印社社长、南方印社副社长兼秘书长、中流印社副社长、湖北省书法院研究员、民建中央书画院广东分院副院长、民建广州画院副院长、广州美术学院中国画学院特聘教师。国家艺术基金青年篆刻人才培养对象。2015年7月广东电视台拍摄专题片《广东西泠人——李平》播出。

梁基永：清新古朴　意境隽永

转眼间，认识梁基永，已有20多个年头了，他虽然年纪不大，刚过不惑之年，却学问广博，聪明过人。他还是我走向艺术之路的引路人。

有一次，在跟王贵忱老先生畅谈艺事的时候，我们说到，在当今青年书画家中，谁的作品具有潜力。王老的回答很简洁："你不是跟基永很熟吗？他的东西就不错！"

在广州收藏界中，梁基永的名字是广为人知的，而在书画界呢，赏读过梁基永作品的人都认为，他的画有文气，而且细腻、雅致，这与他多年临摹、观赏为数甚富的古代名迹有很大的渊源。基永很重视自己的创作，自己认为不满意的，决不赠予友朋。他对流传在外的每一件作品，都是认认真真，充满心思的。我有幸得基永赠一幅八尺青绿山水。他很谦虚地说，这是受了师父黎雄才先生的教诲：自己不满意的，不能算作品。

我跟基永认识有年，彼此间经常一起探讨艺事。他除了在古书画文物方面有独特的鉴赏力外，书画艺术也有异于常人的追求。其实所谓鉴赏，用他自身的话来说，那是他临摹和学习大量古代作品所得的副产品而已。他从学习书画的那天开始就用自己的积蓄购买大量的古代书画作品集，以供自己临摹，在这方面，他可以说是完全从自学起家的。"我入门的时候就学宋人到清人的作品，宋画小品，清代的岭南名家，都是我倾心的对象。"在翻阅基永的大量临摹作品时，我不禁为他的恒心与观察入微而惊叹。"我对于岭南画派，从'二居'的花鸟、撞水撞粉技法到'二高'的折中派，融汇日本绘画技法的技巧，到上一代黎家山水，都下了很深的临摹功夫。"他笑言。我想，恐怕在美院毕业的学生都没有几个像他这样去临习岭南派三代人的作品的。

早在20年前，基永的居派"花鸟"就被行内人所叹服，如今，他又成为研究居廉居巢的专家。他对于"二居"花鸟注入自己的理解，他的作品中增加了各种浓艳的色调，甚至是用西洋水彩作画，但效果完全是岭南的。又如，在"二居"的撞水撞粉法中，是鲜有以石青、石绿撞叶一法的。基永则多以石青、石绿色注入叶中，使花叶更有厚润的质感。他对于"二居"技法的研究使他在目前"二居"研究领域占有话事权，除了笺注有居巢的《烟词词》外，还任《二居年谱》一书的顾问。

梁基永
塞纳河边小鞠
年份不详

基永的山水画也充满了古雅的气格，这得益于他学宋代画，临摹宋代山水画。清新古朴成了他山水画的风格。

1998年起，他有幸得到黎雄才先生指点，从此更进入一个新境界。基永试图将古画中的秀雅文气、新一代岭南派的圆浑与时代气息结合起来，尤其是黎老画作中那种雄浑大气使他深受启发，恰恰弥补了他以往注重小品中的不足。

他近期展出的一些带有写生意味的作品，用笺、用色均显示出自我个性。当中既有岭南山水花卉结合的“地方色彩”，其构图、用笔又显示其源自古画的功力，如《一崖花雨堕空潭》就是写香江的小景，用色明净，意境清幽，评者认为他已开始走出黎家山水的影子而自出机杼。

基永告诉我，他作画的心境非常平和。他的作品大部分为“娱己”之作，并无获利的急切之心，这跟古代文人画何其相似！的确，看他作画也是一种享受。窗明几净之暇，他会调好松烟墨，然后洗净白瓷小碗碟，将他珍藏的清代精研朱砂、石青、石绿从纸包中倒出少许，就着胶来调配、研细。这些看似琐烦的，被当今画家所摒弃的画法，对他来说却是悠然自得的一种享受。基永也认为，作画本身应该是平和、愉悦的，这样的心境下出来的作品，当然也雍容古雅，充满书卷气了。

梁基永 / 潺潺流水 / 年份不详

梁基永，(1973—)，广东广州人。中山大学博士、青年收藏家、广东文献研究者、大学老师、书画家、作家及音乐家。现为广东省音乐家协会会员、广州市美术家协会会员、广州市海珠区政协委员。曾师从黎雄才先生等多位名家学习书法与绘画，著有《中国浅绛彩瓷》《黎简》等美术论著，先后多次在广东省内举行画展。

陈海宁：饱和·深厚·有力

陈海宁，这是一个熟悉而又陌生的名字。在其所从事的行当里，也许，人们都认识他，喜欢他。虽然他很年轻，但有学问，有才气，有底气。

他28岁就已两度摘取了中国美术最高奖项—“第九届全国美术作品展”金奖（代表作《和谐的记忆》）和“第五届全国水彩画·粉画展”金奖（代表作《俗物散记》）。海宁获其他奖项那就更多了—“广州美院首届水彩画展”优秀奖、97中国青年水彩展学术奖、“第二届‘鲁艺杯’全国美术作品展”二等奖、“庆祝新中国成立50周年广东省美术作品展”金奖……有不少作品被国内外权威部门收藏。

这海宁老兄到底是如何画画的呢？真想探个究竟。

说说构想。海宁认为，一件作品完成的意义并不仅仅在于作画过程。从选取对象、构图、格调定位到作画，才是令人激动的。每当找到能令其兴奋的对象，他总会倾注感情去作画。其间，他先精心考虑作品的整体色彩，是统一的？对比的？暖调？冷调？中间调？有时，为了试着摆放一件静物，不知推翻多少次，失败多少次，才选取到最佳的构图。构图上，他首先考虑的是所有物体组成的“形”，再考量各物体在“形”上分割出来的块面是否错落有致，又不失平衡与大方。同时，为了设计一个别致又不失高雅的构图，他选择现代构成及欧美古典绘画作为参考背景。一个现代、一个古典，乍看上去有点风马牛不相及，但他能把两者有机地联系并糅合在一起，形成了自己凝重、古典而又写实的艺术风格。

说说画画。海宁兄谨记其最崇敬的王肇民教授“物当人画，人当物画”这句话，并细细地品味着，时时付诸于实践创作。于是，他就这样把所画的静物都当人去思考、去画，常在画中表达出自己对自然的理解，并能引发人们去思考。他常常在画画前静静地进行一段时间的观察，考虑着要画一张怎样的画，怎么控制好画面大效果，如何处理色彩的微妙变化，哪些该作详尽刻画，哪些又该概括，甚至放弃。此时，他眼前已不是真正意义上的什么水果呀、罐呀、衬布呀，而是一组抽象的物象，一组由不同色彩、不同质感组合的物象。然后，他就迫不及待地展开画纸，挥洒起来。在色彩处理上，他追求质朴原始的感觉，追求饱和沉着，注重大色块的对比、冷暖变化，还有一些个人感性的处理。他说画画画到最后不用靠色彩来表达，尤其是静物画，它们静止时近乎一种一言不发的“禅”的观念。如其创作的《俗物散记》，在意境的营造过程中就十分注重造就画面的可读性以及联想空间，令

陈海宁 / 静物 / 年份不详

观者思绪绵绵。同时，引导观者从作品的精神层面上去认识陈旧的再熟悉不过的事物，从纯粹的视觉刺激进入对物质的剖析与理解的创作全过程中，作者用其深沉与含蓄通过画描写出自身的寂寞心境与平和心态，并力求“物我”的交汇、融合、升华。尔后，便是作品与观众的沟通了。这是作者试用在静物中介入精神意识与文学理念的成功典范。

说说技巧。海宁说：“有些人看了我的作品后总会问‘是否用了些什么材料？’”对此，海宁肯定地说：“时至今日，我的这些水彩画作品从未用过任何其他材料，单纯的国产水彩纸，一般的水彩笔、刷子。”其用法是平涂、刷、擦、喷、滴，用清水、湿笔、干笔来多层叠染，极少洗。海宁说他极注重用水，因为水彩画还是“水”字当头嘛。在技巧上，他讲究干湿结合，水性自然流动，画画制作尽力

不露痕迹，不“显山露水”，让人看后只知其然不知其所以然。也许，这正是海宁画画的高明之处。

说说风格。海宁谦逊地说：“我在继续我的追求，渴望成熟，前路漫漫，我想能有一个开心的人生，能够开心地画画，至于风格方面，就顺其自然吧。”其实，我们细细品赏其静物水彩作品，就能发现，海宁的静物作品已融入精神意识及文学理念，让人可看可读可思。他前期的作品主要是表达一种形式的美感，而后期的创作更多地表达了自己的感觉、思想，追求一种崇高感，同时打破传统水彩速写性的东西。他的画作深入、细致、耐看。在海宁作品面前，我们似乎在聆听其人生哲理的述说。

说说偶像。海宁说，在国内，自己最崇敬的是其“母校”—广州美术学院教授王肇民。其实，他大学读的并非水彩专业，而是工艺系装饰艺术设计专业，但他

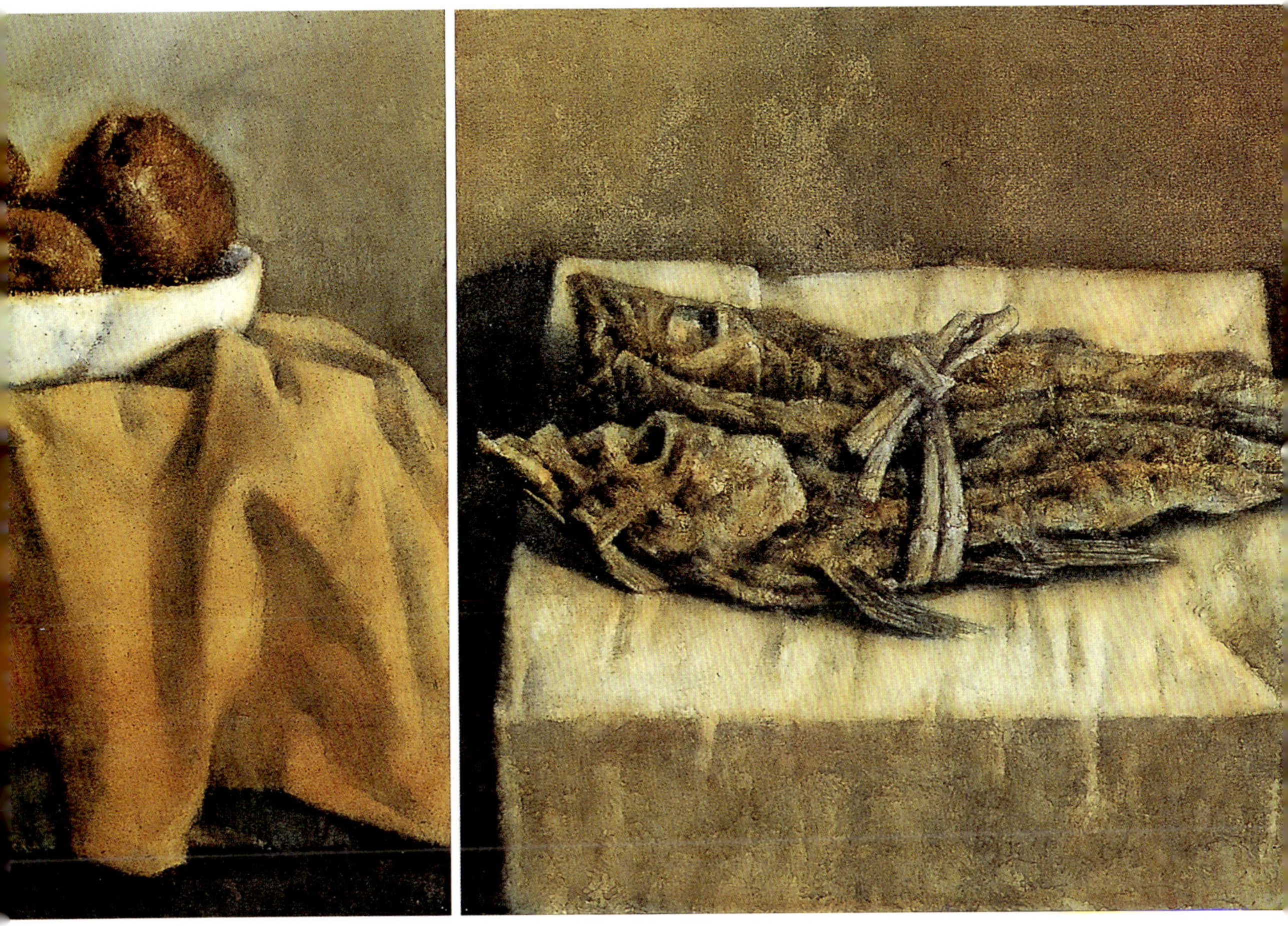

陈海宁 / 俗物散记 / 2000 年

却深深地爱上了水彩，并一直在学习、研究王教授的作品。另外，他在思想上也受八大山人的影响。在国外，海宁的偶像是莫兰迪、夏尔丹等大师。从海宁的成功中我得到了些启示：艺术是共通的，是相互兼容而又相互作用的。经大师们的熏陶、指点，及自身的聪明才智和勤奋苦学，是海宁通往成功的必由之路！

陈海宁，（1974— ），广州美术学院副教授。擅长水彩画。代表作品有《俗物散记·蛋糕》《俗物散记·咸鱼》《尘封的和谐》等，这些水彩作品都是画家精神情感的生动写照。作品《和谐的记忆》获“第九届全国美术作品展”金奖，《俗物散记》获“第五届全国水彩画粉画展”金奖等。

吴洁聪：用“心”去画画

青年画家吴洁聪给人的印象是：做人做事做学问很用“心”，文静中不失幽默，幽默中颇有思想。他认为，真正的艺术是需要思考性和感染力的。因此，他的作品一直带有思考性、探索性。他一直思考着古代山水精神到了今天还有吗？怎样去体现？怎样去表现？

吴洁聪在画语录中说到：学习传统绘画，有人用的是“心”，有人用的是“手”。用“心”者，可感而无形无迹；用“手”者，可描而有法有技。大多数人在学习时只着重于技法、形象的描摹，忽略了“感受”，然而只有将感受化作生命的内在冲动时，才是师其心而不露痕迹的高明之士。所谓有感而发，发而不可收拾，此乃艺术之至高境界，大凡艺术就该如此。在我看来，洁聪的确深谙此道，并从中悟出艺术的真谛。用“心”去思考，用“心”去撷取鲜活的生活素材，用“心”去画画。因此，他的画可读可思可品，且启迪良多，引人深思。

“得心源”才能“师造化”。洁聪画画重点放在向生活索取题材与创作灵感，抓住生活中的一人一事、一树一木的闪光点，用传统的用笔、用墨去表现现实社会中的耐人寻味的社会焦点题材，如《为谁而建》《三聚氰胺》《狗眼看人》等。其中，《为谁而建》一举夺得“2012广东青年美术大展”金奖;《三聚氰胺》创作于三鹿奶粉事故爆发之时，作者借用《虞美人》填词一首：“三聚氰胺何时了？往事知多少。新闻昨夜又重播，故国不堪回首奶粉中。广告台词应犹在，只是成分改。问君能有几多愁，不如独自割草喂奶牛。”这样的画，看得出作者胸怀天下、关注民生的人文情怀与社会责任感。此外，同类型的作品还有《焦点人物》《沁园春·家》《少年不知愁滋味》《人间阴谋鱼焉知》《三个和尚》等。

平凡即伟大，绘画即人生。洁聪善用心，勤作画，乐观表现现实生活中的真善美、假恶丑。如他借用词牌名创作的《沁园春·家》，描绘的是他身边熟悉的亲人的家事。画中题曰：“老姐一家，丈夫一个，超生三胎，一丁四金花。结婚以来，大磕小碰，时常发生。女传少林，男对武当，吵吵闹闹为哪般？现如今，儿女成行，分外可爱。有房有车一族，引无数羡慕眼光。忍一时之气，家庭和睦，相夫教子，贤妇之道。夫妻同心，其利断金，幸福从此永相随。共祝愿，数幸福热闹，老姐一家。”这样的小事，这样的琐事，这样的画，读之思之，只觉有血有肉，诙谐幽默。这些作品恰恰反映了艺术家关心生活、关注民生，将生活感悟融入绘画创作当中。这正是艺术家的可贵之处。

吴洁聪
手把青秧插满田
2006 年

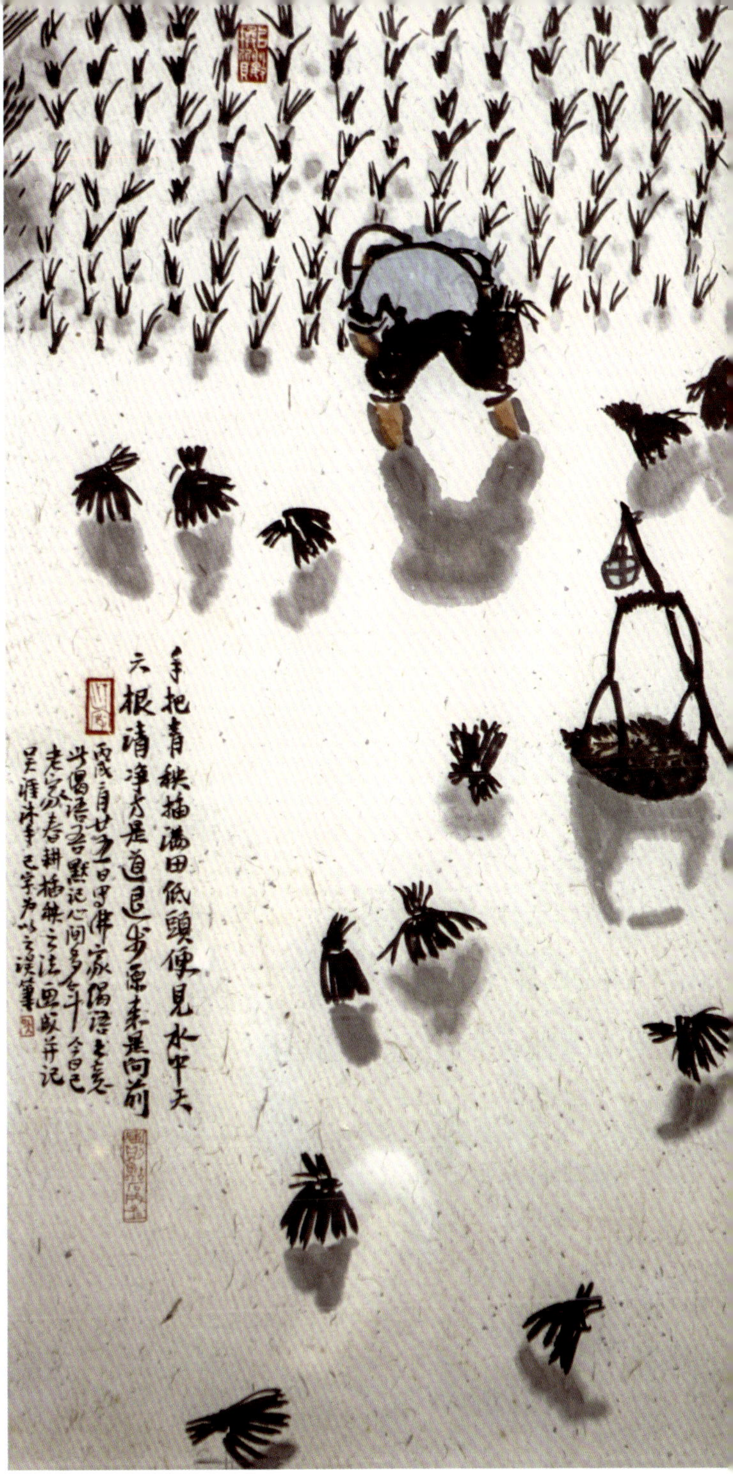

吴洁聪，(1975—)，广东揭阳人。现为广州画院专职画家、广东省美术家协会会员、广东省美术家协会中国画艺委会成员。出版有《大写意花鸟画入门奥秘》《众画相系列——吴洁聪画集》《重置传统》《当代岭南》等。

总之，读吴洁聪的作品，给人的感觉是贴近生活、个性鲜明、趣味浓厚、诙谐幽默、饱含哲理，且诗中有画，画中有诗。洁聪作画，不在古，不在今，不在物，不在理，而在灵心独悟。他在生活中悟，在社会中悟，在人生中悟……没有悟，也就没有洁聪之绘画艺术了。

后记

承蒙中共广州市委宣传部的资助，《岭南艺术家史评——当代岭南艺术家130家》这本评论集才能与读者见面。十余年前，我采写的《记者眼中的艺术家》一书，由中国文联出版社出版发行。如今，我与女儿合作的这本小册子，终于在多方的帮助下付梓了。这是我与女儿共同经历的足迹，期望给予岭南艺术发展提供点线索，留下可供佐证的参考。

我与女儿曾为新闻记者。新闻人的职业使然，因为工作的原因，我们认识并采访过不少的书画艺术家，他们的艺术人生与人生艺术，至今历历不忘。从中，我们感悟到人生与文化的价值，欣赏到一种人生与艺术的美，领略到一份鉴赏的愉悦与陶醉，从而增长了自己的才智，提升了自己的品位。

如已90岁高龄著名雕塑家潘鹤老师，他给我的印象是浑身充满着智慧，洋溢着一位艺术家的才情、智慧、童真。他说:“优秀的艺术家很执着，唯利是图的艺术家却很贪婪。”因此，他对自己创作的作品都有自己的思考，而不是拿钱交货。

又如，岭南著名诗人、学者、书法家徐续，他与我可谓忘年交。徐老是当代杰出的诗人，他的诗词在海内外诗坛早有定评。其实他在书法上的成就也很高，只不过是其诗名盖过书名罢了。著名学者施蛰存、孔凡章等对其书法曾给予过很高的评价，尤其是安徽古籍整理委员会主任吴孟复教授，对徐老的小字极其倾赏。徐老是一位饱读诗书和蔼可亲的温厚长者。他的诗品、艺品与其人品一样风骨苍润，奇丽清新。

还有一位不得不深表谢意的年轻学人是梁基永博士。他是我艺术上的引路人。此外，还要感谢老编辑李达强老师及李永清先生，为这本评论集的编排校对提供了宝贵的意见。

从吴静山所赐的下塘新村书斋《醉墨斋读书图》，到天河的万卷草堂书屋，应该说，无论从居住环境或工作环境都是我人生的转接点，一次突破。唯有默默的学习好、工作好，以图报“恩人”们，仅此而已。

作为潮汕人，工作之余，我唯一的喜好是品茶。正如杨之光教授多年前所赐小书屋对：品茶邀雅士，煮酒论英雄。品茗，水是沸的，心是静的。有此心境，乃一份福气。更深人静，煮上一壶老茶，或手捧书读，或展纸挥毫，惬意之极，无以言表。这种忙里偷闲、苦中作乐，是在当今能谋上一份自己喜爱的差事的我尤为珍惜的。虽懂得人生苦短，但责任在身，无可选择。有时，看着杯中的茶色渐淡，品着淡淡的茶水，仿佛有所悟，人生旅途，或甘或苦，或长或短，随缘而安，能放慢一点速度，甚至能静下来画画画，写写字，读读书，欣赏欣赏名家名作，是人生的一份清福。

现在，我把一篇肤浅不成熟的短文，呈现在读者的面前，祈求得到您的批评与赐正。同时，再次感谢帮助、支持、关心、批评及爱护我们的师长、朋友。

张泽明

2016年4月4日写于醉墨斋

张泽明，男，国家中级美术师，中级记者职称。现为广州亚运会亚残运会博物馆馆长、广州体育文化博物馆馆长、广州市美术家协会常务理事兼理论委员会会员、广州市文艺批评家协会理事、广东省美术家协会会员兼策划委员会委员、广东省作家协会会员。曾长期从事新闻工作，出版有《记者眼中的艺术家》《星光集》《张泽明·中国当代山水画小品系列》《张泽明山水画精品集》等多本著作。

张莉岚，女，1990年生。本科攻读新闻学，毕业后曾在广州日报社等单位工作，采访过多名岭南书画艺术家。现为广州大学美术与设计学院美术研究生。

NUOMI诺米®

广州市诺米家居五金有限公司

GUANGZHOU NUOMI HOUSEHOLD HARDWARE CO.,LTD

Fax：020-34885025

Tel：020-34885028

地址：广州市南沙区大岗镇灵山第一工业区23号

Address: No.23,Lingshan 1st Industrial Area,Dagang Town,
Nansha Distr.,Guangzhou,511470 China

http://www.gz-nuomi.com

E-mail：nuomi@vip.163.com